Les meilleures recettes
des restaurants italiens

Patricia Wells

Les meilleures recettes des restaurants italiens

Traduction en langue française :
Sylvie Girard

JC Lattès

Titre original : **Trattoria**
publié par William Morrow, U.S.A., 1993.
© Patricia Wells, 1993.
© Éditions Jean-Claude Lattès, 1995.

Ce livre est dédié :

*Au souvenir de mon grand-père maternel,
Félix Ricci, qui quitta les Abruzzes
pour émigrer aux États-Unis en 1910,
ainsi qu'à ma mère Vera Catherine Ricci Kleiber
et à ma sœur Judith Frances Kleiber Jones.
Avec toute ma gratitude
pour leur soutien précieux au fil des années.*

Remerciements

« Sur quoi travaillez-vous en ce moment ? »

Telle est la question que me posent sans arrêt mes amis, mes lecteurs et mes confrères. Ces dernières années, je me contentais de répondre : « Sur les trattorias, les petits restaurants italiens. » Cela suffisait en général à susciter un sourire de connivence, où l'on devinait une certaine attente. Le petit restaurant italien, ou trattoria, est en effet synonyme de cuisine simple et généreuse, savoureuse et sympathique, celle qui plaît tellement de nos jours.

Ce livre est un témoignage que je dois à tous ceux, nombreux, amis proches et étrangers, confrères et parents, qui m'ont accompagnée, au fur et à mesure que je rassemblais les recettes, les anecdotes, les citations, les tours de main et les conseils de cuisine.

Il y a quelques années, alors que je débutais dans la carrière de journaliste gastronomique, plusieurs de mes aînés partageaient déjà un vif intérêt pour la gastronomie et l'art de vivre des Italiens. Ce fut le cas particulièrement de Marcella et Victor Hazan, véritables ambassadeurs de la cuisine italienne. Je leur ai toujours été très reconnaissante de leur générosité et de leur ouverture d'esprit. Je remercie également Giuliano Buglialli pour son amitié et sa clairvoyance.

Chez mon éditeur, nombreux également ont été ceux

qui ont soutenu ce projet. Je remercie ici John Vinocur, Pamela Fiori, David Breul, Donna Warner, Ila Stanger, Barbara Peck, Carole Lalli, Mary Simons et Malachy Duffy pour leurs encouragements passés, présents et à venir.

Au cours de mes voyages en Italie, des dizaines de cuisiniers, de chefs et de restaurateurs m'ont ouvert, avec beaucoup de gentillesse, les portes de leurs cuisines et m'ont livré non seulement des recettes, mais des tours de main et des conseils techniques. Je veux remercier tout particulièrement certains d'entre eux, notamment la brigade de *La Frateria di Padre Eligio* à Cetona, Ugo et Gigi Salis à la *Trattoria da Graziella* à Fiesole, Maria et Vittorio Becarria et Bruno Galaverna de l'*Osteria Barbaduc* à Novello, Angelo Maionchi du restaurant *Del Cambio* à Turin, Carlo Citerrio de la *Locanda dell'Amorosa* à Sinalunga, Elio, Francesco et Ninetta Mariani du *Checchino dal 1887* à Rome, Diana et Cesare Benelli du restaurant *Al Covo* à Venise ; à Florence, Piero Giannacci des *Quattro Stagioni*, Francesco Maserio du *Il Cammillo*, ainsi que Fabio et Benedetta Picchi du *Cibrèo* ; enfin à Milan, Roberto Fontana de la *Trattoria Casa Fontana* et Ezia Calatti à l'*Antica Trattoria delle Pesa*.

Merci à Bianca Vetrino de Turin, Enrico et Patricia Jacchia de Rome, Maria Manetti Farrow de Florence, Johanne Killeen et George Germon de Providence, Maggie et Al Shapiro de Normandie, Judith Symonds de Paris, Rita et Yale Kramer de New York : ils ont tous, à des titres divers, rendu mes séjours en Italie beaucoup plus profitables. Merci à Carlo Scipione Ferrero et Giovanna Bologna pour leur aide dans mes recherches sur le contexte historique de la trattoria, et à Maria Sanminiatelli pour m'avoir permis d'organiser au mieux mes déplacements. Merci enfin à Calvin Trillin pour m'avoir incitée à me rendre chez *Da Giulio* à Lucques, où ma curiosité pour la spécialité de la maison, le poulet grillé à la brique – pollo al mattone – m'a donné l'idée de faire ce livre.

Merci à Judy Jones pour le soin et l'attention qu'elle a accordés à chacune de mes recettes et à Steven Rothfeld pour son amitié et sa prévenance. Je suis également reconnaissante à Alexandra Guarnaschelli et Laura Washburn pour leur fidélité à mes côtés. Enfin merci à toi Kyle Cathie pour ton approbation permanente.

Chez William Morrow, mon éditeur, je remercie Barbara M. Bachman. Depuis une dizaine d'années, Susan et Robert Lescher sont non seulement mes agents littéraires, mais aussi mes amis, et je les remercie ici pour leur soutien permanent, qui m'a permis de conduire ma carrière et de réaliser mes projets.

Mais une personne tout particulièrement mérite toute ma gratitude, Maria Guarnaschelli, mon amie et directrice de publication qui, sans aucune hésitation, a soutenu et encouragé ce projet dès le début. Sa perspicacité fut inappréciable, sans parler d'un sens de l'humour inégalable qui a su transformer d'interminables séances de travail en excellents moments de plaisir.

Enfin, je voudrais aussi remercier ici mon mari Walter Newton Wells auquel je dois plus que tout.

Avant-propos
À la découverte de la vraie trattoria

Simple, authentique et sans prétention, la cuisine des petits restaurants italiens est avant tout une cuisine « maison ». Et ce sont des plats copieux, servis sans chichis, qui restituent toute l'atmosphère de la petite trattoria familiale telle qu'on la rencontre en Italie.

Qu'elle se trouve en pleine ville ou le long d'une route de campagne, c'est essentiellement un petit restaurant familial qui offre une cuisine simple et authentique, comme chez soi. Mais si toutes les trattorias sont des entreprises familiales, elles sont également toutes différentes.

Le mot de trattoria, que l'on voit apparaître en 1859, est vraisemblablement apparenté au terme de traiteur ; pourtant une autre étymologie établit une origine liée à deux mots latins *litterae tractoriae* : à l'époque romaine, les nobles voyageaient en effet avec des lettres qui, portées par des messagers, leur permettaient d'obtenir le gîte et le couvert.

Nombre de trattorias – dont certaines présentées dans ce livre – appartiennent à la même famille depuis plusieurs générations. À l'origine, il s'agissait sans doute de tavernes de fortune où l'on venait jouer aux cartes en buvant un verre de vin, mais aujourd'hui ce sont des restaurants en bonne et due forme, avec une authentique présence familiale et un sens de la tradition culinaire.

D'autres établissements, d'un style plus moderne, sont souvent dirigés par de jeunes couples qui travaillent vingt-quatre heures sur vingt-quatre, animés par la passion de remettre au goût du jour les plats régionaux de leur enfance.

Sur le plan du style et de la décoration intérieure, on reconnaît rapidement la trattoria à son allure. En ville notamment, vous ne manquerez pas de remarquer les portes vitrées ornées d'élégants rideaux en lin blanc simplement brodés; les chaises sont presque toujours en bois tourné, le service de table en porcelaine blanche épaisse, les couverts en acier inoxydable sans sophistication particulière. Si vous commandez le vin du patron en carafe, vous le boirez dans de simples verres sans pied, mais si vous choisissez une bouteille sur la carte des vins, vous aurez sans doute droit aux verres à pied.

Traditionnellement, les murs sont ornés de peintures, de dessins ou même de fresques que des artistes ont offerts en échange du couvert. De même, beaucoup d'établissements sont décorés de toutes sortes de poteries ou de céramiques alignées sur des étagères ou accrochées aux murs. Et si aujourd'hui des petits cendriers, des plats ou des assiettes portant le nom du restaurant sont parfois offerts en souvenir aux clients, ils étaient jadis vendus ou troqués contre des denrées, généralement du vin ou de la charcuterie.

Les cuisines donnent souvent directement sur la salle à manger, de sorte que les convives peuvent voir ce qui s'y passe et le cuisinier garde un œil sur la salle. Vous pouvez éventuellement partager votre table avec d'autres clients et, dans la plupart des cas, vous pouvez commander les plats un par un, en les faisant se succéder jusqu'à ce que vous disiez « basta » (ça suffit). C'est pour cette raison que les portions sont en général peu copieuses, car vous pouvez très bien commencer par une soupe, continuer par un plat de pâtes et poursuivre par une viande, un poisson ou une volaille. Mais rien ne vous empêche, comme je l'ai vu faire souvent en Italie, de commander deux plats de pâtes l'un après l'autre.

À la campagne, la trattoria se réduit parfois à une simple cuisine donnant sur une tonnelle où sont réunies quelques tables. De nombreux vignobles ont leur propre trattoria, ce qui leur permet de faire goûter leurs produits dans les meilleures conditions.

Ce sont les produits de saison qui déterminent la qualité d'une cuisine et la succession des spécialités d'une trattoria, mois après mois, ne fait que confirmer cette règle. À la fin du mois d'août en Toscane, les restaurants proposent les fameuses oronges et à l'arrivée de l'automne, vous ne pouvez échapper au parfum de la truffe blanche qui envahit le Piémont. Quant au mois de décembre, il se signale à Rome par la présence sur tous les menus de la puntarella (une variété de chicorée sauvage).

Dans une trattoria, le vin n'est jamais laissé pour compte, même si vous n'y trouvez guère de sommelier. Les clients qui font attention à la dépense (une bonne proportion des habitués) commandent généralement le vin du patron en carafe, ce qui souvent est un bon choix.

Quant aux desserts, ils n'occupent pas la place d'honneur sur la carte : les tartes aux fruits peuvent venir de la pâtisserie du coin et les glaces sont livrées par un marchand en gros. Mais il y a toujours des saladiers de fruits frais, notamment des ananas bien mûrs coupés en tranches et des oranges sanguines succulentes.

Ce livre est le fruit d'une dizaine d'années de recherches à travers toute l'Italie, en quête de saveurs authentiques et de parfums uniques. J'ai suivi les petites routes qui sillonnent les vignobles du Piémont, séjourné le long de la côte ligure, parcouru les vieilles ruelles pavées de Sienne, poussé la porte des petites auberges de la campagne toscane, des tavernes animées de Rome ou de tel petit restaurant familial milanais où l'on sert plus de vingt recettes différentes de risotto. J'y ai découvert un royaume vivant et coloré, riche de plaisir et de saveurs.

La cuisine italienne en tant que telle n'a pas besoin d'être présentée car même ceux qui ne savent pas parler la langue ne sont pas dépaysés lorsqu'on leur présente un menu typique de trattoria. Faut-il vraiment traduire des mots aussi universellement connus que spaghetti, scampi, risotto ou tagliatelle ?

Mais ce n'est là qu'un début et l'on aurait du mal à s'en contenter. La vraie cuisine de trattoria telle qu'on peut la trouver dans chacune des régions d'Italie est aussi riche, variée et appétissante que n'importe quelle autre cuisine dans le monde.

Les Italiens sont passés maîtres en l'art du rôtissage et de la friture, ils sont les seuls à savoir composer des plats de pâtes et de riz aussi savoureux, à cuisiner la viande, la volaille et les salades avec autant d'originalité. Rares sont ceux qui s'y entendent comme eux à réunir quelques ingrédients très simples avec autant de talent culinaire. Quelques tomates mûries au soleil, un filet d'huile d'olive, une pincée de sel de mer, quelques feuilles de basilic : et voilà un chef-d'œuvre.

Au cours de mon exploration, les expériences se sont succédé. À Rome, ce fut un agneau rôti à la perfection, la peau toute croustillante, à Florence des beignets d'artichauts d'une légèreté aérienne, en Toscane, la subtile distinction d'un plat de spaghetti à la sauce tomate. C'est ainsi qu'est né le désir d'offrir, en l'espace de cent cinquante recettes environ, un portrait fidèle de la cuisine italienne d'aujourd'hui, de ses couleurs, de ses arômes et de ses saveurs. C'est intentionnellement que j'ai mélangé la tradition et la modernité, pour que votre table reflète au mieux la richesse et la générosité de la gastronomie régionale italienne.

Patricia WELLS

Antipasti, amuse-gueule et salades

Un buffet d'antipasti de rêve

Rien ne peut rendre les convives plus heureux qu'un assortiment généreux de salades, d'amuse-gueule, petits légumes en sauce et condiments divers, auxquels on goûte, de-ci de-là au gré de son humeur. Ne vous laissez pas impressionner par cette litanie de plats, car ils peuvent tous se préparer à l'avance. Offrez en accompagnement un bon choix de vins, par exemple un Vernaccia blanc de San Gimignano, en Toscane, et un Barbera rouge du Piémont.

Anchois au jus de citron
Courgettes grillées au thym frais
Pain parchemin à l'huile
Olives noires en saumure
Tomates au four
Parmesanes d'aubergines
Salade de haricots rouges à l'oignon
Poivrons rouges sautés au vinaigre
Salades d'olives
Mousse de thon au citron à l'origan
Salade de haricots blancs à la sauge et au thym
Purée d'olives noires
Pâte de fromage à l'ail.

Pâte de fromage à l'ail

Crema formaggio all'olio

> « *Il existe deux Italies. L'une se compose d'une terre verdoyante, de la mer transparente, des ruines imposantes du passé, des montagnes aériennes et de la chaude et lumineuse atmosphère qui enveloppe toutes choses. L'autre, ce sont les Italiens d'aujourd'hui, leurs travaux et leurs jours. La première offre la plus sublime, la plus ravissante contemplation dont soit capable l'imagination humaine ; la seconde est ce qu'il y a de plus vil, de plus dégoûtant, de plus odieux. Qu'en pensez-vous ? Les jeunes femmes de la meilleure société – pourriez-vous le deviner ? – mangent, oui, mangent de l'ail.* »
>
> Percy Bysshe Shelley, lettre à Leigh Hunt, 22 décembre 1818.

C'était un soir de printemps dans le Piémont. Nous étions plus d'une douzaine de personnes réunies autour de la longue table de l'*Osteria Barbabuc*, dans le village de Novello, pour un repas dégustation arrosé du vin local, le Dolcetto d'Alba et de Barbaresco. Des petits pots de cette pâte crémeuse et blanche nous attendaient quand nous avons pris place et nous avons dévoré en un clin d'œil cet amuse-gueule tout parfumé d'ail, idéal pour ouvrir l'appétit.

Le cuisinier de l'auberge, Bruno Galaverna, la prépare avec un fromage local, la robiola, qui est à base de lait de vache, de chèvre ou de brebis. Lorsque la robiola est fraîche – pas plus de trois jours – elle a une saveur douce et délicate, presque un goût de beurre. Dans le Piémont, on en trouve de nombreuses variantes, parfois aromatisées aux fines herbes, au jus de citron ou au poivre noir concassé. Je préfère la simplicité de cette version, préparée avec du simple fromage frais, un filet d'huile et une pointe d'ail. Mais surtout prenez de l'ail frais, car un ail sec donnerait de l'amertume à la préparation. Vous trouverez la robiola dans les magasins de spécialités italiennes, mais à défaut, vous pouvez prendre un bon fromage de chèvre frais.

Pour 25 cl de pâte :
250 g de robiola ou de fromage de chèvre frais, doux
2 cuillerées à café d'huile d'olive extra-vierge
2 belles gousses d'ail frais

1. Retirez le germe des gousses d'ail et émincez-les. Réunissez tous les ingrédients dans le bol d'un robot ménager et réduisez-les en purée jusqu'à consistance fine et soyeuse.
2. Versez la pâte dans un pot et lissez le dessus avec une spatule.

Servez aussitôt en amuse-gueule – ou sur le plateau de fromages – avec des gressins ou des tranches de pain italien grillées. (Vous pouvez garder cette pâte de fromage au réfrigérateur, à couvert, pendant 3 jours au maximum.)

Boisson conseillée :
nous avons goûté ce plat avec un rouge sec et plaisant, le Dolcetto d'Alba et nous conseillons la même chose.

Variante :
au restaurant *Cibrèo*, à Florence, nous avons essayé une version de cette pâte de fromage à l'huile d'olive et au thym. Il suffit de mélanger dans le robot le fromage frais, l'huile et 2 cuillerées à café de thym frais, en supprimant l'ail. Lorsque la pâte est bien lisse, servez-la en condiment, avec des crudités, ou tartinée sur des toasts fraîchement grillés.

🐾 La question du germe
Prenez une gousse d'ail, coupez-la en deux dans la longueur et examinez-la. Cette gousse parfaitement fraîche, bien dodue et tendre, possède en son centre un petit germe vert pâle, à peine visible. Lorsque l'ail vieillit, ce germe pousse également, devient vert foncé et donne à l'ail un parfum plus intense. Mais le germe peut aussi ajouter de l'amertume aux mets dans lesquels on mélange l'ail, surtout quand il est

cru. En fait, je retire toujours le germe lorsque j'utilise l'ail cru, mais je le laisse s'il doit être cuit.

Poivrons rouges sautés au vinaigre

Peperoni in aceto

Avec leur plaisant équilibre aigre-doux, ces poivrons rouges sautés, bien tendres et colorés font une entrée agréable, mais on peut aussi les servir en antipasto ou en faire une magnifique garniture pour un repas d'été avec viandes ou volailles froides. La recette est de George Germon, propriétaire et chef d'un excellent restaurant italien de Providence, Rhode Island, appelé *Al Forno*. Il a cuisiné ces poivrons un jour chez moi et m'a gentiment permis de les inclure dans ce livre. Au lieu de faire sauter les poivrons à l'huile, ce qui est la forme classique, il les fait cuire au vinaigre, en ajoutant un peu d'huile à la fin. J'ai également essayé cette recette en prenant du vinaigre balsamique : le résultat est plus doux, mais tout aussi réussi.

Pour 6 à 8 personnes en amuse-gueule :
6 poivrons rouges (environ 1 kg)
17 cl de vinaigre de bon vin rouge ou de vinaigre balsamique
1 cuillerée à café de sel de mer
6 cl d'huile d'olive extra-vierge

1. Lavez les poivrons, coupez-les en quatre dans la longueur, retirez les graines et les cloisons intérieures. Mettez-les dans une grande sauteuse, ajoutez 12,5 cl de vinaigre et le sel. Couvrez et faites cuire sur feu très doux jusqu'à ce qu'ils soient complètement ramollis, pendant 25 minutes environ. Remuez de temps en temps en surveillant les poivrons pour qu'ils cuisent très doucement. À la fin du temps de cuisson, le liquide doit être presque entièrement évaporé. Ne montez pas le feu pour accélérer la cuisson, sinon les poivrons risquent de brûler et de durcir.

2. Lorsque les poivrons sont bien tendres, mettez-les dans un grand plat. Remettez la sauteuse sur le feu, montez le feu et déglacez avec le reste de vinaigre (3 cuillerées à soupe) en utilisant une spatule pour bien gratter toutes les particules qui pourraient rester collées dans le fond. Ajoutez l'huile et faites chauffer à peine une minute. Versez cette sauce sur les poivrons, remuez, et goûtez pour rectifier l'assaisonnement.

Laissez refroidir au moins 30 minutes avant de servir à température ambiante. En refroidissant, les poivrons vont continuer à se ramollir en absorbant l'huile et le vinaigre, de sorte que le mélange des saveurs sera parfait.

Poivrons au four

Peperoni al forno

Lorsque j'ai sous la main ces délicieux poivrons grillés, j'ai l'impression que mon garde-manger est vraiment complet, que rien ne me manque. Ils peuvent servir à bien des choses : un en-cas rapide sur une tranche de pain grillée, un condiment pour des pâtes, un complément pour les antipasti. J'en ai goûté partout en Italie dans les trattorias. Parfois, ils sont juste grillés et servis avec de l'huile et du sel, parfois on leur ajoute une touche de vinaigre. À vous de choisir. Surtout, surveillez bien les poivrons pendant la cuisson. Le but est d'obtenir des légumes bien cuits et tendres, qui possèdent encore toute la peau. S'ils roussissent ou s'ils brûlent, la peau tombe et les poivrons deviennent soit secs, soit caoutchouteux, avec un goût désagréablement amer. Si vous trouvez des poivrons jaunes ou orange, prenez-en également pour obtenir un beau mélange de couleurs, mais vous pouvez aussi choisir une seule teinte. Même ceux qui n'aiment pas les poivrons et les trouvent amers seront surpris de la saveur douce qu'ils prennent dans cette recette.

Pour 8 à 10 personnes en amuse-gueule :
4 poivrons rouges (750 g environ)
4 poivrons verts (750 g environ)
6 cl d'huile d'olive extra-vierge
Sel fin
1 cuillerée à soupe de bon vinaigre de vin rouge (facultatif)

1. Préchauffez le four à 175 °C (thermostat 4-5).
2. Lavez les poivrons, coupez-les en quatre, puis retirez les graines et cloisons intérieures.
Rangez-les dans un plat à four assez grand pour tous les contenir sans les entasser.
Arrosez-les d'huile et saupoudrez-les légèrement de sel.

3. Couvrez le plat et enfournez à mi-hauteur. Laissez cuire pendant 1 heure à 1 heure et demie en retournant les poivrons de temps en temps pour les empêcher de brûler. Sortez le plat du four et, si vous le désirez, arrosez-les de vinaigre. Goûtez et rectifiez l'assaisonnement. Servez chaud ou à température ambiante.

Mousse de thon au citron et à l'origan

Mousse di tonno

Tartinez-en des toasts, garnissez-en une salade de verdure assaisonnée ou bien servez-la avec une salade de haricots verts ou de betteraves cuites. Cette mousse de thon onctueuse et bien parfumée est un classique du fameux restaurant *Cibrèo* de Florence, un lieu qui sait exploiter toutes les ressources de l'imagination et de la créativité. C'est un plat idéal à connaître lorsque vous vous trouvez à court de ressources. Ouvrez votre garde-manger, puis le réfrigérateur : quel bonheur de pouvoir en un clin d'œil préparer un délicieux en-cas, un petit repas rapide ou un simple amuse-gueule.

Pour 25 cl de mousse :
1 boîte de thon à l'huile d'olive (190 g)
60 g de beurre ramolli
Le zeste râpé d'un citron
2 cuillerées à soupe de jus de citron
2 cuillerées à soupe d'huile d'olive extra-vierge
1/2 cuillerée à café d'origan
1 belle gousse d'ail hachée
Sel fin

1. Ouvrez la boîte de thon, ne l'égouttez pas et écrasez le contenu à la fourchette. Mettez le thon et son huile dans le bol d'un robot ménager, puis ajoutez les autres ingrédients et réduisez le tout en purée fine et onctueuse. Goûtez et rectifiez l'assaisonnement.
2. Versez le tout dans un bol et servez à température ambiante.
(Vous pouvez conserver la mousse à couvert dans réfrigérateur pendant 3 jours au maximum.)

Note :
si vous ne trouvez pas de thon à l'huile de bonne qualité, prenez du thon au naturel, égouttez-le et ajoutez une cuillerée à soupe d'huile de plus lorsque vous préparez la mousse.

Caponata

« En visitant la Sicile, Platon fut tellement frappé par le luxe qui régnait dans les maisons et à la table des habitants d'Agrigente qu'il nous est resté un mot de lui à ce sujet : "Ils construisent comme s'ils ne devaient jamais mourir et ils mangent comme s'ils n'avaient qu'une heure à vivre." »

Patrick Brydone, *Un voyage en Sicile et à Malte*, 1773.

La caponata est un mélange de légumes aussi onctueux qu'une confiture, à base d'aubergines, de poivrons, d'oignons et de céleri, relevé de sucre et de vinaigre et agrémenté d'olives vertes et de câpres. Cette spécialité sicilienne est l'un de mes plats favoris. J'adore autant la cuisiner que la déguster, surtout lorsque les étals des marchés débordent d'aubergines bien luisantes. C'est une proche cousine de la ratatouille française, mais plus croquante, surtout à cause des morceaux de céleri, et plus salée, compte tenu des câpres et des olives. J'en ai goûté différentes versions à travers l'Italie, et même une, au nord de Venise, qui comportait de gros morceaux de pommes de terre.

Une caponata est réussie lorsque chaque légume qu'elle contient garde sa forme et sa texture. Les légumes doivent en effet rester un peu fermes, presque croquants, et non pas se réduire en bouillie. On obtient ce résultat en faisant cuire chaque légume séparément, puis en les réunissant en fin de cuisson. Autre point important, assaisonnez le plat légèrement en cours de cuisson pour ne pas avoir à rajouter du sel ou du poivre à la fin. Blanchir les olives peut paraître une opération sophistiquée, mais les olives non blanchies peuvent ajouter de l'âcreté dans la préparation. La caponata se sert chaude ou à température ambiante. Elle fait partie des antipasti ou bien accompagne une viande ou une volaille rôtie.

Pour 8 à 12 personnes en amuse-gueule :

2 oignons moyens
2 poivrons rouges
480 g de tomates italiennes au naturel ou de tomates en purée
Plusieurs tiges de persil, feuilles de céleri et brins de thym, liés en bottillon avec du fil de cuisine
4 belles gousses d'ail finement émincées
8 branches de cœur de céleri avec les feuilles, émincées
2 cuillerées à café de thym frais
1 aubergine moyenne (500 g), non pelée et taillée en petits dés
25 cl d'huile d'olive extra-vierge
Sel fin
2 cuillerées à soupe de sucre en poudre
12,5 cl de bon vinaigre de vin rouge
40 g de câpres égouttées et rincées
150 g d'olives vertes égouttées et dénoyautées

1. Pelez les oignons, parez-les et coupez-les en deux dans la longueur. Posez-les à plat sur une planche à découper, face coupée en dessous, puis émincez-les finement. Mettez-les de côté. Coupez les poivrons en fines languettes, puis recoupez ces languettes en deux dans la longueur.
Mettez-les de côté.

2. Dans une sauteuse de 30 cm de haut, mettez les oignons, 6 cl d'huile et une pincée de sel, puis remuez pour enrober les oignons d'huile. Faites cuire sur feu doux jusqu'à ce qu'ils soient ramollis et translucides, pendant 5 minutes environ. Ajoutez les poivrons et une pincée de sel. Couvrez et poursuivez la cuisson pendant encore 5 minutes.

Si vous utilisez des tomates entières en conserve, placez un moulin à légumes sur la sauteuse et ajoutez les tomates en les réduisant en purée directement dans le récipient.

Si vous prenez des tomates en purée, ajoutez-les simplement dans la sauteuse. Faites cuire pendant cinq minutes de plus. Ajoutez les aromates en bottillon et l'ail, goûtez et rectifiez l'assaisonnement.

Couvrez et laissez mijoter tranquillement pendant

20 minutes en remuant de temps en temps. Ne faites pas trop cuire : les légumes doivent être bien cuits, mais encore un peu fermes et sans se réduire en bouillie. Retirez le bottillon d'aromates et jetez-le.
Retirez la sauteuse du feu.

3. Pendant ce temps, dans une autre sauteuse, faites chauffer 6 cl d'huile sur feu modéré. Ajoutez le céleri et faites-le cuire pendant 7 à 10 minutes jusqu'à ce qu'il soit légèrement coloré, commence à ramollir et à devenir transparent.
Versez-le alors dans un bol, salez légèrement, ajoutez le thym et mettez de côté.

4. Dans la sauteuse où le céleri a cuit, faites chauffer le reste d'huile sur feu modéré. Quand elle est chaude, ajoutez l'aubergine et faites cuire pendant 5 minutes jusqu'à ce que les morceaux soient légèrement colorés.
(L'aubergine absorbe l'huile immédiatement, mais laissez-la cuire sans en rajouter, en remuant le récipient de cuisson sans arrêt pour éviter qu'elle ne brûle.) Les morceaux doivent rester assez fermes.

5. Ajoutez l'aubergine et le céleri au mélange à base de tomates. Goûtez et rectifiez l'assaisonnement. Couvrez et faites mijoter doucement pendant 20 minutes, jusqu'à consistance de confiture onctueuse.

6. Pendant ce temps, mélangez dans un petit bol le sucre et le vinaigre. Remuez pour faire dissoudre et mettez de côté.

7. Versez 1 litre d'eau dans une casserole, portez à ébullition sur feu vif, ajoutez les olives et faites-les blanchir pendant 2 minutes.
Égouttez-les et rafraîchissez-les à l'eau courante. Goûtez-en une. Si elle est encore trop salée, recommencez l'opération.

8. Ajoutez le mélange sucre-vinaigre, les olives blanchies et les câpres dans le mélange de légumes et faites mijoter pendant encore 1 ou 2 minutes pour permettre aux saveurs de bien se mélanger.
Goûtez pour rectifier l'assaisonnement.
Versez la caponata dans une grande jatte. Servez chaud ou à température ambiante, mais jamais très froid.

Tartare à l'italienne

Insalata di carne cruda

La « carne cruda » est en Italie ce que nous connaissons en France sous le nom de tartare, c'est-à-dire de la viande de bœuf crue et assaisonnée. Cette recette est une spécialité du Piémont. J'en aime beaucoup l'authenticité, qui met bien en valeur les produits. Appréciez-la comme moi, en entrée, pour un déjeuner du dimanche quand on prend tout son temps. Prenez une excellente huile d'olive et servez ce plat avec du bon pain croustillant. Choisissez la viande de bœuf la plus maigre possible et incorporez les condiments le plus légèrement possible pour ne pas tasser la viande. Certains préfèrent assaisonner la viande à l'avance et la mettre au réfrigérateur pendant une heure pour qu'elle absorbe tous les parfums. Je préfère quant à moi préparer et servir ce tartare sans attendre pour l'apprécier dans toute sa fraîcheur.

Pour 4 personnes :
500 g de viande de bœuf finement hachée (rumsteck, filet ou aloyau, bien froide)
1 demi-tasse de feuilles de céleri ciselées finement
1 demi-tasse de persil plat finement ciselé
12,5 cl d'huile d'olive extra-vierge
1 cuillerée à soupe de jus de citron
Sel fin de mer, poivre noir du moulin
1 citron taillé en fines rondelles pour garnir

1. Mélangez dans une terrine le bœuf haché, la moitié des feuilles de céleri et la moitié du persil, l'huile et le jus de citron.
Remuez délicatement avec une fourchette.
Salez et poivrez au goût.

2. Répartissez la viande hachée en tas sur quatre assiettes de service bien froides, ajoutez le reste de persil et de feuilles de céleri, puis garnissez avec les rondelles de citron.

Vin conseillé :
proposez un bon vin rouge du Piémont, un Dolcetto ou un Nebbiolo.

Tomates au four

Pomodori al forno

Rares sont les plats aussi simples et aussi chaleureux que ces tomates au four toutes chaudes et parfumées. Comme elles sont faciles à préparer et délicieuses à déguster, elles font généralement partie des antipasti. J'ai préparé cette recette avec des tomates rondes ou ovales, je les ai servies chaudes ou à température ambiante, toujours avec le même succès.

Veillez simplement à utiliser une grande poêle bien « culottée » (je me sers pour ma part d'une vieille poêle à frire en fer noir), pour permettre aux tomates de bien rissoler sur feu vif avant de rôtir dans le four. Quand on les sert chaudes, elles accompagnent merveilleusement bien le poulet, la viande ou le poisson.

Pour 8 personnes :
6 cl d'huile d'olive extra-vierge
8 tomates moyennes, coupées en deux et épépinées
Sel de mer fin
2 cuillerées à café de thym frais.

1. Préchauffez le four à 200 °C (thermostat 6-7).
2. Faites chauffer l'huile dans une très grande poêle sur feu assez vif.
Lorsqu'elle est chaude, rangez dans la poêle autant de demi-tomates que vous pouvez faire entrer sans trop les serrer, face coupée contre le fond.
Faites-les rissoler sans les remuer pendant 5 à 6 minutes jusqu'à ce qu'elles soient presque caramélisées.
Mettez-les ensuite dans un grand plat à four, face coupée dessus. Recommencez l'opération s'il vous reste des tomates et ajoutez-les aux autres. Arrosez-les avec le jus de cuisson, salez légèrement et saupoudrez de thym.
3. Mettez le plat dans le four à mi-hauteur et faites rôtir à découvert pendant environ 30 minutes (15 mi-

nutes pour des tomates olivettes de forme ovale) jusqu'à ce qu'elles soient roussies et grésillantes. Servez à la sortie du four ou à température ambiante.

Parmesanes d'aubergines

Parmigiani di melanzane

Ces délicieuses tranches d'aubergines au parmesan évoquent pour moi comme des pizzas qui n'auraient pas de pâte. J'en ai goûté pour la première fois un soir d'août dans un restaurant qui donnait sur le lac de Garde, où le buffet des antipasti proposait une bonne trentaine de plats différents. Ces aubergines peuvent aussi suffire pour un repas léger ou encore s'accompagner d'une salade verte. Dans la plupart des restaurants italiens, on les sert à température ambiante, ce qui leur fait perdre, à mon avis, beaucoup de leur charme. Je vous conseille plutôt de les servir à la sortie du four.

DERNIER CONSEIL : il s'agit là d'un plat simple, mais qui doit être surveillé de près pendant la cuisson.

Pour 4 à 6 personnes en amuse-gueule :
1 belle aubergine (500 g environ), non pelée
3 à 4 cuillerées à soupe d'huile d'olive extra-vierge
Sel de mer fin
Persil plat, thym frais, basilic et/ou origan (au choix)
12,5 cl de sauce tomate (voir page 246)
125 g de mozzarella au lait entier, en fines tranches
30 g de parmesan fraîchement râpé
origan frais pour garnir

1. Préchauffez le gril du four.
2. Tapissez la tôle du four de papier d'aluminium pour la nettoyer ensuite plus facilement. Détaillez l'aubergine en tranches longitudinales de 1 cm d'épaisseur. Rangez celles-ci sur la tôle

du four et badigeonnez-les d'huile d'olive, puis saupoudrez-les de sel.

3. Glissez la tôle du four sous le gril, à 12 cm environ, et faites griller les tranches d'aubergines pendant 5 minutes jusqu'à ce qu'elles soient bien dorées.
Retirez la tôle du four et retournez les tranches d'aubergines.
Badigeonnez-les d'huile d'olive de nouveau, poudrez-les de sel et d'herbes aromatiques. Remettez-les dans le four, et faites-les à nouveau griller pendant 3 minutes.

4. Retirez la tôle du four et posez sur chaque tranche d'aubergine grillée une cuillerée à soupe de sauce tomate et une lamelle de mozzarella, puis saupoudrez de parmesan et d'origan.
Remettez sous le gril pendant 2 minutes environ jusqu'à ce que la sauce soit brûlante et que le fromage grésille.
La chair de l'aubergine doit être tendre quand on la pique avec une brochette. Servez aussitôt.

☞ Origan : à choisir séché

L'origan, *origano* en italien, est sans doute la seule herbe aromatique meilleure sèche que fraîche, car les feuilles à l'état sec ont un parfum plus doux, plus prononcé et plus caractéristique. C'est en fait le seul aromate « sec » que je possède dans mon assortiment. Il fait merveille dans les mousses de thon, les salades et les sauces tomates, il est indispensable sur les pizzas et se marie parfaitement avec les olives, tant noires que vertes. Lorsque vous achetez de l'origan, sachez faire la différence entre l'origan « vulgaire » et la marjolaine, qui dégage parfois une odeur camphrée. L'origan sec se conserve environ six mois ; au-delà de cette limite, renouvelez-le. La marjolaine proprement dite possède un parfum plus subtil, plus fleuri. Le mot origan vient du grec *oros* et *ganos*, qui veulent dire « joie de la montagne ». Pour bien profiter de son arôme doux et pénétrant, ajoutez toujours l'origan en fin de cuisson.

Courgettes grillées au thym frais

Zucchini alla griglia

Si vous avez sous la main des petites courgettes à chair ferme, de la bonne huile d'olive et du sel de mer, il ne vous reste plus grand-chose à faire : juste allumer le gril ou le four. Toute la fraîcheur douce et croquante des jeunes courgettes est ici merveilleusement bien mise en valeur. Inutile de les arroser d'huile, juste quelques gouttes suffisent, et une pincée d'aromates. Je sers ces courgettes avec d'autres antipasti ou comme garniture avec de la viande, du poisson ou de la volaille. La recette que je donne ici consiste à les faire cuire dans le four.

UN CONSEIL : coupez les courgettes en tranches très fines pour qu'elles cuisent rapidement toutes en même temps. Par ailleurs, effeuillez le thym soigneusement brin par brin.

Pour 4 personnes en amuse-gueule :
5 petites courgettes à chair ferme (850 g environ) coupées en fines tranches dans le sens de la longueur
3 cuillerées à soupe environ d'huile d'olive extra-vierge
Sel de mer
1 cuillerée à soupe de feuilles de thym frais

1. Préchauffez le gril du four.
2. Tapissez la tôle du four de papier d'aluminium pour la nettoyer ensuite plus facilement. Rangez les tranches de courgettes côte à côte sur la tôle et badigeonnez-les légèrement d'huile d'olive, puis saupoudrez-les de sel.
3. Glissez la tôle sous le gril du four, à 12 cm environ, et faites griller les courgettes pendant 2 à 3 minutes jusqu'à ce qu'elles soient bien dorées. Retirez la tôle du four et retournez les tranches de courgettes avec des pincettes.
Badigeonnez d'huile l'autre face des tranches, salez

et remettez la tôle sous le gril pour les faire cuire pendant encore 2 à 3 minutes.
4. Sortez les courgettes du four et mettez-les dans un plat creux en les superposant. Arrosez-les légèrement d'huile et saupoudrez de thym.
Servez chaud ou à température ambiante. Ne faites pas attendre ces courgettes jusqu'au lendemain : si vous ne les mangez pas tout de suite, ne les mettez pas au réfrigérateur, sinon le froid va altérer leur délicate fraîcheur ; gardez-les à température ambiante.

🐖 Pour bien faire griller

Les légumes grillés sont très à la mode en ce moment, mais hélas, trop souvent, on nous sert des légumes immangeables, carbonisés à l'extérieur et crus à l'intérieur, ou bien cuits si longtemps à l'avance qu'ils ont perdu toute leur fraîcheur. La cuisson sous le gril du four est pourtant très simple : il suffit que la chaleur du four soit assez intense pour que les légumes soient cuits à très forte chaleur sans avoir le temps de se dessécher. Faites attention à ne pas mettre la tôle trop près du gril, sinon les légumes risquent tout simplement de brûler sans avoir eu le temps de cuire.

🐖 Quelques conseils

* Préchauffez le gril pendant un bon quart d'heure pour être sûr d'obtenir une température forte et uniforme.
* Détaillez les légumes en tranches minces, pour exposer le maximum de surface à la chaleur.
* Placez la tôle à 12 cm environ du gril pour que les légumes puissent cuire rapidement, mais entièrement et sans brûler.

Petits artichauts à l'huile

Carciofi sott'olio

J'estime que mon garde-manger est incomplet si je n'ai pas au moins un bocal de ces délicieux petits artichauts marinés à l'huile d'olive. J'aime en croquer un en-cas, les servir avec une viande ou de la volaille, chaude ou froide, en garnir une pizza ou une tarte, ou les disposer sur un buffet froid avec d'autres antipasti. J'ai expérimenté plusieurs recettes de ce condiment, mais je préfère finalement une marinade assez légère à base de vinaigre de vin blanc. Cette solution, associée à une cuisson rapide, évite un résultat trop acide. Lorsque les artichauts sont encore chauds, on les recouvre d'huile d'olive extra-vierge qui ajoute son parfum riche et profond. Il existe différentes variétés de mini-artichauts. Les uns sont simplement de très petits artichauts cabus, provenant d'une seconde pousse de gros artichauts. Les mini-artichauts de cette variété apparaissent tout seuls une fois que les premiers, les gros, ont été cueillis. Ils sont plus doux et plus tendres, et le cœur est si petit qu'on peut le manger avec les feuilles et le foin sans rien retirer. Il existe en Provence et en Italie une autre variété de mini-artichauts, les violets, chaque, que l'on déguste crus et qui sont parfaits pour réaliser cette recette.

Pour un bocal d'un litre :
50 cl de vinaigre de champagne
50 cl d'eau
8 feuilles de laurier, fraîches de préférence
1,250 kg de petits artichauts (25 environ)
38 cl d'huile d'olive extra-vierge
4 belles gousses d'ail
2 cuillerées à soupe de persil plat ciselé
Sel de mer fin

1. Versez dans une grande casserole en acier inoxydable le vinaigre, l'eau et le sel, mélangez et ajoutez 4 feuilles de laurier.

2. Préparez les artichauts : rincez-les sous l'eau courante, puis, avec un couteau inoxydable, parez la queue à environ 1 cm de la base ; retirez soigneusement les fibres qui entourent la base. Rabattez les feuilles vertes de l'extérieur une par une et cassez-les à la base.

Continuez cette opération en progressant vers le centre jusqu'à ce que reste uniquement le cône central de feuilles jaunes à pointes vert pâle. Parez ce cône de feuilles juste au-dessous des pointes vertes. Parez également les parties vertes de la queue.

Selon la taille des artichauts, laissez-les entiers ou coupez-les en deux ou en quartiers, dans le sens de la longueur.

Plongez les artichauts au fur et à mesure, dès qu'ils sont prêts, dans la marinade au vinaigre.

3. Portez à la limite de l'ébullition sur feu modéré, puis laissez mijoter pendant 7 à 10 minutes, en réduisant le feu si nécessaire pour entretenir des frémissements, jusqu'à ce que les artichauts soient tendres, mais encore un peu résistants quand on les perce avec un couteau. Le temps de cuisson exact dépend de la taille des artichauts. Égouttez-les et jetez le liquide de cuisson.

4. Faites mariner les artichauts à l'huile alors qu'ils sont encore chauds.

Si vous voulez les servir le jour même, rangez-les dans un plat creux et recouvrez-les partiellement d'huile.

Pour les conserver plus longtemps, mettez-les en couches dans un pot stérilisé d'une contenance d'un litre (ou dans plusieurs bocaux plus petits).

Mettez une couche d'artichauts, puis de l'ail, du persil et un peu du laurier restant, et recommencez jusqu'à épuisement des ingrédients, en finissant par des artichauts. Recouvrez-les complètement d'huile. Mettez de côté, à découvert, jusqu'à ce que les artichauts soient complètement froids.

Si nécessaire, rajoutez encore un peu d'huile pour bien les recouvrir. Fermez le bocal et mettez-le dans le réfrigérateur, où vous pouvez le conserver pendant 2 mois. Ils doivent toujours baigner complètement dans l'huile.

Les artichauts à l'huile peuvent être dégustés sitôt refroidis, mais ils sont meilleurs, plus parfumés, après un temps de marinade de 24 heures au moins.

Anchois au citron

Acciughe al limone

Les petits amuse-gueule qui précèdent le repas, et dont les antipasti assortis que proposent les restaurants italiens sont l'exemple le plus coloré, sont souvent une réussite à eux seuls. Ils ouvrent l'appétit, rafraîchissent l'esprit et le corps. L'un d'entre eux me plaît tout particulièrement : ce sont des filets d'anchois frais marinés dans du jus de citron, puis arrosés d'huile d'olive avec un assaisonnement léger. Comme les anchois frais sont une denrée plutôt rare sur le marché, si jamais vous en trouvez, surtout n'hésitez pas à en acheter pour les déguster de cette façon, ou sinon, essayez d'en quémander auprès d'un pêcheur...

Pour 4 personnes en amuse-gueule :
500 g d'anchois frais (24 environ)
3 cuillerées à soupe de jus de citron
2 cuillerées à soupe d'huile d'olive extra-vierge
Sel fin de mer
4 feuilles de laurier, fraîches de préférence
2 cuillerées à café de feuilles de thym frais
1 échalote finement hachée

1. Rincez rapidement les anchois (ne les lavez pas à fond et ne les faites pas tremper). Étêtez-les et videz-les en tenant chaque poisson fermement sous la tête : il suffit de tirer sur celle-ci pour l'enlever en faisant venir les viscères avec. Faites passer votre pouce dans la cavité ventrale et le poisson s'ouvre en deux facilement. Retirez et jetez l'arête centrale. Partagez les anchois délicatement en deux filets, puis passez vos doigts le long de chaque filet pour retirer les arêtes ou morceaux de viscères qui pourraient rester. Épongez les filets et mettez-les, peau dessus, côte à côte, dans un plat. Arrosez-les de jus de citron, couvrez d'une feuille de plastique alimentaire et mettez le

tout au réfrigérateur pendant 10 minutes.
2. Sortez les poissons du réfrigérateur. Égouttez et jetez le jus de citron. Arrosez un autre plat d'huile d'olive, salez légèrement et disposez les feuilles de laurier dans le fond. Rangez-y les filets d'anchois côte à côte. Saupoudrez de thym et parsemez d'échalote hachée. Salez très légèrement. Couvrez d'une feuille de plastique alimentaire et mettez au réfrigérateur pendant 10 minutes. Servez en amuse-gueule, avec des tranches de pain fraîchement grillées.

Omelette aux artichauts

Tortino di carciofi

Vert et doré à la fois, ce plat évoque pour moi le printemps et les jonquilles. En Italie, le tortino est généralement une sorte de flan aux légumes, mais cette spécialité florentine est en fait à mi-chemin entre l'omelette et les œufs brouillés. J'aime tellement les artichauts qu'il m'est arrivé de goûter ce plat deux jours de suite lors d'un voyage à Florence : la première fois dans le charmant petit restaurant *Sostanza,* le lendemain dans une minuscule trattoria familiale près de Santa Croce, *Il Francescano.* Dans cette version, les petits artichauts sont émincés très finement, puis rapidement sautés à l'huile d'olive. Les œufs sont ensuite cuits pratiquement comme une omelette, mais celle-ci n'est pas repliée. On dispose les artichauts cuits au centre de l'omelette en son entier, puis on rabat délicatement les bords vers le centre. Si vous avez du mal à croire que les artichauts et les œufs font bon ménage, goûtez ceci et vous changerez d'avis.

Pour 4 personnes en entrée ou 2 en plat principal :
1 citron
4 mini-artichauts ou petits violets
2 cuillerées à soupe d'huile d'olive extra-vierge

Sel fin de mer
Poivre noir du moulin
8 œufs extra-frais, à température ambiante

1. Préparation des artichauts : coupez le citron en deux, pressez le jus et mettez-le ainsi que les deux moitiés du citron dans une terrine pleine d'eau froide. Rincez les artichauts à l'eau froide. Avec un couteau en acier inoxydable, coupez les queues à environ 1 cm du fond. Parez et coupez les parties fibreuses à l'extérieur. Rabattez les feuilles vertes coriaces de l'extérieur une par une en les faisant casser toutes seules à la base. Continuez cette opération jusqu'au moment où vous dégagez le cône central de feuilles jaunes à pointes vert pâle. Parez légèrement le haut des feuilles, juste en dessous des pointes vertes. Éliminez également les parties vert foncé de la queue. Détaillez les artichauts en fines lamelles dans le sens de la hauteur et mettez-les au fur et à mesure dans l'eau citronnée pour les empêcher de noircir.

2. Lorsque tous les artichauts sont émincés et citronnés, égouttez-les et épongez-les. Faites chauffer l'huile sur feu moyen dans une poêle à revêtement antiadhésif de 25 cm de diamètre. Lorsque l'huile est chaude, mais avant qu'elle ne fume, mettez-y les lamelles d'artichauts et faites-les sauter pendant 3 à 4 minutes jusqu'à ce qu'elles soient légèrement dorées. Égouttez-les dans une passoire placée dans une terrine. Salez et poivrez. Mettez de côté.

3. Préparez l'omelette. Cassez les œufs dans un saladier. Coupez 30 g de beurre en parcelles et ajoutez-le aux œufs. Salez et poivrez. (Ne battez pas encore les œufs en omelette.)

4. Faites chauffer la poêle pendant quelques secondes sur feu vif. Ajoutez le reste de beurre et, pendant qu'il fond, battez les œufs légèrement avec une fourchette. Penchez la poêle pour que le beurre fondu couvre bien le fond. Lorsqu'il commence à mousser, avant qu'il ne devienne brun, versez les œufs. Remuez-les en passant délicatement une fourchette dans la masse des œufs plusieurs fois de suite pour en exposer le plus possible à la chaleur de la poêle. (Attention à ne pas gratter le fond de la poêle avec les dents de la fourchette, sinon l'omelette va attacher à cet endroit.)

5. Lorsque le fond de l'omelette commence à prendre, détachez les bords de celle-ci avec la fourchette. Dans le même temps, penchez la poêle pour que les parties d'omelette qui ne sont pas encore cuites entrent en contact avec la poêle chaude et puissent cuire. Continuez cette opération jusqu'à ce que toute l'omelette soit bien cuite. Lorsque les bords sont pris et que le centre est encore baveux, versez-y rapidement les lamelles d'artichauts. Repliez les bords par-dessus, tout autour, sur 3 cm environ, de manière à envelopper à demi les artichauts. Faites glisser l'omelette sans la retourner sur un plat rond, salez et poivrez largement. Servez ensuite sur des assiettes chaudes.

☛ Pour une omelette légère et mousseuse

* Les œufs doivent tous être à température ambiante.

* Battez les œufs légèrement, pas trop vivement. Les blancs et les jaunes doivent se mélanger sans former de bulles d'air à l'intérieur qui pourraient rendre ensuite l'omelette trop sèche.

* Faites bien chauffer la poêle avant d'y verser les œufs.

* Si vous intégrer des ingrédients – comme ici les artichauts –, faites-les cuire au préalable et ajoutez-les à l'omelette au dernier moment.

* Utilisez une poêle à revêtement antiadhésif assez grande par rapport au volume d'œufs pour qu'ils cuisent rapidement. Une omelette qui a cuit trop lentement a tendance à être sèche.

Crudités à l'huile d'olive

Pinzimonio

« Tout profite à la santé. »
Proverbe italien

Le pinzimonio désigne un mélange de légumes crus que l'on trempe dans de l'huile d'olive relevée d'un peu de sel et parfois de poivre noir. C'est un plat d'été idéal, tout à fait convivial. Tout le monde est assis au coude à coude autour de longues tables et l'on mange gaiement avec ses doigts. Selon une version plus sérieuse, le pinzimonio est un test parfait pour juger de la saveur et du parfum de plusieurs huiles d'olive extra-vierges. En effet, lorsqu'on goûte une huile à l'état naturel, avec juste une pincée de sel, son vrai goût ressort à merveille et l'on peut dès lors juger de sa qualité. Par conséquent, si vous avez quatre ou cinq huiles d'olives différentes à tester, invitez quelques amis et faites provision de légumes frais et croquants. La liste ci-dessous est une suggestion parmi d'autres de légumes que vous pouvez réunir. Disposez-les d'une manière attrayante dans un grand saladier avec de l'eau glacée, pour les garder bien frais. J'aime bien mettre à la disposition de chaque convive plusieurs coupelles pour pouvoir goûter toutes les huiles à volonté. Donnez également à chacun un couteau bien aiguisé pour parer et détailler les légumes à son goût, notamment les artichauts.

Côtes de céleri tendres avec leurs feuilles, lavées à l'eau froide
Petits artichauts violets
Tomates cerises
Mini-fèves fraîches dans leurs gousses
Bulbes de fenouil coupés en quatre dans la hauteur
Carottes pelées et taillées en bâtonnets
Petits oignons grelots ou ciboules
Petits concombres taillés en bâtonnets
Huile d'olive extra-vierge (de plusieurs marques si vous le souhaitez)

Sel de mer fin
Poivre noir du moulin
Pain de campagne frais

Omelette froide à l'épinard et au parmesan

Frittata fredda alla rustica

Il m'est arrivé une fois de passer une semaine à Florence en allant chaque matin dans un café différent pour prendre mon petit déjeuner et lire mon journal. Comme je n'aime pas beaucoup les sucreries, je prenais de préférence un assortiment de petits sandwiches, que les Italiens appellent *panini*, parfaits pour un en-cas ou un déjeuner sur le pouce. Souvent, la garniture de ces panini est faite d'une omelette diversement parfumée, solution idéale pour un solide breakfast.

Ce que les Italiens nomment *frittata* est en fait une omelette plate, c'est-à-dire non roulée, assez voisine de la tortilla espagnole, servie à température ambiante, ni chaude ni froide. La frittata est cuite très lentement sur feu doux, puis glissée sous le gril pour finir de cuire. La version que je donne ici est la plus classique, c'est l'une de mes préférées. Essayez de trouver les épinards les plus jeunes et les plus tendres. Quand on la découpe en parts, ou si l'on s'en sert pour garnir un sandwich, la frittata est parfaite pour un repas rapide ou un pique-nique.

Pour 4 à 6 personnes :
6 gros œufs à température ambiante
Sel fin de mer
Poivre noir du moulin
90 g de feuilles d'épinards fraîches, lavées, épongées et hachées
Noix muscade fraîchement râpée
125 g de parmesan fraîchement râpé
1 cuillerée à soupe d'huile d'olive extra-vierge

1. Préchauffez le gril du four.

2. Cassez les œufs dans un saladier et battez-les légèrement avec une fourchette. Salez, poivrez et muscadez, puis ajoutez les épinards et la moitié du fromage râpé. Battez légèrement à nouveau pour bien mélanger les ingrédients.

3. Faites chauffer l'huile sur feu moyen dans une poêle de 23 cm de diamètre pouvant aller dans le four, en faisant basculer la poêle pour que l'huile couvre bien tout le fond et les côtés. Lorsque l'huile est brûlante mais qu'elle ne fume pas encore, versez le mélange d'œufs battus aux épinards dans la poêle. Baissez aussitôt le feu et faites cuire doucement en remuant le dessus des œufs battus (mais en laissant le fond prendre, de sorte qu'il n'attache pas), jusqu'à ce que les œufs prennent consistance et que l'omelette soit dorée sur le fond et presque ferme au centre, pendant environ 4 minutes. Le dessus doit encore être baveux. Avec une spatule, détachez légèrement l'omelette des bords de la poêle pour l'empêcher d'attacher par la suite. Ajoutez le reste de parmesan en le saupoudrant sur le dessus.

4. Glissez la poêle sous le gril, en la plaçant à 12 cm environ de la source de chaleur, de sorte que l'omelette finisse de cuire sans brûler. Laissez-la griller jusqu'à coloration dorée sur le dessus et que l'omelette devienne bien ferme, pendant 2 minutes environ. (Attention : à une minute près, l'omelette est bien cuite ou elle est brûlée.) Retirez du four et laissez refroidir pendant 2 minutes. Posez un grand plat rond sur la poêle et retournez le tout d'un seul geste. Laissez ensuite l'omelette refroidir à température ambiante.

Petits soufflés au gorgonzola

Tortino gorgonzola

C'est un samedi de printemps, à l'occasion d'un dîner dégustation à l'*Osteria Barbabuc,* dans le village de Novello, en Piémont, que l'on m'a servi ce soufflé de gorgonzola, dont la riche saveur est restée dans mon souvenir. Alors que j'en goûtais la première bouchée, je me voyais déjà servir ce plat chez moi à des invités, avec une petite salade verte en garniture. C'est bien la manière, élégante et parfaite, dont j'aime servir ces soufflés pour un déjeuner léger. Si tous les ingrédients sont mesurés et prêts à l'emploi, la préparation ne prend que quelques minutes. La recette m'en a été donnée par le chef du restaurant, Bruno Galaverna. En Italie, un tortino est en général une sorte de flan rustique aux légumes. Bien que les proportions de crème et de farine dépassent ici largement celles que l'on utilise pour un vrai soufflé, ces petits soufflés ne volent pas leur appellation tant ils sont joliment gonflés et dorés.

Pour 8 personnes :
Beurre pour graisser les ramequins
50 cl de crème fraîche épaisse
1/4 de cuillerée à café de sel de mer fin
Poivre noir du moulin
100 g de farine blanche ordinaire
5 gros œufs, blancs et jaunes séparés
150 g de gorgonzola émietté, à température ambiante

1. Préchauffez le four à 220 °C (thermostat 8).
2. Beurrez grassement le fond et les côtés de 8 ramequins de 12 cl de contenance.
3. Versez la crème dans une grande casserole, salez et poivrez. Faites chauffer sur feu modéré jusqu'à la limite de l'ébullition. Baissez ensuite le feu et ajoutez toute la farine en une seule fois en fouettant constamment pour empêcher la formation de grumeaux.

La préparation doit épaissir presque tout de suite. Retirez la casserole du feu et incorporez les jaunes d'œufs un par un.
Ajoutez ensuite le gorgonzola et mélangez jusqu'à ce que le fromage soit bien fondu. Réservez.
4. Montez les blancs en neige ferme avec un fouet électrique, puis incorporez-en un tiers dans la préparation précédente et mélangez bien à fond. Peu importe si les blancs se liquéfient à ce moment. Ensuite, avec une spatule en caoutchouc, incorporez délicatement le reste des blancs. Procédez doucement et progressivement, sans trop travailler le mélange. Assurez-vous simplement que la préparation est homogène et qu'on ne voit plus de traces de blanc.
5. Répartissez la préparation dans les ramequins beurrés en les remplissant aux trois quarts, puis lissez le dessus avec la spatule. Placez les ramequins dans un plat à four et enfournez à mi-hauteur. Faites cuire pendant 15 minutes jusqu'à ce que les soufflés soient bien gonflés, avec le dessus doré. Sortez les ramequins du four et posez-les sur de petites assiettes individuelles. Servez aussitôt.

Vin conseillé :
avec ce soufflé, j'aimerais un Barbera d'Alba ou un Dolcetto d'Alba, qui viennent tous les deux du Piémont.

👉 Séparer les œufs et monter les blancs en neige

Il est bien plus facile de séparer les blancs des jaunes lorsqu'ils sont froids, mais pour monter les blancs en neige, il vaut mieux qu'ils soient à température ambiante. Par conséquent, lorsque vous préparez un plat comme celui-ci, séparez les blancs des jaunes dès que vous les sortez du réfrigérateur, puis laissez-les à température ambiante avant de les utiliser en cuisine.

Ramequins aux herbes

Tartra all'antica

Crémeuse et parfumée grâce à une subtile infusion de romarin frais et de laurier, cette entrée originale est une création du chef Angel Maionchi, du restaurant *Del Cambio* à Turin, qui la présente «comme un plat de pâtes». Ce qui veut dire qu'elle peut servir de support à toutes sortes de sauces, selon l'humeur et la saison. Une sauce au fromage serait un accompagnement classique, mais le chef suggère aussi une sauce à la crème et aux pointes d'asperges au printemps ou une sauce tomate aux champignons (page 247) en automne. En fait, n'importe quelle sauce que vous aimez bien avec des pâtes fera l'affaire avec ces crèmes prises. Pour ma part, j'ai une préférence pour les sauces tomates, car j'aime le contraste des textures et des saveurs entre la crème onctueuse, riche et raffinée et la légère acidité de la tomate. Quand on déguste cette entrée chaude, on a un peu l'impression de savourer un dessert! Je la prépare toujours à l'avance, du matin pour le soir, pour avoir le minimum de travail avant de servir.

Pour 6 personnes :
Beurre pour graisser les ramequins
38 cl de lait entier
60 cl de crème fraîche épaisse
3 cuillerées à soupe de feuilles de romarin fraîches ciselées
4 feuilles de laurier, fraîches de préférence
4 gros œufs
2 gros jaunes d'œufs
30 g de parmesan fraîchement râpé
1/4 de cuillerée à café de noix muscade fraîchement râpée
1/4 de cuillerée à café de sel fin de mer
Poivre noir du moulin
50 cl de sauce tomate aux champignons chaude (page 247)

1. Préchauffez le four à 175 °C (thermostat 4-5). Beurrez six ramequins de 25 cl de contenance.

2. Préparez une grande bouilloire d'eau à ébullition pour le bain-marie ; réservez.

3. Pratiquez trois fentes dans une feuille de papier sulfurisé et tapissez-en un plat à four assez grand pour contenir les ramequins dans leur bain-marie.

Rangez les ramequins dans le plat, sur le papier, et réservez. (Le papier va empêcher l'eau versée dans le plat de bouillir trop fort et d'éclabousser le contenu des ramequins.)

4. Versez le lait et la crème dans une casserole, mélangez et faites chauffer sur feu vif. Portez à la limite de l'ébullition et retirez du feu.

Ajoutez le romarin et le laurier, couvrez et laissez pendant 10 minutes. Passez le liquide dans un grand saladier et laissez refroidir. Jetez les aromates.

5. Mettez les œufs entiers et les jaunes dans une jatte et battez-les avec une fourchette, mais sans les faire mousser, sinon la crème aura des bulles.

6. Lorsque le mélange lait-crème est refroidi, ajoutez les œufs, puis incorporez le fromage, salez, poivrez et muscadez. Goûtez et rectifiez l'assaisonnement.

7. Répartissez la crème dans les ramequins et versez suffisamment d'eau bouillante dans le plat à four pour qu'elle arrive à mi-hauteur des ramequins. Enfournez à mi-hauteur et faites cuire jusqu'à ce que la crème soit prise sur les bords mais encore tremblante au centre, soit 50 à 55 minutes.

8. Sortez le plat du four et retirez délicatement les ramequins du bain-marie. (Vous pouvez les faire cuire du matin pour le soir, puis les réchauffer en les plongeant dans un bain-marie pendant environ dix minutes avant de servir.)

Pour servir, démoulez les ramequins en les retournant sur des assiettes de service chaudes, puis versez la sauce chaude tout autour.

Vin conseillé :
un rouge léger et bien équilibré sera ici à sa place, par exemple un Dolcetto d'Alba, du Piémont.

Tourte aux bettes

Torta di biete

Cette tourte aux légumes et au parmesan est particulièrement appréciée dans la cuisine méditerranéenne. Presque partout en Italie vous trouverez dans les pâtisseries et chez les marchands de sandwiches des tartes aux légumes comme celle-ci, préparées avec une pâte à l'huile d'olive, rapide et facile à faire. Il en existe des variantes agrémentées de pignons de pin ou de raisins secs, mais je préfère la simplicité de cette recette. Je la prépare souvent le matin pour la servir le soir, à l'apéritif, avec un verre de vin blanc. Si vous avez un jardin, n'oubliez pas de faire pousser des bettes, elles viennent très facilement et possèdent, en tant que légume, une personnalité attachante. Si vous n'avez pas de bettes, prenez tout simplement des épinards.

Pour 8 à 12 personnes :
Pour la pâte :
140 g de farine blanche ordinaire
1/4 de cuillerée à café de sel de mer fin
6 cl d'eau
6 cl d'huile d'olive extra-vierge
Pour la garniture :
500 g de feuilles de bettes ou d'épinards
Sel de mer fin
3 gros œufs
125 g de parmesan fraîchement râpé

1. Préchauffez le four à 190 °C (thermostat 5).
2. Préparez la pâte : mélangez la farine et le sel dans une terrine, incorporez l'eau, puis l'huile, et mélangez jusqu'à consistance homogène. Pétrissez rapidement. La pâte doit être molle, comme une pâte à biscuits.
Appliquez-la dans le fond d'un moule à tarte de 27 cm de diamètre, à fond amovible. (Inutile de faire remonter la pâte le

long des bords du moule.)
3. Préparez la garniture : lavez et épongez les feuilles de bettes ou d'épinards, parez les côtes et jetez les plus dures. Hachez les feuilles en plusieurs fois dans un hachoir électrique.
4. Versez les feuilles dans une grande sauteuse, salez et poivrez. Faites-les fondre sur feu doux et laissez cuire pendant 2 à 3 minutes jusqu'à ce que l'eau de végétation soit presque entièrement évaporée. Retirez du feu.
5. Versez les œufs dans un saladier, ajoutez le fromage râpé et mélangez intimement. Incorporez ensuite les feuilles de bettes, mélangez à nouveau et goûtez pour rectifier l'assaisonnement. Versez la préparation sur le fond de tarte.
6. Enfournez à mi-hauteur et faites cuire pendant 45 minutes jusqu'à ce que la garniture soit légèrement dorée et bien prise. Retirez la tarte du four et faites refroidir sur une grille.
Servez à température ambiante en découpant la tarte en parts fines.
(Ne mettez pas au réfrigérateur, sinon la garniture va durcir.)

Vin conseillé :
je vous propose un vin blanc pétillant, comme le Prosecco frizzante, ou un blanc sec, Soave ou Orvieto secco.

Salade de céleri sauce anchois

Insalata di puntarelle

Un samedi matin, alors que je me promenais au marché du Campo dei Fiori, à Rome, je remarquai que les marchands de salades remplissaient d'eau des petits seaux pour y mettre ce qui me sembla être des « fleurs de céleri ». Je demandai des précisions à l'un d'entre eux qui me dit qu'il s'agissait de puntarelle, une forme locale de chicorée sauvage, traditionnellement taillée en fleurs. J'ai goûté cette salade le lendemain à la *Trattoria Piperno* et je m'aperçus sans surprise que cette puntarella possède un goût marqué de céleri. On sert cette salade dans presque tous les restaurants de Rome, où on l'accompagne classiquement de cette sauce à l'anchois et à l'ail. Comme il n'est pas très facile de trouver de la puntarella ailleurs qu'en Italie, j'ai pris la liberté de la remplacer par du céleri-branche, un légume très parfumé et très courant, dont on ne tire pas souvent le meilleur parti. Cette salade doit être servie aussitôt prête : si vous la laissez attendre, le céleri perd tout son croquant. Même si vous utilisez un mixer électrique pour préparer la sauce, prenez le temps de hacher l'ail à la main.

Pour 6 à 8 personnes :
1 pied de céleri (800 g environ), branches séparées, lavées et coupées en tronçons de 8 cm
POUR LA SAUCE :
6 cuillerées à soupe d'huile d'olive extra-vierge
60 g de filets d'anchois à l'huile d'olive
3 belles gousses d'ail émincées
Poivre noir du moulin

1. Préparez le céleri. Remplissez d'eau glacée un saladier. Avec un petit couteau aiguisé, faites une fleur avec chaque tronçon de branche. Entaillez plusieurs fois en oblique les côtes sur environ un tiers de la longueur, de sorte que l'extrémité s'ouvre en fleur. Mettez-les dans l'eau glacée, puis au réfrigérateur. Au froid, les fleurs vont s'ouvrir complètement et rester ouvertes. (Il est préférable de préparer le céleri plusieurs heures à l'avance.)
2. Préparez la sauce. Dans le bol d'un mixer électrique ou d'un robot, mettez l'huile d'olive, les anchois avec leur huile, ainsi que les gousses d'ail émincées. Actionnez l'appareil jusqu'à l'obtention d'une sauce lisse et onctueuse. Mettez-la dans un petit bol et réservez.
3. Au moment de servir, égouttez et épongez délicatement les fleurs de céleri dans un torchon. Mettez-les dans un grand saladier. Arrosez-les de sauce, juste pour les napper sans excès. Servez aussitôt, car une fois assaisonné le céleri perd rapidement son croquant. Chacun poivre à son goût.

Salade d'olives de tante Flora

Insalata di olive

Lorsque j'étais enfant, j'adorais les réunions de famille à l'occasion desquelles la sœur de ma mère, Flora De Angelo, préparait d'innombrables spécialités italiennes. Cette salade d'olives vertes, croquante et bien relevée, était l'un de ses plats favoris. Elle peut faire partie d'un assortiment d'antipasti ou bien accompagner du fromage et de la charcuterie avec du pain croustillant. J'aime aussi la servir comme condiment avec un plat tel que le poulet rôti à la brique (page 211) garni d'éginards sautés (page 71) et de pommes de terre au romarin (page 65). Dans cette recette, l'origan sec apporte sa note spéciale, parfaitement assortie à la saveur des olives. Pour une fois, je n'emploie pas d'herbes fraîches.

Pour 6 à 8 personnes :
150 g d'olives vertes farcies au piment, égouttées et coupées en quatre
3 branches de céleri bien tendres, avec les feuilles émincées
4 belles gousses d'ail émincées
1 cuillerée à café de bon vinaigre de vin rouge
1 cuillerée à soupe d'huile d'olive extra-vierge
1/4 de cuillerée à café d'origan
1/4 de cuillerée à café de piment

Réunissez tous les ingrédients dans une jatte et mélangez intimement. Couvrez et mettez au réfrigérateur pendant au moins 2 heures et jusqu'à deux jours, en remuant de temps en temps. Servez à température ambiante, en condiment.

Salade d'olives vertes, thon, céleri et poivron rouge

Insalata di olive verde, tonno, sedano e peperoni

Chaque fois que je prépare un buffet d'antipasti, ce condiment haut en couleur et en saveur a toujours sa place. Je l'ai vu servi dans bien des restaurants, sous des variantes diverses. Certains chefs lui ajoutent des haricots blancs cuits, ce qui donne à la salade une consistance plus dense. J'aime la servir avec des tomates en tranches et du bon pain de campagne.

Pour 6 à 8 personnes :
150 g d'olives vertes farcies au piment, coupées en deux
4 ou 5 côtes de céleri bien tendres, avec les feuilles, finement émincées
190 g de thon à l'huile d'olive (voir la note ci-dessous)
1 poivron rouge émincé
3 cuillerées à soupe d'huile d'olive extra-vierge
1 cuillerée à café de bon vinaigre de vin rouge
Sel de mer fin

Écrasez le thon à la fourchette dans sa propre huile et versez le tout dans une jatte. Ajoutez tous les autres ingrédients et mélangez à fond. Goûtez et rectifiez l'assaisonnement. Servez aussitôt ou couvrez et mettez au réfrigérateur jusqu'à 8 heures à l'avance.
Servez à température ambiante.

Note :
si vous ne trouvez pas de thon à l'huile d'olive, prenez du thon blanc au naturel, égouttez-le, jetez l'eau et ajoutez une cuillerée à soupe d'huile en plus dans la préparation.

Salade de fèves fraîches au pecorino (fromage de brebis)

Baccelli al pecorino

À peine êtes-vous entré au *Cibrèo,* à Florence – l'un de mes restaurants préférés dans toute l'Italie – que vos yeux sont attirés par le sympathique buffet chargé d'amuse-gueule et de desserts. L'assortiment peut comporter par exemple un immense saladier en porcelaine blanche plein de fèves fraîches et de petits cubes de pecorino, dans une vinaigrette au jus de citron et aux fines herbes. Cette variété de graines aplaties est beaucoup moins répandue que jadis et je vous incite à redécouvrir leur délicieuse saveur noisettée, idéale pour vous ouvrir l'appétit. Lorsque vous préparez cette salade à la maison, faites attention aux proportions : elle est très nourrissante, surtout comme entrée. On peut même imaginer d'en faire un plat complet pour un repas rapide. Il vous faut surtout trouver des fèves fraîches assez petites, or la saison est courte. Dès que les fèves vieillissent, la pellicule qui recouvre les graines épaissit et devient coriace, il faut les décortiquer une par une. J'aime beaucoup la légère amertume des fèves fraîches crues : le contraste est bien marqué avec le pecorino jeune, presque doux. Si vous ne trouvez que du pecorino affiné, à râper, prenez du chèvre frais de bonne qualité et coupez-le en petits cubes.

Pour 8 à 12 personnes :

1 kg de fèves fraîches en gousses ou 2 tasses de fèves écossées
3 cuillerées à soupe d'huile d'olive extra-vierge
1 cuillerée à soupe de jus de citron
1 cuillerée à café d'origan
3 cuillerées à soupe de persil plat ciselé
250 g de pecorino jeune (fromage de brebis) ou de chèvre frais, coupé en petits cubes de la taille des fèves
Sel de mer fin et poivre noir du moulin
1/8 de cuillerée de piment rouge

1. Écossez les fèves. Il en faut la valeur de deux tasses pleines environ.
Goûtez-en une : si elle est bien tendre et sans amertume marquée, servez-les crues, sans retirer la pellicule qui les recouvre.
Si elles sont plus dures, blanchissez-les pendant 30 secondes dans une grande casserole d'eau bouillante, puis dérobez-les (retirez la peau qui enveloppe les fèves). Cette opération est très fastidieuse mais indispensable.
2. Réunissez dans une jatte les fèves et les autres ingrédients. Mélangez intimement. Goûtez pour rectifier l'assaisonnement. Servez aussitôt, en petites portions, en amuse-gueule, en en-cas ou dans un assortiment d'antipasti.

Note :
si vous avez des restes, faites sauter les fèves au pecorino avec un filet d'huile dans une petite poêle.
La recette est aussi bonne quand la salade est servie chaude.

☛ À propos des fèves

Les fèves fraîches, aplaties et arrondies, logées dans des gousses veloutées, comptent parmi les grands trésors de la gastronomie. Tendres, avec une touche d'amertume, d'un beau vert printanier, les fèves – *fave* en italien – sont si nourrissantes qu'on les a surnommées « la viande des pauvres ». Les fèves sont voisines des haricots de Lima – sans être de la même variété – ; ces derniers sont verts également, en forme de reins, et peuvent devenir très durs. Lorsqu"ils sont très jeunes et frais, les haricots de Lima peuvent se manger crus. On trouve les uns et les autres chez les petits maraîchers, en gousses, mais aussi dans certaines grandes surfaces, déjà écossés.

Salade de haricots rouges à l'oignon

Insalata di borlotti

Cette salade fait rituellement partie des antipasti. Elle présente l'avantage de pouvoir être facilement préparée à l'avance. Les borlotti sont des haricots en grains, secs, reconnaissables à leur couleur panachée, rouge marbré de blanc. Ils sont délicieusement nourrissants et me donnent toujours une impression de bonne santé. J'ai découvert ce plat un dimanche soir dans une petite trattoria sur le lac de Garde, en Vénétie. Avant de le servir, goûtez-le toujours une dernière fois pour rajouter éventuellement encore un peu d'huile, de vinaigre, de sel et de poivre. Une petite poignée de persil plat ciselé incorporée au dernier moment rehausse encore la saveur et la couleur de cette salade.

Pour 8 à 10 personnes :
500 g de haricots rouges panachés (borlotti)
1 petit oignon coupé en deux
1 carotte moyenne, pelée
3 feuilles de laurier, fraîches de préférence
4 belles gousses d'ail écrasées
1 grosse branche de céleri
Quelques belles feuilles de sauge fraîche
6 cuillerées à soupe d'huile d'olive extra-vierge
250 g d'oignons rouges, émincés
6 cl de bon vinaigre de vin rouge
Sel de mer fin
Poivre noir du moulin
Persil plat ciselé (facultatif)

1. Rincez les haricots en les triant pour éliminer le moindre gravier. Mettez-les dans un grand saladier, couvrez-les d'eau bouillante et laissez reposer pendant 1 heure. Égouttez-les et jetez l'eau.

2. Mettez l'oignon, la carotte, les feuilles de laurier, les gousses d'ail, le céleri et la sauge dans une grande casserole, ajoutez 2 cuillerées à soupe d'huile et couvrez d'eau froide (2,5 cm au-dessus des ingrédients). Portez à la limite de l'ébullition et laissez frémir pendant 15 minutes. Ajoutez les haricots égouttés et faites frémir à nouveau. Couvrez et poursuivez la cuisson jusqu'à ce qu'ils soient tendres (encore 30 minutes à 1 heure).

Vérifiez la cuisson de temps en temps. Les haricots doivent rester un peu fermes et ne pas s'écraser en purée quand ils sont cuits. Si nécessaire, rajoutez un peu d'eau froide pour que les haricots soient toujours largement couverts d'eau. Le temps de cuisson exact est lié au choix des haricots secs : plus ils sont vieux, plus il est long.

3. Pendant ce temps, mélangez dan sune jatte les oignons émincés et 2 cuillerées à soupe d'huile. (L'huile sert ici à adoucir l'âpreté de l'oignon cru.) Réservez.

4. Lorsque les haricots sont cuits, égouttez-les et jetez les aromates. Mettez les haricots dans un saladier. Alors qu'ils sont encore chauds, ajoutez les oignons émincés et le reste d'huile, le vinaigre, du sel et du poivre.

Goûtez pour rectifier l'assaisonnement. (Les proportions d'huile et de vinaigre sont variables en fonction de votre goût.)

Cette salade peut être servie chaude, mais en général on la déguste à température ambiante, comme élément d'un buffet d'antipasti, comme condiment ou même simple garniture. Vous pouvez garder la salade de haricots assaisonnés au réfrigérateur pendant 2 ou 3 jours.

☛ Du bon usage des haricots

Les anciens Romains utilisaient les haricots dans leurs votes et leurs tirages au sort, lors des jugements ou des élections. Le haricot noir signifiait l'opposition ou la culpabilité tandis que le blanc annonçait l'assentiment ou l'innocence.

Salade de haricots blancs à la sauge et au thym

Fagiolli all'olio

Ce mélange parfumé de haricots blancs et d'huile rehaussé d'herbes aromatiques illustre parfaitement le goût de l'Italie. En Toscane, tous les petits restaurants proposent cette salade à longueur d'année, soit chaude en entrée, soit à température ambiante comme antipasto. La sauge et le thym donnent encore plus de richesse à l'assaisonnement.

Pour 8 à 10 personnes :
500 g de petits haricots blancs secs (cannellini ou toscanelli)
1 petit oignon coupé en deux
1 carotte moyenne pelée
3 feuilles de laurier, fraîches de préférence
4 belles gousses d'ail écrasées
1 grosse tranche de céleri
1 beau brin de thym frais
1 beau brin de sauge fraîche
12 cl d'huile d'olive extra-vierge
Sel de mer fin
Poivre noir du moulin
3 cuillerées à soupe de thym frais

1. Rincez les haricots en les triant pour éliminer le moindre gravier.
Mettez-les dans un grand saladier, couvrez-les d'eau bouillante et laissez reposer pendant 1 heure. Égouttez les haricots et jetez l'eau.
2. Mettez les haricots égouttés dans une grande casserole et couvrez-les d'eau froide, ajoutez l'oignon, la carotte, les feuilles de laurier, l'ail et le céleri, la sauge et le thym, ainsi que 2 cuillerées à soupe d'huile. Portez à la limite de l'ébullition sur feu moyen et laissez frémir pendant 30 minutes. Salez et poursuivez la cuisson sur feu moyen pendant encore

30 minutes jusqu'à ce que les haricots soient tendres. Vérifiez la cuisson de temps en temps : ils doivent être encore fermes et ne pas se réduire en purée quand ils sont cuits.

Si nécessaire, ajoutez de l'eau en cours de cuisson pour que les haricots soient toujours largement couverts. (Le temps de cuisson exact est lié au choix des haricots : plus ils sont vieux, plus c'est long.)

3. Lorsque les haricots sont cuits, égouttez-les et jetez les aromates. Mettez-les dans un grand saladier. Alors qu'ils sont encore chauds, ajoutez le thym et le reste d'huile, salez et poivrez.

Vous pouvez les servir chauds, mais en général on les déguste à température ambiante sur un buffet d'antipasti. Vous pouvez les conserver assaisonnés pendant 2 ou 3 jours au réfrigérateur.

Salade de tomates au pain

Panzanella

Voici le genre de salade rustique, voire campagnarde, qui vous donne envie de remplir un panier de pique-nique et de passer la journée au soleil dans un joli paysage, avec une bande d'amis et quelques bouteilles de bon vin rouge. La panzanella est une spécialité toscane traditionnelle que l'on peut se faire servir sous des formes diverses. Nul doute que cette salade de tomates au pain fut inventée pour utiliser au mieux des restes de pain de campagne, pain complet ou au levain. La première fois que j'en ai goûté, c'était dans une trattoria de Florence, bruyante et populaire, *Il Latini* où le serveur m'expliqua patiemment la préparation de cette salade. La recette traditionnelle associe toujours des morceaux de pain légèrement desséché et des tomates mûres taillées en dés, avec du concombre, de l'oignon, du céleri, du vinaigre et de l'huile. Certains cuisiniers enlèvent la croûte du pain (pas moi) et d'autres pèlent les tomates (ce que je ne fais pas non plus). Le pain peut être taillé en dés au couteau ou simplement brisé en morceaux avec les doigts. J'ai vu des versions avec ou sans ail et certains ajoutent en outre du thon et des olives noires. La recette ci-dessous est celle que je préfère, avec à la fois l'accent de l'ail et le parfum des olives vertes. Certaines formules suggèrent de faire d'abord tremper le pain sec dans l'eau, mais je ne le fais pas, à moins d'avoir vraiment du pain dur comme de la pierre. Le trempage rend à mon avis le pain trop mou et j'aime conserver son croquant le plus longtemps possible. Je préfère laisser agir le jus de tomates ainsi que la vinaigrette. Servez cette salade en plat complet pour un repas rapide, avec du saucisson et du fromage, et bien entendu un vin rouge de pays bien fruité.

Pour 6 à 8 personnes :
250 g de pain de campagne rassis, brisé en petits morceaux ou coupés en petits dés
750 g de tomates mûres épépinées et grossièrement concassées
1 oignon rouge finement émincé
1/2 concombre pelé et taillé en petits dés
2 branches de cœur de céleri taillées en petits tronçons
1/2 tasse de feuilles de basilic fraîches
3 belles gousses d'ail émincées (facultatif)
150 g d'olives vertes dénoyautées et égouttées, coupées en deux (facultatif)
1 à 2 cuillerées à soupe de bon vinaigre de vin rouge
Sel de mer fin
3 à 4 cuillerées à soupe d'huile d'olive extra-vierge
Poivre noir du moulin

1. Mettez le pain dans un grand saladier. Ajoutez les tomates, l'oignon, le concombre, le céleri et le basilic. Mélangez délicatement mais bien à fond. Si vous le désirez, ajoutez l'ail et les olives vertes. Versez le vinaigre et salez, mélangez intimement. Arrosez ensuite d'huile à la cuillère et poivrez au moulin. Remuez encore une fois. Laissez reposer pendant 30 minutes pour permettre au pain d'absorber la vinaigrette et

aux parfums de se mélanger.
2. Pour servir, utilisez une écumoire pour répartir la salade sur les assiettes.

Salade de roquette aux pignons et au parmesan

Insalata di rughetta, pignoli et parmigiano

La roquette au goût poivré, que l'on appelle *rughetta* ou *rucola* en italien, est une petite salade verte remarquable. Son piquant et sa fraîcheur sont capables de réveiller les palais les plus blasés. Ici, cette verdure est associée à des pignons de pin légèrement grillés et des copeaux de parmesan. C'est une variante d'un plat que j'ai découvert dans une trattoria traditionnelle de Florence, *Il Cammillo*, où l'on sert en entrée une salade faite de couches superposées de pignons de pin, de roquette en chiffonnade et de parmesan en lamelles. Comme je trouvais cette formule un peu sévère, je me suis permis de lui donner plus d'ampleur. Assaisonnez-la très légèrement avec un bon vinaigre et de l'huile d'olive et servez-la pour un dîner de fête. Vous serez surpris du succès.

Pour 4 personnes :
60 g de pignons de pin
90 g de feuilles de roquettes parées, lavées et égouttées
60 g de parmesan à la coupe
Sel de mer fin
Environ 1 cuillerée à soupe de bon vinaigre de vin rouge
Poivre noir du moulin
Environ 2 cuillerées à soupe d'huile d'olive extra-vierge

1. Préchauffez le four à 175 °C (thermostat 4-5).
2. Étalez les pignons de pin sur la tôle du four et faites-les griller pendant environ 10 minutes jusqu'à ce qu'ils soient légèrement dorés. Surveillez-les de

près pour les empêcher de brûler, ce qui peut arriver d'une minute à l'autre. Sortez-les du four et versez-les dans une assiette pour les faire retroidir. (Vous pouvez faire griller les pignons de pin plusieurs heures à l'avance.)
3. Mélangez dans un grand saladier les feuilles de roquette et les pignons de pin. Avec un couteau-économe, confectionnez de longs copeaux de parmesan et laissez-les tomber directement sur la salade. (Si le morceau de fromage devient trop petit pour faire cette opération, râpez le reste et ajoutez-le dans le saladier.) Salez et mélangez délicatement.
4. Arrosez avec le vinaigre, poivrez et mélangez, puis ajoutez juste assez d'huile pour enrober les feuilles de roquette. Mélangez encore une fois et servez aussitôt en répartissant la salade sur de grandes assiettes.

Salade de noix au pecorino
(fromage de brebis)
Insalata di noci e pecorino

Lors de ma dernière visite au restaurant *Cibrèo* de Florence, un saladier monumental trônait sur le buffet, plein de noix marinées au pecorino, comme une invite aux convives à faire honneur au menu-dégustation qui allait suivre. Depuis, cette préparation, on ne peut plus simple, est devenue chez moi un classique. Je la sers parfois en amuse-gueule à l'apéritif ou, plus souvent, avec une salade de jeunes feuilles d'épinards juste assaisonnée d'huile d'olive. C'est aussi une excellente solution pour remplacer le plateau de fromages, bien que le croquant des noix grillées et la douce acidité du fromage suffisent à composer un plat en tant que tel. Vous pouvez préparer et mesurer les ingrédients à l'avance, mais je vous conseille de les réunir au dernier moment pour que les saveurs du mélange soient plus fraîches et mieux marquées. Si vous ne trouvez pas de bon fromage de brebis frais, prenez du chèvre frais, éventuellement plus facile à trouver.

Pour 4 à 6 personnes :
250 g de cerneaux de noix fraîches, grillés et refroidis
3 cuillerées à soupe d'huile d'olive extra-vierge
1 cuillerée à soupe de jus de citron
1 cuillerée à café d'origan
3 cuillerées à soupe de persil plat ciselé
250 g de pecorino jeune, fromage de brebis ou chèvre frais
Sel de mer fin
Poivre noir du moulin

Mélangez tous les ingrédients dans un saladier et remuez à fond. Salez et poivrez.

Servez aussitôt sur des petites assiettes en amuse-gueule ou sur un buffet d'antipasti.

Légumes

Asperges au beurre et au parmesan

Asparagi alla parmigiana

Cette recette est sans doute l'une des plus raffinées et des plus savoureuses que je connaisse pour préparer les asperges. Tout d'abord, les tiges vertes, minces et tendres sont cuites à l'eau bouillante salée, puis aussitôt plongées dans de l'eau froide pour arrêter la cuisson et garder les délicieuses petites pointes bien vertes et croquantes. On les fait ensuite sauter dans un mélange de beurre et d'huile d'olive avant de les saupoudrer de parmesan au moment de servir. Ces asperges sont une entrée parfaite, que l'on peut faire suivre d'un plat principal un peu plus compliqué, comme la queue de bœuf braisée aux tomates, oignons et céleri (page 240) ou le braisé de bœuf au barolo (page 237). J'ai goûté ces asperges par un dimanche ensoleillé du mois de mai, à la *Trattoria del Castello*, à Grinzane Cavour, dans le Piémont, à ce moment de l'année où tout le monde attend impatiemment l'arrivée des premières asperges, signe que le printemps est vraiment là.

Pour 4 personnes :
Gros sel de mer
500 g de petites asperges vertes, parées
30 g de beurre
1 cuillerée à soupe d'huile d'olive extra-vierge
60 g de parmesan fraîchement râpé

1. Remplissez d'eau glacée un grand saladier et mettez-le de côté. Portez à ébullition une grande marmite d'eau et ajoutez 1 cuillerée à soupe de gros sel par litre d'eau. Ajoutez les asperges lorsque l'eau bout et faites-les cuire environ 8 minutes : elles doivent être encore croquantes. Égouttez-les avec une écumoire et plongez-les aussitôt dans l'eau glacée pour les rafraîchir aussi vite que possible. (Ne laissez pas les asperges tremper dans l'eau froide trop longtemps, sinon elles vont perdre leur croquant et leur fraîcheur.)

Dès que les asperges sont froides, égouttez-les de nouveau et posez-les sur un torchon épais pour les éponger. (Vous pouvez faire cuire les asperges deux heures à l'avance.)

2. Quelques minutes avant de servir, mélangez le beurre et l'huile dans une grande sauteuse et faites chauffer sur feu modéré. Lorsque le mélange est chaud, ajoutez les asperges et remuez-les pour bien les enrober de matière grasse. Faites-les sauter 2 à 3 minutes, juste pour les réchauffer. Répartissez les asperges sur des assiettes de service chaudes, saupoudrez de parmesan et servez aussitôt.

Vin conseillé :
le mariage des asperges et du vin n'est pas chose facile. Pour éviter les erreurs, choisissez un bon Chardonnay.

Pommes de terre sautées aux olives noires

Patate alle olive

J'ai découvert ce plat très simple dans un petit restaurant à Santa Margherita près de Gênes, sur la côte Ligure. J'aime beaucoup le mariage des textures, des couleurs et des saveurs que présente cette recette : le moelleux des olives contraste avec le croustillant des pommes de terre, le noir des premières avec le blanc des secondes, tandis que le goût salé de l'olive s'harmonise avec le goût délicatement parfumé de la pomme de terre. Ce plat fait une garniture parfaite pour un poisson ou une volaille.

Pour 4 personnes :
750 g de petites pommes de terre à peau rouge
3 cuillerées à soupe d'huile d'olive extra-vierge
2 douzaines de petites olives noires dénoyautées et coupées en deux (voir page 266)
Sel de mer fin
Poivre noir du moulin

1. Pelez les pommes de terre et coupez-les dans la longueur en quartiers. Lavez-les dans plusieurs bains d'eau froide, puis épongez-les soigneusement dans un torchon.

2. Dans une grande sauteuse à fond épais, faites chauffer l'huile sur feu modéré. Quand elle est bien chaude, mais avant qu'elle ne fume, ajoutez les pommes de terre sur une seule couche. Réduisez la chaleur et faites colorer les pommes de terre d'un côté avant de les retourner. Faites cuire ainsi les pommes de terre pendant 15 à 20 minutes, en les retournant sur tous les côtés jusqu'à ce qu'elles soient bien tendres. Ajoutez les olives dans la sauteuse et poursuivez la cuisson pendant une minute en remuant de temps en temps.

Versez le contenu de la sauteuse dans un plat chaud. Salez et poivrez à votre goût, remuez et servez aussitôt.

Conseils de cuisson pour des pommes de terre croustillantes

* Les pommes de terre doivent être bien lavées et bien séchées avant de procéder à la cuisson.
* Ne salez pas les pommes de terre avant la fin de la cuisson. Si vous les salez avant, elles vont rendre de l'eau ce qui les empêchera de devenir croustillantes.
* N'utilisez pas une poêle à revêtement antiadhésif, sinon les pommes de terre ne vont pas bien colorer.
* Faites d'abord chauffer l'huile avant d'ajouter les pommes de terre.
* Résistez à la tentation de retourner les pommes de terre trop vite. Laissez-les colorer d'un côté avant de les retourner.
* Salez et poivrez les pommes de terre dès que vous les avez retirées du récipient de cuisson.

Pommes de terre rôties au romarin

Patate al forno

Les Romains sont de grands rôtisseurs et ces délicieuses pommes de terre font une garniture tout à fait alléchante pour n'importe quelle viande rôtie à point dans un bon four. Pour ma part, je les sers avec pratiquement tout, mais elles sont vraiment excellentes avec un poulet ou un rôti de porc. C'est la recette idéale pour ceux qui déclarent n'y rien connaître en cuisine, car la préparation est particulièrement simple et rapide. Je l'ai testée en utilisant différentes variétés de pommes de terre, à sauter ou à bouillir, avec des résultats tout aussi concluants. Le secret est de prendre des petites pommes de terre à chair ferme. Plus elles sont taillées petit, plus elles cuisent vite. Parfois, pour changer, je taille les pommes de terre en fines lamelles pour qu'elles soient encore plus croustillantes. Essayez-les avec de la mayonnaise à l'ail (page 261), c'est absolument exquis.

Pour 4 à 6 personnes :
750 g de petites pommes de terre à chair ferme
1 cuillerée à soupe de romarin frais ciselé
3 cuillerées à soupe d'huile d'olive extra-vierge
Sel fin de mer
Poivre noir du moulin

1. Préchauffez le four à 230 °C (thermostat 9).
2. Pelez les pommes de terre et coupez-les en quartiers. Lavez-les soigneusement et épongez-les à fond dans un torchon bien absorbant. (Pour que les pommes de terre rôties soient bien croustillantes, elles doivent être absolument sèches.)
3. Étalez les pommes de terre sur la tôle du four, ajoutez le romarin et l'huile d'olive, puis, avec vos doigts, mélangez-les pour bien les enrober d'huile et

de romarin. Étalez les pommes de terre sur une seule couche.

4. Mettez la tôle ainsi garnie dans le four et faites rôtir les pommes de terre pendant 20 à 25 minutes, jusqu'à ce qu'elles soient bien dorées et tendres quand on les perce avec une fourchette.

Remuez la tôle du four de temps en temps pour répartir différemment les pommes de terre. Quand elles sont cuites, salez et poivrez. Servez aussitôt.

Beignets de courgettes et de fleurs de courgettes

Fritto di zucca e fiori di zucca

Les Italiens sont passés maîtres dans l'art de la friture, preuve que les beignets salés peuvent parfaitement être légers, peu gras et croustillants. Des beignets réussis doivent être parfumés et dorés, tout en gardant le goût de l'aliment ainsi traité, car la friture préserve la saveur de l'ingrédient. Mes beignets préférés sont ceux de fleurs de courgettes, d'une belle couleur de soleil, que l'on trouve la saison venue chez les maraîchers. Si vous les faites pousser dans votre jardin, cueillez les fleurs tôt le matin quand elles sont bien fermées.

En voyageant en Italie, j'ai vu servir ces fleurs avec des rondelles de courgettes ou accompagnées de lamelles d'artichauts crus. La pâte à frire utilisée pour les beignets est différente selon les chefs : celle que je préfère m'a été confiée par Cesare Benilli, du restaurant *Al Covo*, à Venise. La pâte à frire à la bière donne une croûte bien croustillante, avec une agréable pointe d'amertume.

Pour 4 personnes :

Pour la pâte à frire :
6 cl d'eau
6 cl de bière à température ambiante
70 g de farine extra-fine
3 blancs d'œufs de grosse taille
2 litres environ d'huile de tournesol pour 16 fleurs de courgettes très fraîches
500 g environ de grosses courgettes lavées et taillées en rondelles de 0,5 cm d'épaisseur (ou 500 g de petits artichauts violets parés et coupés en quatre)
Sel de mer fin

1. Préparez la pâte à beignets : versez l'eau et la bière dans un saladier et fouettez le mélange. Incorporez lentement la farine en continuant à fouetter jusqu'à consistance lisse. La pâte doit être assez épaisse.
Laissez reposer pendant 1 heure pour permettre à la farine d'absorber le liquide.
2. Préchauffez le four à 100 °C (thermostat 1) pour tenir au chaud les premières portions de beignets pendant que les autres cuiront.
3. Versez l'huile dans une grande marmite, ou utilisez une friteuse : elle doit arriver à une hauteur de 6 cm à partir du fond. Faites chauffer la friture à 190 °C et vérifiez le degré obtenu avec un thermomètre spécial.
4. Fouettez les blancs en neige ferme dans un robot ou à l'aide d'un fouet électrique. Fouettez la pâte encore une fois, puis, avec une spatule, incorporez intimement les blancs en neige dans la pâte.
5. Prenez les ingrédients à frire avec vos doigts et trempez-les par petites quantités dans la pâte en les enrobant soigneusement. Secouez-les pour en faire tomber l'excédent de pâte. Plongez ensuite les courgettes et les fleurs dans la friture bouillante, par petites quantités.
Laissez-les frire jusqu'à ce qu'elles soient dorées sur toutes les faces, en les retournant une fois. Le temps de cuisson total est de 2 minutes environ.
Avec une écumoire en fil de fer, prélevez les beignets, égouttez-les et déposez-les sur du papier absorbant. Salez-les aussitôt, puis

mettez-les dans le four, porte légèrement entrouverte, pour les tenir au chaud.
Faites cuire le reste des beignets de la même façon jusqu'à épuisement des ingrédients, en maintenant l'huile à la température de 190 °C avant d'ajouter de nouvelles portions. Servez aussitôt.

Vin conseillé :
dégustez ces beignets avec un vin blanc léger (Sauvignon), par exemple un cru originaire du nord-est de l'Italie, Frioul-Vénétie julienne.

👉 Conseils pour bien réussir les beignets

* Assurez-vous que tous les ingrédients sont bien secs avant de les mettre à frire (sinon ils provoquent des éclaboussures).
* Utilisez de l'huile en grande quantité. Comme l'huile végétale (tournesol par exemple) est bon marché, je change mon bain de friture chaque fois. Je préfère l'huile d'arachide, mais vous pouvez tout aussi bien prendre de l'huile de tournesol. L'huile d'olive en revanche est un luxe et je préfère la réserver aux assaisonnements ou aux autres types de cuisson.
* Assurez-vous qu'il y a au moins 5 cm d'huile dans la poêle et utilisez un récipient de grande taille pour éviter les éclaboussures. (Pour ma part, je prends une grande sauteuse émaillée.)
* La source de chaleur doit être régulière. Faites l'achat d'un thermomètre à friture et laissez-le dans le récipient pendant que vous procédez à la cuisson.
* Ne mettez pas trop d'ingrédients à la fois dans la friture, sinon la température de celle-ci baisse aussitôt. Faites toujours revenir le bain d'huile à la bonne température avant de rajouter de nouveaux ingrédients.
* Lorsque vous faites des beignets, utilisez pour la pâte de la farine extra-fine : les beignets seront plus légers et plus délicats.
* À moins d'indication contraire, attendez toujours le dernier moment pour enrober les ingrédients de pâte à beignets, pour les empêcher de ramollir.
* Préchauffez le four pour garder les premiers beignets cuits au chaud pendant que vous faites cuire les autres.
* Égouttez les beignets dès qu'ils sont cuits en les mettant sur du papier absorbant. Saupoudrez-les aussitôt de sel dès qu'ils sont égouttés.
* Servez toujours les beignets très chauds.

Gratin d'aubergines au parmesan

Parmigiana di melanzane

Partout en Italie, on trouve des variantes de ce plat de légumes familial, riche et chaleureux. Mais le gratin d'aubergines au parmesan a été considérablement banalisé et bien souvent, dans les restaurants, on ne prend pas le temps de le préparer correctement. Quelques petits trucs sont nécessaires pour le réussir. D'abord faites frire les aubergines à l'huile : si vous vous y prenez bien, elles n'absorberont ensuite plus d'huile dans le déroulement de la recette. Prenez une bonne sauce tomate maison, ainsi qu'une mozzarella et un parmesan d'excellente qualité. Par ailleurs, ne préparez pas le gratin à l'avance : une grande partie du charme de ce plat tient à son extrême fraîcheur. Lorsqu'il sort du four, ce gratin séduit par son aspect appétissant : la touche verte du basilic, les tons dorés du fromage gratiné et les nuances de rouge des tomates qui transparaissent vous mettent l'eau à la bouche.

Pour 6 à 8 personnes :
Pour la sauce tomate :
6 cl d'huile d'olive extra-vierge
1 petit oignon rouge ou jaune, émincé
2 belles gousses d'ail émincées
Sel de mer fin
1 kg environ de petits tomates bien mûres, pelées, épépinées et concassées
1 kg d'aubergines de taille moyenne
2 litres d'huile de tournesol ou d'arachide
500 g de mozzarella fraîche en tranches fines
125 g de parmesan fraîchement râpé
1 demi-tasse de feuilles de basilic ciselées

1. Préchauffez le four à 200 °C (thermostat 6-7).

2. Préparez la sauce tomate : faites chauffer l'huile

d'olive dans une grande sauteuse, ajoutez l'oignon et l'ail, salez et faites cuire sur feu modéré pendant 3 à 4 minutes jusqu'à ce que l'oignon soit translucide et bien ramolli.

Ajoutez les tomates et mélangez, faites mijoter doucement pendant 15 minutes environ jusqu'à ce que la sauce commence à épaissir. Retirez du feu et réservez.

3. Lavez les aubergines et parez-les, puis coupez-les en rondelles très fines. (Ne pelez pas les aubergines et ne les salez pas ; voir ci-après).

4. Versez l'huile de friture dans une grande marmite de 3 litres de contenance (ou une friteuse). Faites-la chauffer à 180 °C.

Faites frire les rondelles d'aubergines par petites quantités (3 à la fois), pendant environ 3 à 4 minutes, jusqu'à ce qu'elles soient bien dorées.

Égouttez-les avec une écumoire en fil de fer et posez-les sur du papier absorbant pour bien les éponger. Salez-les aussitôt.

5. Versez plusieurs cuillerées de sauce tomate dans le fond d'un plat à gratin rectangulaire de 13 x 33 cm. Étalez un tiers des rondelles d'aubergines frites, côte à côte, sur cette sauce. Versez une fine couche de sauce par-dessus, puis recouvrez de tranches de mozzarella (utilisez la moitié du fromage environ).

Remettez une seconde couche de rondelles d'aubergines, encore de la sauce tomate, puis environ la moitié du parmesan râpé. Ajoutez enfin le reste des aubergines, le reste de sauce tomate et de mozzarella, puis le reste de parmesan. Parsemez le tout de basilic ciselé.

6. Mettez le plat à gratin dans le four à mi-hauteur et faites cuire jusqu'à ce que le fromage soit fondu et commence à grésiller, pendant environ 40 minutes. Retirez le plat du four et servez-le chaud ou à température ambiante, mais pas froid. (Comme la préparation tend à rendre un peu de liquide, il est préférable de servir les portions avec une spatule ajourée.)

Vous pouvez servir ce plat le lendemain du jour où il a été préparé, mais ne le mettez pas au réfrigérateur, car le froid a tendance à modifier sa texture.

☛ **Évitez de peler et de saler les aubergines**
Il est assez courant de saupoudrer les tranches d'aubergines de sel pour les faire dégorger avant de les faire cuire, mais je ne suis pas d'accord avec cette technique : si les aubergines sont bien fraîches et fermes, elles ne sont pas amères et n'ont donc pas besoin de dégorger pour perdre cette hypothétique amertume. De même, ne les pelez pas, car c'est justement à la peau qu'est due leur saveur caractéristique.

Épinards sautés au citron et à l'ail

Spinaci saltati

De belles feuilles d'épinards bien vertes, juste blanchies et rafraîchies à l'eau froide, puis chauffées à l'huile d'olive avec une touche d'ail : voici l'un de mes plats de légumes préférés. Je le sers souvent avec des viandes rôties, mais j'aime autant le déguster tout seul. Je me rappelle avec émotion la manière dont on me l'a servi à l'*Osteria del Cinghiale Bianco* à Florence, sur des tranches de pain grillées frottées d'ail et humectées d'huile d'olive, ce délicieux antipasto appelé « bruschetta » mais que les Florentins désignent sous le nom local de « fettunta ».

Pour 4 à 6 personnes :
3 cuillerées à soupe de gros sel de mer
1 kg de feuilles d'épinards frais, lavées, équeutées et épongées
4 belles gousses d'ail pelées et coupées en deux
2 cuillerées à soupe d'huile d'olive extra-vierge
Sel de mer fin
Poivre noir du moulin
2 cuillerées à soupe de jus de citron

1. Versez 6 litres d'eau dans une grande marmite et portez à ébullition sur feu vif. Salez, puis ajoutez les feuilles d'épinards et remuez pour qu'elles cuisent toutes en même temps. Laissez-les bouillir pendant 2 à 3 minutes, puis égouttez-les et rafraîchissez-les aussitôt à l'eau froide pour stopper la cuisson et les garder bien vertes. Égouttez-les à nouveau.

2. Hachez grossièrement les épinards avec un couteau en acier inoxydable. Mettez-les dans une passoire fine, placée sur une terrine, et laissez-les égoutter encore en les pressant pour éliminer le plus de liquide possible.

3. Versez l'huile dans une grande sauteuse et ajoutez l'ail, mélangez et faites chauffer sur feu modéré, pendant 2 à 3 minutes, jusqu'à ce que l'ail soit doré, mais sans qu'il se mette à roussir. Retirez les gousses d'ail et jetez-les. Ajoutez les épinards hachés et faites-les cuire en les remuant délicatement avec une fourchette jusqu'à ce qu'ils soient bien chauds, pendant 2 à 3 minutes. Salez et poivrez, puis ajoutez le jus de citron et servez aussitôt.

☛ **Un dicton italien :** « Salez abondamment la salade,
Puis ajoutez une bonne dose d'huile,
Mais ayez la main légère sur le vinaigre. »

Petits artichauts sautés

Carciofi saltati

Si vous avez à votre disposition une huile d'olive de toute première qualité, mettez-la de côté pour ce plat. Rien n'est plus agréable au palais que de croquer ces délicieux petits artichauts tout imprégnés du parfum d'huile d'olive. Servez-les soit comme plat de légumes, soit pour accompagner un rôti de porc ou du poulet. Ils sont également exquis le jour suivant, dans une omelette ou une salade.

Pour 4 à 6 personnes :
3 cuillerées à soupe de jus de citron – 1 litre d'eau
500 g de petits artichauts (une dizaine environ)
3 cuillerées à soupe d'huile d'olive extra-vierge
Sel de mer fin – Poivre noir du moulin

1. Versez l'eau dans une grande casserole, ajoutez le jus de citron et 1/2 cuillerée à café de sel. Réservez.

2. Préparez les artichauts. Lavez-les sous le robinet d'eau froide. Avec un couteau à lame en inox (pour éviter le noircissement), coupez les queues à environ 1 cm du fond.

Parez soigneusement les fonds en retirant les fibres. Repliez en arrière les feuilles dures du pourtour en les laissant se casser naturellement à la base. Continuez cette opération jusqu'à ce que subsiste uniquement le cône central de feuilles jaunes avec leurs pointes vert pâle. Coupez légèrement le haut des feuilles du cône juste en-dessous des pointes vertes. Retirez toutes les zones vert sombre de la queue. Selon la taille des artichauts, coupez-les en deux ou en quatre dans le sens de la longueur et mettez-les au fur et à mesure dans l'eau citronnée.

3. Lorsque les artichauts sont préparés, portez l'eau à la limite de l'ébullition et faites frémir sur chaleur moyenne. Laissez mijoter, en baissant le feu si nécessaire, pendant environ 3 à 4 minutes jusqu'à ce que les artichauts soient tendres mais avec encore un peu de résistance quand on les perce avec un couteau. (Le temps de cuisson exact dépend de la taille des artichauts.) Égouttez-les soigneusement. (Vous pouvez faire cuire les artichauts environ 3 heures à l'avance, mais égouttez-les, car si vous les laissez dans l'eau de cuisson, ils vont se ramollir.)

4. Faites chauffer l'huile dans une grande poêle sur feu modéré. Quand elle est bien chaude, mais avant qu'elle ne fume, ajoutez les artichauts égouttés et faites-les sauter, pendant 3 à 4 minutes jusqu'à ce qu'ils soient croustillants et bien dorés. Salez et poivrez, servez aussitôt. Les restes seront aussi très bons, servis à température ambiante.

🐂 À propos d'artichauts

En Italie, la moindre parcelle de terre est cultivée. Quand on se promène dans la campagne, c'est un plaisir de découvrir des jardins maraîchers dans les endroits les plus inattendus. On en voit parfois nichés le long des routes, parfois sur les remblais des lignes de chemin de fer ou au bout d'un parking, chaque fois qu'un lopin de terre est disponible. Presque toujours, on voit au beau milieu des légumes se dresser un magnifique bouquet d'artichauts en fleur, les fameux carciofi italiens. On les apprécie pour leur riche parfum et leur douceur charnue. Comme ils stimulent l'appétit, on les sert souvent en début de repas. Lorsque vous achetez des artichauts, choisissez de préférence ceux qui présentent des feuilles plates, bien serrées les unes contre les autres, d'un vert brillant. Ils doivent toujours être lourds pour leur taille. (S'ils sont légers, c'est qu'ils ont séché et qu'ils risquent d'être durs.) Les artichauts aiment l'humidité : si vous ne les utilisez pas aussitôt achetés, coupez légèrement les queues, enveloppez-les dans du papier de cuisine humide et mettez-les au réfrigérateur.

Artichauts braisés à l'ail et au persil

Carciofi alla romana

Ce plat aux parfums merveilleux a de multiples emplois. J'ai goûté cette recette d'artichauts à la romaine pour la première fois à *La Frateria di Padre Eligio*, à Cetona, en Toscane. Pendant toute une matinée, j'ai suivi pas à pas le chef Walter Tripodi alors qu'il préparait le déjeuner dans les cuisines du restaurant-monastère. Les artichauts en faisaient partie, relevés d'un mélange de persil, de menthe et d'ail, avec une touche de piment, le tout braisé au vin blanc et à l'huile d'olive. Servez ces artichauts en entrée ou bien mélangez-les avec des pâtes – les linguine sont parfaites à cet égard – pour en faire le plat de résistance. Le chef Tripodi prend pour cette recette des petits artichauts violets, mais vous pouvez également la cuisiner, comme ici, avec des artichauts plus gros, de type breton.

Pour 4 à 6 personnes :
4 gros artichauts
1 citron
1 tasse de feuilles de menthe fraîche
8 belles gousses d'ail pelées et coupées en deux
1/2 cuillerée à café de piment rouge
1 tasse de feuilles de persil plat
Sel de mer fin
12 cl d'huile d'olive extra-vierge
50 cl de vin blanc sec

1. Préparez les artichauts. Remplissez un grand saladier d'eau froide. Coupez le citron en deux, pressez le jus, ajoutez-le ainsi que les demi-citrons dans l'eau. Lavez les artichauts sous l'eau froide. Avec un couteau à lame en inox, pour éviter le noircissement, coupez les queues à environ 4 cm du fond. Parez les parties fibreuses du pourtour. Repliez vers l'extérieur les premières feuilles dures, une par une, et cassez-les. Continuez cette opération jusqu'à ce que ne subsiste que le cône central des feuilles jaunes avec des pointes vert pâle. Coupez légèrement le bout des feuilles jaunes, juste sous les pointes vertes. Éliminez toutes les zones vert sombre de la base, puis coupez les artichauts en deux dans la hauteur. Avec une petite cuillère, retirez le foin et jetez-le. Coupez dans la hauteur chaque demi-artichaut paré en huit tranches régulières. Mettez les artichauts au fur et à mesure dans l'eau citronnée pour éviter l'oxydation. Réservez.

2. Préparez la cuisson. Avec un grand couteau de cuisine, hachez finement le persil, la menthe et l'ail ensemble, puis ajoutez le piment et salez. Mettez ce mélange dans une grande sauteuse en acier inoxydable ou émaillé. Ajoutez l'huile et le vin. Égouttez soigneusement les artichauts et mettez-les dans la sauteuse. Couvrez et portez juste à la limite de l'ébullition sur feu modéré. Baissez le feu et laissez mijoter tout doucement pendant environ 45 minutes jusqu'à ce que les artichauts soient tendres et n'offrent plus de résistance quand on les perce avec un

couteau. (Il doit encore y avoir du liquide de cuisson.)
3. Pour les servir chauds en entrée ou en garniture, répartissez-les dans des assiettes creuses et arrosez-les avec leur jus. Proposez en même temps du pain frais, pour « saucer ». Avec des pâtes : mélangez-les avec les linguine lorsque les pâtes sont cuites et égouttées et servez-vous du jus comme sauce. Ce plat de pâtes n'a pas besoin de fromage.

Vin conseillé :
servez ces artichauts avec le même vin blanc sec qui a servi à les cuisiner, Chardonnay ou Pinot gris.

☛ Sur les bords de l'Arno
Si la cuisine florentine est riche en haricots secs ainsi qu'en viandes ou volailles grillées ou rôties, elle sait également proposer de magnifiques produits de la mer. Voici un menu de poissons typique de Florence, à déguster avec un vin blanc sec, Pinot gris ou Sauvignon.

Soupe de moules épicée à la tomate
Bar en papillote aux pommes de terre et aux tomates
Petits gateaux de riz au citron

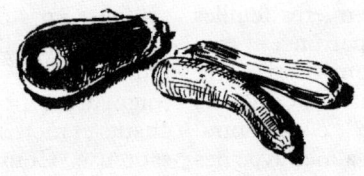

Soupes

Soupe toscane aux cinq légumes

Minestrone alla toscana

« *Une soupe de premier ordre manifeste plus de créativité qu'une peinture de second ordre.* »
    Abraham Maslow

En parcourant les rues de Florence, on découvre toutes sortes de magasins d'alimentation et de spécialités gastronomiques, dont certains sont entièrement consacrés aux légumineuses – haricots secs, pois, lentilles – comme un témoignage de l'amour que les Florentins portent à l'un des cadeaux les plus précieux de la nature. Certaines boutiques vendent même des assortiments tout prêts pour les soupes aux haricots : de petits sachets garnis d'un mélange multicolore de légumes secs, certains comportant même quelques céréales pour faire bonne mesure. Les mélanges sont variables, mais inévitablement, ils sont tous à base de borlotti (cocos), de cannellini (cornilles), de lentilles rouges et vertes, de pois cassés et de haricots noirs. Vous pouvez leur ajouter des flageolets, des haricots rouges, de l'orge ou des lentilles brunes. Il faut seulement que les haricots soient assez petits et tous à peu près de la même taille pour que la cuisson soit régulière, en comptant environ 500 g de haricots pour 3 litres d'eau. Il m'est arrivé d'acheter des assortiments qui comportaient une bonne dizaine de légumes et de céréales différents. La recette ci-dessous n'est qu'un modèle parmi d'autres : achetez les meilleurs haricots secs que vous puissiez trouver et ne vous inquiétez pas si vous avez des restes. Conservez dans votre garde-manger votre mélange personnalisé pour la prochaine fois ou faites-en profiter les amis, en leur donnant aussi la recette. Si vous prenez des haricots relativement frais et assez petits, vous n'aurez besoin que d'une heure de préparation et de cuisson. Le résultat peut se définir comme une soupe de haricots « légère » qui combine agréablement les saveurs et les textures, qui nourrit confortablement mais sans excès. Servez cette soupe avec du pain frais. En général, avec une soupe de ce type, on ne propose pas de vin.

Pour 6 à 8 personnes :
90 g de haricots secs
90 g de lentilles rouges
90 g de lentilles vertes
90 g de pois cassés
90 g de petits lingots
90 g d'orge perlé
3 cuillerées à soupe d'huile d'olive extra-vierge
1 oignon moyen en petits dés
1 carotte moyenne en petits dés
2 belles gousses d'ail émincées
1 branche de céleri finement émincée
Plusieurs brins de thym frais, feuilles de laurier, sauge fraîche et feuilles de céleri, liés en bottillon avec du fil de cuisine
3 litres d'eau
Sel de mer
Huile d'olive extra-vierge en condiment
Poivre noir du moulin

1. Mettez tous les légumes secs et l'orge dans une passoire. Lavez-les à fond sous le robinet d'eau froide. Égouttez et réservez.

2. Mettez dans une grande marmite d'une contenance de 6 litres : l'huile d'olive, l'oignon, la carotte, le céleri, l'ail et le bouquet garni. Mélangez pour enrober les aromates d'huile. Faites cuire sur feu modéré jusqu'à ce qu'ils soient ramollis et bien parfumés, pendant environ 5 minutes. Ajoutez les légumes secs et l'orge, mélangez et faites cuire pendant encore 1 minute. Versez les 3 litres d'eau et mélangez. Couvrez et portez lentement à ébullition sur feu modéré. Faites ensuite cuire pendant 45 minutes, jusqu'à ce que la peau des grains de haricots les plus gros soit tendre. Salez et poursuivez jusqu'à cuisson complète (15 à 45 minutes de plus). Remuez de temps en temps pour que les haricots n'attachent pas au fond du récipient. (Le temps de cuisson exact varie selon la taille des grains et la fraîcheur des haricots.)

3. Pour servir, retirez le bouquet garni et répartissez la soupe brûlante dans des assiettes creuses très chaudes. Proposez le flacon d'huile pour que chacun ajoute un filet juste sur le dessus de la soupe, ainsi que le moulin à poivre. (Vous pouvez bien sûr réchauffer cette soupe plusieurs fois sur une période de plusieurs jours. Elle va épaissir. Il vous suffit de la diluer avec un peu d'eau au moment de réchauffer.)

Soupe de moules

Zuppa di cozze

Bien que les Italiens rangent cette spécialité dans la catégorie des soupes (zuppa), elle est en réalité à mi-chemin entre la soupe et le plat de moules en sauce tomate à l'ail.
Je l'ai goûtée à Florence, dans un restaurant de poissons familial, *La Capannina di Sante*. Le propriétaire qui est aussi le chef de cuisine, Sante Collestano, sert ces moules dans leurs coquilles, noyées d'une sauce épaisse et parfumée. Avant de servir, il garnit les assiettes de tranches de pain toscan grillées, pour qu'elles s'imbibent le plus tôt possible de cette merveilleuse sauce. Pour une présentation plus élégante, décoquillez les moules et servez-les directement dans la sauce. Prenez des moules de bouchot extra-fraîches pour cette soupe, qui peut constituer un excellent plat de résistance.

Pour 4 personnes :

POUR LA SAUCE :
6 cuillerées à soupe d'huile d'olive extra-vierge
12 belles gousses d'ail pelées
3/4 de cuillerée à café de piment rouge séché
750 g de tomates pelées au naturel ou en purée
Sel de mer

POUR LES MOULES :
2 kg de petites moules de bouchot
3 cuillerées à soupe d'huile d'olive extra-vierge
1 petit oignon émincé
Une poignée de queues de persil plat en botillon
25 cl de vin blanc sec
Poivre noir du moulin
8 belles tranches de pain de campagne grillées et frottées d'ail
Une poignée de feuilles de persil ciselées

1. Préparez la sauce : versez de l'huile dans une casserole à fond épais, ajoutez les gousses d'ail et le piment, mélangez et faites chauffer sur feu modéré. Faites sauter pendant 2 à 3 minutes jusqu'à ce que l'ail dégage son parfum et que le piment colore l'huile.

Si vous prenez des tomates entières, posez un moulin à légumes sur la casserole et réduisez-les en purée directement dans le récipient de cuisson. Si vous prenez des tomates en purée, versez celle-ci dans la casserole. Salez et laissez mijoter à découvert pendant 10 à 12 minutes jusqu'à ce que la sauce commence à épaissir. Réservez au chaud.

2. Pendant ce temps, brossez soigneusement les moules et lavez-les dans plusieurs bains d'eau froide.

Si les moules se ferment lorsque vous appuyez dessus, elles sont bonnes. Si elles restent ouvertes, jetez-les.

Sur certains marchés, les moules sont préparées : le byssus a été coupé mais pas entièrement retiré. Ces moules ont simplement besoin d'être lavées avant la cuisson. Si le byssus n'a pas été coupé, éliminez-le en tirant dessus pendant que vous grattez les moules.

Mais ne faites pas cette opération trop à l'avance, sinon les moules meurent et sont ensuite bonnes à jeter.

3. Versez le restant d'huile dans une grande marmite, ajoutez l'oignon, les queues de persil et le vin. Portez à ébullition sur feu vif. Faites bouillir pendant 2 minutes. Ajoutez les moules, poivrez largement et remuez le tout. Faites cuire à couvert pendant 5 minutes, jusqu'à ce que les moules soient ouvertes. Retirez les moules de la marmite dès qu'elles sont ouvertes. Ne prolongez pas la cuisson. Jetez celles qui restent fermées.

4. Disposez les tranches de pain, deux par personne, sur le bord des assiettes creuses de service, bien chaudes. Avec une grande écumoire, répartissez les moules dans les assiettes.

Tapissez une passoire fine avec une mousseline et posez-la sur la casserole qui contient la sauce tomate, puis versez le liquide de cuisson des moules dans la passoire pour le filtrer et l'incorporer à la sauce. Faites mijoter ensuite pendant 1 à 2 minutes pour bien mélanger les parfums. Goûtez et rectifiez l'assaisonnement. Versez la sauce sur les moules et parsemez de persil ciselé. Servez aussitôt.

Vin conseillé :
choisissez pour ce plat un vin blanc jeune et bien frais. Essayez par exemple le blanc de Toscane (de Antinori), le Broglio ou le Castello di Volpaia.

À propos de haricots secs

Il suffit de suivre quelques règles très simples pour obtenir des haricots bien tendres et parfumés.

* Attention à la fraîcheur : si les haricots peuvent sécher, cela ne veut pas dire qu'ils sont éternels. Quand on les conserve dans un endroit frais, sombre et sec, dans un récipient hermétique, les haricots secs se conservent bien pendant un an. Au-delà, ils se dessèchent et durcissent. On ne peut jamais rendre tendres de vieux haricots desséchés. Approvisionnez-vous dans un magasin de confiance, où le débit est important, et inscrivez la date d'achat sur le paquet.

* Si vous salez les haricots en début de cuisson, le sel va empêcher qu'ils se ramollissent assez tôt. Mais lorsque la peau qui les enveloppe est ramollie – à mi-cuisson environ –, le sel ne peut plus stopper le processus. C'est alors le moment de l'ajouter.

En revanche, si vous attendez la fin de cuisson, vous ne pourrez jamais saler correctement.
* Les produits acides, comme les tomates ou le vinaigre, ont une influence sur la tendreté des haricots. Si vous devez en mettre dans la soupe, ajoutez-les seulement lorsque les haricots sont déjà à moitié cuits.
* Une eau dure peut avoir également une influence sur la texture des haricots. Une eau de pluie ou de l'eau filtrée est idéale pour cuire correctement des haricots.

Soupe de haricots aux pâtes

Pasta e fagioli

Il existe à peu près autant de recettes de cette soupe qu'il y a de cuisines en Italie. On la trouve pratiquement partout et elle connaît des variantes innombrables, depuis le bouillon clair jusqu'à la soupe épaisse richement garnie de grains de haricots entiers et de petites pâtes, en passant par le potage crémeux. Je préfère la version potage, ni trop épais ni trop clair, relevé au moment de servir d'un filet d'huile d'olive. Le parfum des haricots est vraiment délicat et tire bien profit du voisinage des autres ingrédients, pancetta, huile d'olive, aromates et légumes. Vous pouvez prendre pratiquement n'importe quelle variété de haricots secs verts ou blancs, mais je ne vous conseille ni les rouges ni les noirs, qui dénatureraient l'authenticité du plat. De même, toutes sortes de pâtes conviennent, à condition de les choisir assez petites : vermicelles ou spaghetti coupés en morceaux, petits macaroni coudés ou étoiles. Lorsque vous ajoutez les pâtes, surtout remuez bien la soupe, car c'est à ce moment qu'elle aurait tendance à brûler. Vous pouvez réchauffer cette soupe plusieurs fois. J'aime la servir en plat complet : il suffit simplement d'avoir du bon pain bien croustillant, un morceau de fromage ensuite, avec un solide vin rouge.

Pour 6 à 8 personnes :

500 g de haricots secs
3 cuillerées à soupe d'huile d'olive extra-vierge
60 g de pancetta taillée en languettes (voir note)
1 oignon moyen en petits dés
1 carotte moyenne en petits dés
1 grosse branche de céleri, avec les feuilles hachées
4 belles gousses d'ail émincées
Plusieurs brins de persil, feuilles de laurier et feuilles de céleri liés en bottillon avec du fil de cuisine
3 litres d'eau
Sel de mer
90 g de petites pâtes sèches (ditalini, spaghetti coupés ou petits macaroni coudés)
Poivre noir du moulin
Huile d'olive extra-vierge en condiment

1. Lavez les haricots en les triant pour éliminer des gravillons éventuels. Mettez-les dans un grand saladier, recouvrez-les d'eau bouillante et laissez-les tremper pendant 1 heure. Égouttez-les, lavez-les à nouveau, jetez l'eau et réservez.

2. Dans une grande marmite d'une contenance de 6 litres, versez l'huile, ajoutez la pancetta, l'oignon, la carotte, le céleri, l'ail et le bouquet garni. Remuez-les dans l'huile pour bien les enrober, puis faites cuire pendant environ 5 minutes sur feu modéré jusqu'à ce que les aromates soient bien parfumés. Ajoutez les haricots égouttés et les 3 litres d'eau. Couvrez, portez à la limite de l'ébullition sur feu modéré et laissez mijoter tranquillement pendant 30 minutes. Salez et poursuivez la cuisson doucement pendant 30 minutes à 1 heure, jusqu'à ce que les haricots soient bien ramollis. Remuez de temps en temps pour que les haricots n'attachent pas au fond de la marmite. (Le temps de cuisson exact dépend du degré de fraîcheur des haricots en grains.)

3. Retirez la marmite du feu. Avec une écumoire, prélevez une bonne portion de haricots et de légumes, mettez-les de côté. Retirez et jetez le bouquet garni. Avec un mixer plongeant,

réduisez directement dans la marmite le reste de la soupe en purée. (Vous pouvez aussi passer son contenu au moulin à légumes, puis le verser à nouveau dans la marmite.) Le potage obtenu doit être crémeux, mais pas complètement lisse. Remettez dedans les légumes et les haricots réservés et posez à nouveau la marmite sur le feu. Portez à la limite de l'ébullition sur feu modéré. Ajoutez les pâtes, remuez et faites cuire pendant environ 10 minutes jusqu'à ce que les pâtes soient *al dente*.

Mélangez de temps en temps pour éviter que les pâtes n'attachent au fond de la marmite. Goûtez et rectifiez l'assaisonnement.
4. Pour servir, répartissez la soupe brûlante dans des assiettes creuses bien chaudes ou des petites soupières individuelles. Proposez un flacon d'huile d'olive extra-vierge pour en rajouter un filet. (Vous pouvez réchauffer la soupe plusieurs fois sur une période de plusieurs jours. Elle va épaissir, mais il suffit de la diluer avec un peu d'eau au moment de la réchauffer.)

Note :
si vous ne trouvez pas de pancetta italienne, prenez du lard de poitrine maigre de bonne qualité. Faites-le blanchir une minute à l'eau bouillante, puis égouttez-le à fond. Cette opération élimine le goût fumé de la poitrine de porc sans vraiment la cuire.

Un mixer à portée de main

L'un des ustensiles de cuisine modernes les plus pratiques que je connaisse est le mixer plongeant.
Il est formé d'un bloc-moteur muni d'une poignée et prolongé par une colonne, équipée à l'extrémité d'un couteau à vitesse de rotation élevée. Cet appareil est particulièrement utile quand on prépare souvent de la soupe ou du potage. Pour obtenir de meilleurs résultats :
* Le mixer plongeant travaillant très rapidement, de l'ordre de la seconde et non de la minute, ne mixez pas trop longtemps, la texture de la préparation changerait considérablement.
* Plongez-le directement dans le récipient de cuisson ou de préparation.
* Pour éviter les éclaboussures, plongez d'abord le mixer dans le liquide avant de le mettre en marche.

Soupe toscane aux haricots et à l'épeautre

Gran Farro

Le farro désigne une variété d'épeautre tendre, typiquement toscane. Les petits grains bruns de cette céréale, décortiqués, ressemblent un peu à de l'orge, avec une consistance ferme et une saveur noisetée. La première fois que j'ai goûté le « grand farro », une magnifique soupe aux haricots et à l'épeautre, c'était dans une trattoria populaire de Ponte a Moriano, *La Mora*, au nord de Lucques, un restaurant consacré aux traditions gastronomiques des régions d'Italie. Cette soupe est moins épaisse que la traditionnelle soupe aux haricots que l'on sert partout en Toscane et donc un peu plus élégante. Chez moi, c'est devenu un classique. Lorsque mon mari travaille tard au bureau, il en emporte même parfois dans sa « gamelle ». Servez en même temps du vin rouge et des tranches de pain de campagne.

Pour 6 à 8 personnes :
180 g de petits haricots blancs secs
180 g d'épeautre décortiqué
3 cuillerées à soupe d'huile d'olive extra-vierge
1 oignon moyen émincé
1 carotte moyenne émincée
1 branche de céleri émincée
2 belles gousses d'ail émincées
Plusieurs brins de thym, feuilles de laurier et feuilles de céleri, liés en bottillon avec du fil de cuisine
2 litres d'eau
Sel de mer
Huile d'olive extra-vierge en condiment

1. Lavez les haricots en les triant pour éliminer les gravillons éventuels. Mettez-les dans un grand saladier, couvrez-les d'eau bouillante et laissez-les tremper pendant 1 heure. Égouttez-les et rincez-les, jetez l'eau et réservez les haricots.

2. Lavez et égouttez les grains d'épeautre, mettez-les dans une jatte et couvrez-les d'eau bouillante. Réservez-les jusqu'au moment de les ajouter dans la soupe. Ils doivent tremper pendant environ 1 heure et demie.

3. Versez l'huile dans une grande marmite de 6 litres de contenance, ajoutez l'oignon, la carotte, le céleri, l'ail et le bouquet garni. Remuez-les pour bien les enrober d'huile. Faites cuire sur feu modéré pendant environ 5 minutes jusqu'à ce que les légumes soient ramollis et bien parfumés. Ajoutez les haricots égouttés, mélangez et faites cuire 1 minute. Versez ensuite les 2 litres d'eau et remuez.

Couvrez, portez à la limite de l'ébullition sur feu modéré et laissez mijoter pendant 30 minutes. Salez et poursuivez la cuisson pendant 30 minutes à 1 heure, jusqu'à ce que les haricots soient cuits, en remuant de temps en temps pour éviter qu'ils n'attachent au fond de la marmite. (Le temps de la cuisson dépend de la qualité des haricots.)

4. Retirez la marmite du feu. Avec une écumoire, prélevez une bonne portion de haricots et de légumes et réservez-les. Retirez également le bouquet garni et jetez-le. Avec un mixer plongeant, réduisez en purée le reste de la soupe directement dans la marmite. (Vous pouvez aussi passer la soupe au moulin à légumes et remettre la purée obtenue dans la marmite.) La soupe doit avoir une consistance fluide et lisse.

5. Remettez dans la marmite les légumes et les haricots réservés et faites à nouveau chauffer jusqu'à la limite de l'ébullition. Égouttez et rincez les grains d'épeautre, jetez l'eau et versez les grains dans la soupe. Faites cuire la soupe pendant encore 1 heure et demie environ, jusqu'à ce que l'épeautre soit bien tendre et gonflé. (Le temps de cuisson exact dépend de la qualité de l'épeautre.) Remuez de temps en temps pour éviter que l'épeautre n'attache dans le fond de la marmite. Si la soupe vous semble trop épaisse, ajoutez un peu d'eau tiède pour la diluer. Goûtez pour rectifier l'assaisonnement.

6. Pour servir, répartissez la soupe brûlante dans les assiettes de service creuses bien chaudes.

Proposez en même temps un flacon d'huile d'olive pour en ajouter un filet sur le dessus. (Vous pouvez réchauffer la soupe plusieurs fois en l'espace de plusieurs jours. Elle va épaissir. Il suffit de la diluer en rajoutant un peu d'eau tiède chaque fois que vous la réchauffez.)

Vin conseillé :
un vin rouge est ici l'idéal, un jeune Chianti classico ou un Valpolicella classico superiore.

Soupe de légumes à la milanaise

Minestrone alla milanese

Un minestrone est tout simplement une soupe de légumes très parfumée, dont les variantes et les interprétations ne sont pas très nombreuses. Les différentes recettes ont toutes en commun un choix abondant de légumes frais, quelques légumes secs, ainsi qu'un complément en fécule, riz ou pâtes selon les régions. La version que je donne ici, que j'ai goûtée à l'*Antica Trattoria della Pesa* à Milan, fait appel au fameux riz de la région, appelé *arborio*. Avec des soupes comme celle-ci, le vin n'est pas conseillé. Comme sa réussite dépend des bonnes proportions, afin d'obtenir la meilleure harmonie de saveurs et de couleurs, je vous recommande de bien respecter les indications de poids.

Pour 4 à 6 personnes :
180 g de petits haricots secs blancs
60 g de beurre
60 g de pancetta (voir note page 111)
2 oignons moyens émincés

Sel de mer
2 carottes moyennes en petits dés
5 à 6 branches de céleri avec les feuilles, taillées en petits tronçons
125 g de haricots verts effilés et tronçonnés
380 g de chou blanc taillé en julienne
2 pommes de terre moyennes pelées et taillées en dés
2 litres d'eau
480 g de tomates entières au naturel avec leur jus
Poivre noir du moulin
180 g de riz arborio
125 g de parmesan râpé

1. Lavez les haricots en les triant pour éliminer les gravillons. Mettez-les dans un grand saladier, couvrez-les d'eau bouillante et laissez-les tremper pendant 1 heure. Égouttez-les, jetez l'eau et réservez.

2. Faites fondre le beurre sur feu doux dans une grande marmite de 6 litres de contenance. Ajoutez la pancetta taillée en languettes et les oignons, salez et mélangez.

Laissez cuire pendant 3 à 4 minutes jusqu'à ce que les oignons soient ramollis et translucides. Ajoutez ensuite les carottes, le céleri et les haricots égouttés, mélangez intimement et faites cuire pendant encore 5 minutes. Ajoutez les haricots verts, le chou blanc, les pommes de terre et 2 litres d'eau. Placez un moulin à légumes sur la marmite et ajoutez les tomates en les réduisant en purée directement dans le récipient de cuisson. Couvrez et portez à la limite de l'ébullition sur feu modéré, puis laissez mijoter pendant 30 minutes. Salez et poivrez.

Poursuivez la cuisson sur feu doux pendant encore 30 à 60 minutes jusqu'à ce que les haricots soient bien cuits. (Le temps de cuisson dépend de la qualité des haricots secs.) Ajoutez enfin le riz et laissez mijoter pendant encore 20 minutes, le temps de cuire le riz al dente. Goûtez pour rectifier l'assaisonnement.

3. Pour servir, ajoutez plusieurs cuillerées à soupe de fromage râpé dans la soupe, répartissez celle-ci, brûlante, dans des assiettes creuses bien chaudes, et présentez le reste de parmesan à part. (Vous pouvez réchauffer la soupe plusieurs fois. Elle va épaissir. Il suffit de la diluer en lui ajoutant un peu d'eau tiède à chaque fois.)

Soupe de pâtes aux pois chiches

Pasta e ceci

Les Italiens sont de grands amateurs de soupes, et l'une des spécialités les plus classiques de la cuisine de trattoria n'est autre que ce mélange tout simple de pois chiches qui mijotent dans un bouillon aromatique et de petites pâtes à potage, le tout parfumé d'une bonne cuillerée d'huile d'olive. Cette soupe doit être très épaisse. Une cuillère, dit-on, doit tenir debout dedans. Comme elle est très riche, servez-la en petites portions et complétez le menu avec une salade verte, du poulet grillé ou du poisson. Vous pouvez aussi la faire précéder simplement d'un assortiment de légumes crus à tremper dans de l'huile d'olive, comme j'ai eu l'occasion de le goûter à la *Trattoria Omero,* un petit restaurant très animé qui possède une vue merveilleuse sur les collines de Florence. Certains aliments ne sont qu'un prétexte pour manger quelque chose d'autre, et je suis persuadée que c'est le cas pour cette soupe, quand on aime vraiment l'ail et l'huile d'olive, deux ingrédients qui ont toujours eu le don de me mettre de joyeuse humeur.

Pour 8 à 10 personnes :
500 g de pois chiches
3 cuillerées à soupe d'huile d'olive extra-vierge
1 oignon moyen taillé en petits dés
1 carotte moyenne taillée en petits dés
1 branche de céleri finement émincée
4 belles gousses d'ail écrasées

Plusieurs brins de persil plat, brins de sauge, feuilles de laurier et feuilles de céleri, liés en bottillon avec du fil de cuisine
2 à 3 litres d'eau froide
90 g de petites pâtes, ditalini, spaghetti cassés ou petits macaroni coudés
Poivre du moulin
Sel de mer fin
Huile d'olive extra-vierge en condiment

1. Lavez les pois chiches et égouttez-les en les triant pour éliminer les gravillons éventuels. Mettez-les dans un grand saladier et couvrez-les d'eau bouillante. Laissez-les tremper pendant 1 heure, puis égouttez-les, lavez-les à nouveau, jetez l'eau et réservez-les.

2. Versez l'huile dans une grande marmite à fond épais d'une contenance de 6 litres, ajoutez l'oignon, la carotte, le céleri, l'ail et le bouquet garni. Mélangez bien. Faites cuire sur feu modéré pendant 5 minutes environ jusqu'à ce que les légumes soient bien parfumés et ramollis. Ajoutez les pois chiches, mélangez bien et faites cuire encore 1 minute. Versez 2 litres d'eau et remuez. Couvrez et portez à la limite de l'ébullition sur feu modéré, puis laissez mijoter pendant 1 heure. Salez et poursuivez la cuisson pendant encore 1 heure jusqu'à ce que les pois chiches soient cuits, en remuant de temps en temps pour éviter qu'ils n'attachent dans le fond de la marmite. Rajoutez de l'eau si la soupe devient trop épaisse. (Le temps de cuisson exact dépend de la qualité des pois chiches.)

3. Retirez le bouquet garni et jetez-le. Avec un mixer plongeant, réduisez rapidement la soupe en purée directement dans la marmite. (Vous pouvez aussi la passer dans un moulin à légumes et remettre ensuite la préparation dans la marmite.) La soupe doit avoir alors une consistance crémeuse mais pas complètement lisse. Elle doit surtout être très épaisse. Salez à votre goût. Ajoutez les pâtes et faites cuire la soupe encore 10 minutes en remuant souvent pour empêcher les pâtes d'attacher dans le fond. Goûtez et rectifiez l'assaisonnement.

4. Pour servir, répartissez la soupe brûlante dans des

assiettes creuses bien chaudes. Proposez en même temps un flacon d'huile d'olive de qualité pour verser un filet sur le dessus. (Vous pouvez réchauffer la soupe plusieurs fois sur une période de plusieurs jours. Elle va épaissir. Il suffit simplement de rajouter de l'eau pour la diluer à votre convenance.)

Soupe de poivrons jaunes

Passato di peperoni

Imaginez ces beaux poivrons mûris au soleil réduits en purée dans un bouillon de volaille aux légumes, le tout servi brûlant dans de jolies assiettes en porcelaine blanche. Arrosez d'un filet d'huile d'olive extra-vierge et proposez en même temps d'épaisses tranches de pain de campagne grillées. C'est l'un des plats fétiches du *Cibrèo*, une trattoria florentine à la mode, où Fabio et Benedetta Picchi proposent une cuisine pleine d'imagination, riche de saveurs et de parfums, inspirée des spécialités rustiques de leur enfance toscane. Servez cette soupe en entrée, en portions modestes, et faites-la suivre d'un plat plus consistant, poulet rôti, côtelettes d'agneau grillées ou osso bucco. Si vous ne trouvez pas de poivrons jaunes, prenez des rouges. Vous remarquerez que la cuisson à l'huile des languettes de poivrons grillées, quand elles sont réunies avec les autres légumes, leur donne un parfum plus profond. N'ayez pas la main trop légère avec l'huile : c'est elle qui ajoute un arôme encore plus riche et une onctuosité particulière à la soupe.

Pour 6 à 8 personnes :
2 cuillerées à soupe d'huile d'olive extra-vierge
1 grosse carotte émincée
1 branche de céleri émincée
1 oignon moyen émincé
1 kg environ de poivrons jaunes, rôtis et taillés en languettes (voir ci-après)

Sel de mer fin
2 pommes de terre moyennes, pelées et taillées en dés
1 litre d'eau
50 cl de bouillon de volaille, de préférence fait maison (voir page 259)
Huile d'olive extra-vierge en condiment

1. Versez l'huile dans une grande casserole, ajoutez la carotte, l'oignon et le céleri. Faites cuire sur feu modéré pendant environ 10 minutes, jusqu'à ce que les légumes soient bien tendres et parfumés. Ajoutez les poivrons et faites cuire pendant encore 3 à 4 minutes, pour renforcer les arômes. Salez, puis ajoutez les pommes de terre, l'eau et le bouillon. Couvrez et faites cuire sur feu modéré pendant environ 20 minutes jusqu'à ce que les pommes de terre soient tendres.

2. Réduisez en purée le contenu de la casserole en plusieurs fois, au mixer ou à l'aide d'un moulin à légumes. Goûtez pour rectifier l'assaisonnement. Servez dans des assiettes creuses bien chaudes, en arrosant chaque portion d'huile d'olive.

Savoir bien faire griller des poivrons

La technique des poivrons grillés ou rôtis au four est aujourd'hui devenue tout à fait populaire, mais comme bien des opérations courantes, elle est sujette à des erreurs ou des malentendus. Il faut qu'ils soient juste grillés, et non carbonisés, méconnaissables. Trop souvent, les poivrons grillés ont perdu leur croquant, leur parfum et leur arôme. Voici quelques bons conseils à suivre.

* Choisissez d'abord des poivrons charnus avec une peau épaisse : ils sont plus parfumés que les autres et résisteront mieux à la chaleur.
* La meilleure façon d'obtenir un bon résultat est de placer les poivrons à 8 cm du gril du four, de sorte qu'ils ne soient pas en contact direct avec la chaleur intense mais qu'ils puissent en même temps rôtir et cuire à cœur, ce qui les rend plus tendres sans les dessécher. Vous pouvez aussi les faire griller sur un barbecue ou un autre gril, ou encore dans le four à chaleur vive (260 °C, thermostat 9).
* Ne piquez pas les poivrons avant de les griller, sinon vous perdrez le délicieux liquide huileux qui les imprègne.
* Surveillez attentivement la cuisson, retournez-les souvent en utilisant des pincettes pour ne pas abîmer la pulpe. La peau doit se fendiller sans brûler. Si elle noircit et se carbonise largement avant de se détacher de la chair, la chaleur est trop intense.

* Lorsque la peau se craquelle et se détache toute seule des poivrons, sortez ceux-ci du four et mettez-les dans un sac en papier ou dans un récipient doté d'un couvercle hermétique.
Laissez-les refroidir complètement, puis sortez-les du sac ou du récipient, en veillant à ne pas perdre le jus qui a coulé. Pelez les poivrons soigneusement, retirez les graines et taillez la chair en languettes dans le sens de la longueur. Ne lavez pas les poivrons une fois qu'ils sont pelés, sinon ils perdront beaucoup de leur parfum.

Pâtes

Penne en sauce tomate piquante

Penne all'arrabbiata

Comment un plat aussi simple peut-il donner autant de plaisir ? Je pense parfois que je pourrais en manger tous les jours pour retrouver la pointe de piment, la touche d'ail et le vert du persil haché qui ajoute sa fraîcheur. Comme beaucoup d'autres plats de pâtes, celui-ci évoque pour moi les couleurs du drapeau italien, rouge, blanc et vert. *All'arrabbiata*, par ailleurs, signifie « à l'enragée », voire « à la diable », allusion au piquant du piment dans la sauce. Traditionnellement, on sert ces pâtes sans fromage râpé. Si vous commencez à faire chauffer l'eau et à cuisiner la sauce en même temps, ce plat de pâtes ne prend en tout et pour tout que trente minutes.

Pour 6 personnes :
- 6 cl d'huile d'olive extra-vierge
- 6 belles gousses d'ail émincées
- 1/2 cuillerée à café de piment
- Sel de mer
- 750 g de tomates pelées au naturel ou en purée
- 500 g de penne (pâtes tubulaires en forme de plumes)
- 1 tasse de persil plat ciselé

1. Dans une poêle assez grande pour contenir ensuite toutes les pâtes, mettez l'huile, l'ail, le piment et une pincée de sel. Mélangez à froid intimement, puis faites chauffer sur feu moyen pendant 2 à 3 minutes jusqu'à ce que l'ail commence à dorer, mais sans roussir. Si vous utilisez des tomates entières, placez un moulin à légumes au-dessus de la poêle et réduisez les tomates directement en purée dans l'ustensile de cuisson. Si vous prenez des tomates en purée, versez le contenu de la boîte dans la poêle. Mélangez intimement puis laissez mijoter à découvert pendant 15 minutes jusqu'à ce que la sauce commence à épaissir. Goûtez et rectifiez l'assaisonnement.

2. Pendant ce temps, versez 6 litres d'eau dans une grande marmite et portez à ébullition. Ajoutez 3 cuillerées à soupe de sel et les pâtes, remuez pour les empêcher de coller. Faites cuire jusqu'à ce qu'elles soient al dente. Égouttez-les à fond.

3. Versez les pâtes égouttées dans la poêle et mélangez-les avec la sauce tomate. Laissez reposer pendant 1 à 2 minutes pour permettre aux pâtes d'absorber la sauce. Ajoutez le persil ciselé et mélangez à nouveau. Versez le tout dans un saladier bien chaud et servez aussitôt.

Vin conseillé :
un vin de table jeune comme le Castelli romani, qui vient d'une région située au sud-est de Rome.

🐖 Pour bien tirer parti du persil

Le persil est un ingrédient à part entière, bien plus qu'une simple garniture destinée à ajouter une touche de vert. Ici, comme dans bien d'autres spécialités italiennes, le persil est essentiel. Pour en extraire le maximum de parfum, coupez d'abord les queues et gardez uniquement les feuilles. Mettez les feuilles dans un grand verre ou un bol et coupez-les avec une paire de ciseaux. Ciselé de cette manière, le persil se trouve grossièrement haché, mais il ne se réduit pas en purée comme c'est souvent le cas si on utilise un hachoir électrique. Lorsque vous mesurez du persil ciselé (ou autres fines herbes) pour respecter les proportions d'une recette, ne le tassez pas dans le bol.

🐖 Ne négligez pas le sel

Je n'insisterai jamais assez sur l'importance d'utiliser en cuisine du sel de mer de qualité. Même s'il coûte un peu plus cher que le sel de table traditionnel, c'est un investissement qui mérite cet effort. Le sel de mer – fin ou « gros sel » – possède une saveur caractéristique, nette et claire, qui relève les plats d'une manière subtile. Le sel de table commun aurait plutôt tendance à masquer les saveurs et non à les exalter. De sorte que les plats ne sont pas véritablement assaisonnés mais simplement salés.

J'utilise du gros sel de mer en cuisine pour l'assaisonnement des sauces ou des soupes, ainsi que pour saler l'eau de cuisson des pâtes. Le sel de mer fin (qui peut être du gros sel réduit en poudre dans un moulin spécial) est préférable pour la pâtisserie, la table ou l'assaisonnement de dernière minute. N'oubliez jamais de goûter votre plat en cours d'élaboration et de rectifier l'assaisonnement. Dans certains cas, ce n'est qu'à la fin que la touche décisive peut être apportée.

Spaghetti au pesto rouge

Spaghetti con pesto rosso

Si vous êtes de ceux qui estiment que les tomates séchées sont un ingrédient qui appartient à un folklore révolu, vous changerez d'idée en essayant cette sauce délicieuse. Inutile d'en utiliser beaucoup – 12 cl de sauce suffisent pour assaisonner 500 g de pâtes –, mais n'oubliez ni le parmesan râpé, ni la bouteille de vin rouge.

Pour 6 personnes :
500 g de spaghetti
Sel de mer
12 cl de pesto rouge (page 253)
1/4 de tasse de persil plat ciselé
Parmesan râpé

1. Versez 6 litres d'eau dans une marmite et portez à ébullition.

Pendant que l'eau est en train de chauffer, posez un grand saladier de service sur la marmite pour qu'il chauffe aussi.

Lorsque l'eau bout, ajoutez 3 cuillerées à soupe de sel et les spaghetti.

Remuez pour les empêcher de coller.

Faites cuire jusqu'à ce qu'ils soient al dente.

Égouttez les pâtes mais pas complètement de façon qu'un peu d'humidité permette à la sauce de mieux adhérer aux spaghetti.

2. Versez les pâtes dans le saladier chaud, ajoutez le

pesto rouge et mélangez intimement. Ajoutez le persil et mélangez à nouveau. Servez dans des assiettes creuses bien chaudes, avec le parmesan en condiment.

Vin conseillé :
c'est un vin rouge comme le Chianti classico qui convient le mieux ici.

Penne en sauce tomate à la vodka

Penne alla Bettola

C'est le plat de pâtes préféré de mon mari. Si je veux lui faire plaisir, je lui annonce simplement « pâtes à la vodka » et un large sourire éclaire aussitôt son visage. L'accord des gros tubes de pâtes, comme les penne, et de la sauce tomate épicée et enrichie de crème fraîche a quelque chose d'épicurien, tandis que l'ajout de vodka confère au plat un certain mystère. Je défie quiconque de deviner de quel ingrédient il s'agit quand on goûte le plat pour la première fois. La recette vient d'une petite trattoria de Florence, la *Vecchia Bettola*, où les convives s'entassent au coude à coude sur des bancs de bois dans un tumulte de conversations qui rend le tête-à-tête impossible.

Pour 6 à 8 personnes :
6 cl d'huile d'olive extra-vierge
4 belles gousses d'ail émincées
1/2 cuillerée à café de piment rouge
750 g de tomates pelées au naturel ou en purée
Sel de mer
500 g de penne (pâtes en forme de tubes)
2 cuillerées à soupe de vodka
25 cl de crème fraîche épaisse
1/4 de tasse de persil plat ciselé

1. Dans une poêle assez grande pour contenir toutes les pâtes, versez l'huile, ajoutez l'ail, le piment et une pincée de sel, puis mélangez intimement à froid. Faites cuire pendant 2 à 3 minutes sur feu modéré jusqu'à ce que l'ail soit doré, mais sans roussir. Si vous utilisez des tomates entières, placez un moulin à légumes au-dessus de la poêle et réduisez les tomates en purée directement dans l'ustensile de cuisson. Si vous prenez des tomates en purée, versez celle-ci dans la poêle. Remuez pour bien mélanger, puis laissez mijoter à découvert pendant 15 minutes jusqu'à ce que la sauce commence à épaissir. Goûtez et rectifiez l'assaisonnement.

2. Pendant ce temps, versez 6 litres d'eau dans une grande marmite et portez à ébullition. Ajoutez 3 cuillerées à soupe de sel et les penne. Remuez pour les empêcher de coller. Faites cuire jusqu'à ce qu'elles soient al dente. Égouttez-les à fond.

3. Versez les pâtes égouttées dans la poêle et mélangez avec la sauce tomate. Ajoutez la vodka, remuez à nouveau, puis ajoutez la crème fraîche et mélangez encore. Couvrez, baissez le feu et laissez infuser pendant 1 à 2 minutes pour que les pâtes absorbent la sauce.

Ajoutez le persil et mélangez une dernière fois. Répartissez les pâtes dans des assiettes creuses chaudes et servez aussitôt. (En principe, on ne propose pas de fromage râpé avec ce plat.)

Vin conseillé :
prenez un bon vin rouge qui soit à la hauteur du goût pimenté et de la crème fraîche, comme un Chianti classico de 2 ou 3 ans.

Spaghetti aux câpres, olives, tomates et piment

Spaghetti alla puttanesca

« Pour bien manger des spaghetti, il faut les avaler comme le ferait un aspirateur. »
Sophia Loren

Les spaghetti alla puttanesca étaient, dit-on, à l'origine, le plat préféré des prostituées en Italie, qui pouvaient le cuisiner rapidement quand elles avaient un petit moment de libre. Aujourd'hui, c'est un plat que vous trouverez partout en Italie, mais il est particulièrement populaire à Rome, où j'ai goûté cette version agréablement épicée à *La Campana,* un petit restaurant toujours bondé où l'animation le dispute à la gourmandise. C'est un plat de pâtes idéal quand on n'a pas beaucoup de temps, mais n'oubliez surtout pas le persil frais qui non seulement ajoute son parfum mais aussi sa couleur.

Pour 6 personnes :
6 cl d'huile d'olive extra-vierge
4 filets d'anchois au sel (voir page 265) ou à l'huile d'olive, égouttés et émincés
3 belles gousses d'ail émincées
1/2 cuillerée à café de piment rouge
Sel de mer
750 g de tomates pelées au naturel ou en purée
15 olives noires dénoyautées et coupées en deux (voir page 266)
2 cuillerées à soupe de câpres égouttées et rincées
500 g de spaghetti
1 tasse de persil plat ciselé

1. Dans une poêle assez grande pour contenir ensuite toutes les pâtes, versez l'huile, ajoutez les anchois, l'ail, le piment et une pincée de sel. Mélangez intimement à froid, puis faites chauffer sur feu modéré pendant 2 à 3 minutes jusqu'à ce que l'ail soit doré mais sans roussir.

Si vous prenez des tomates entières, placez un moulin à légumes au-dessus de la poêle et réduisez les tomates en purée directement dans l'ustensile de cuisson.

Si vous prenez des tomates en purée, versez celle-ci simplement dans la poêle. Ajoutez aussi les olives et les câpres. Mélangez intimement, puis faites mijoter à découvert pendant 15 minutes environ jusqu'à ce que la sauce commence à épaissir. Goûtez et rectifiez l'assaisonnement.

2. Pendant ce temps, versez 6 litres d'eau dans une grande marmite et portez à ébullition.

Ajoutez 3 cuillerées à soupe de sel et les spaghetti. Remuez pour les empêcher de coller. Faites cuire jusqu'à ce qu'ils soient al dente. Égouttez-les à fond.

3. Versez les spaghetti égouttés dans la poêle et mélangez-les avec la sauce. Laissez chauffer doucement pendant 1 à 2 minutes pour permettre aux pâtes d'absorber la sauce. Ajoutez le persil et mélangez encore.

Répartissez les spaghetti dans des assiettes creuses chaudes et servez aussitôt. (En principe, on ne propose pas de fromage râpé avec ce plat.)

Vin conseillé :
un bon Chianti (Antinori ou Ricasoli).

Spaghetti à l'ail, à l'huile et au piment

Spaghetti con aglio, olio et peperoncini

« *Tout ce que vous voyez, je le dois aux spaghetti.* »
    Sophia Loren

Il s'agit sans doute d'un des plats de pâtes les plus populaires dans le monde entier : des spaghetti, de l'huile d'olive, de l'ail et une touche de piment rouge. En Italie, vous en trouverez d'innombrables interprétations dans toutes les régions, parfois sans piment, parfois sans persil. On peut même choisir à la place du persil, du basilic, de la menthe, de l'origan ou du romarin. Pour ma part, j'adore la recette ci-dessous, avec une bonne proportion d'ail et de piment. J'ai toujours l'impression qu'elle fait naître un climat de bonne humeur et de franche convivialité autour de la table.

Lorsque vous préparez le plat, surveillez bien l'ail pour l'empêcher de roussir, sinon il devient amer et transforme ce plat sublime en une pâtée indigeste. Le truc consiste à mélanger l'huile, l'ail et le piment dans la poêle à froid avant de commencer à faire chauffer, de sorte que l'ail n'a aucune chance de brûler. De même, ajoutez un filet d'huile à la fin pour que les pâtes soient bien enrobées de sauce. Vous verrez parfois ce plat servi avec du fromage, mais c'est une erreur. Il est bien assez riche comme ça et le fromage est parfaitement superflu.

Pour 6 personnes :
Sel de mer
500 g de spaghetti
12 cl d'huile d'olive extra-vierge, plus 2 cuillerées à soupe
6 belles gousses d'ail émincées
1/2 cuillerée à café de piment rouge
1/2 tasse de persil plat ciselé

1. Versez 6 litres d'eau dans une grande marmite et portez à ébullition sur feu vif. Ajoutez 3 cuillerées à soupe de sel et les spaghetti.
Remuez pour les empêcher de coller. Faites cuire jusqu'à ce qu'ils soient al dente. Égouttez-les à fond.
2. Pendant ce temps, dans une poêle assez grande pour contenir toutes les pâtes, versez 6 cl d'huile, ajoutez l'ail et le piment, salez et mélangez les ingrédients à froid pour bien enrober d'huile l'ail et le piment. Faites ensuite chauffer sur feu moyen pendant 2 à 3 minutes jusqu'à ce que l'ail soit doré, mais sans roussir.
3. Versez les spaghetti

égouttés dans la poêle et mélangez-les avec la sauce. Ajoutez le reste d'huile, remuez à fond et couvrez. Laissez infuser pendant 1 à 2 minutes pour permettre aux pâtes d'absorber la sauce. Ajoutez le persil et remuez encore.

Répartissez dans des assiettes creuses chaudes et servez aussitôt. (En principe, on ne propose pas de fromage râpé avec ce plat.)

Vin conseillé :
avec ce plat qui possède du caractère prenez un Chianti classico.

Penne aux courgettes à la pizzaiola

Penne con zucchine alla pizzaiola

Quand je ne suis pas en forme, que je suis triste ou de mauvaise humeur, ce plat de pâtes suffit à me rendre le sourire. À peine y ai-je goûté que le soleil brille à nouveau. Sa réussite dépend des courgettes que vous pouvez trouver : il faut qu'elles soient bien fraîches, tendres et fermes. La sauce pizzaiola, par ailleurs, est une sauce tomate qui rappelle le goût d'une garniture traditionnelle de pizza : tomate, ail et origan. J'ai dégusté cette recette dans une petite trattoria de Sienne. Le filet de vinaigre balsamique en touche finale est de moi : c'est une idée que j'ai trouvée dans une recette de Marcella Hazan. Selon votre goût, augmentez ou non la proportion de piment rouge.

Pour 6 personnes :
7 cuillerées à soupe d'huile d'olive extra-vierge
3 cuillerées à soupe de romarin frais haché
1/2 cuillerée à café de piment rouge
10 belles gousses d'ail émincées
750 g de tomates pelées au naturel ou en purée

Sel de mer

210 g de courgettes bien fermes, lavées et finement émincées (non pelées)

1/2 cuillerée à café d'origan

500 g de penne (pâtes tubulaires en forme de plumes)

2 cuillerées à soupe de vinaigre balsamique

1. Dans une poêle assez grande pour contenir toutes les pâtes en fin de préparation, versez 6 cuillerées à soupe d'huile, ajoutez le romarin, le piment, l'ail et une pincée de sel. Mélangez à froid, puis faites cuire pendant 2 à 3 minutes sur feu moyen jusqu'à ce que l'ail soit doré, mais sans roussir.

Si vous prenez des tomates entières, placez un moulin à légumes au-dessus de la poêle et réduisez les tomates en purée directement dans l'ustensile de cuisson. Si vous utilisez des tomates en purée, ajoutez-les simplement dans la poêle. Mélangez intimement et faites mijoter à découvert pendant 15 minutes jusqu'à ce que la sauce commence à épaissir.

2. Pendant que la sauce mijote, préparez les courgettes : faites chauffer le reste d'huile dans une poêle antiadhésive sur feu moyen. Lorsque l'huile est bien chaude, avant qu'elle ne fume, ajoutez les courgettes et faites-les sauter pendant 2 à 3 minutes pour les faire dorer.

Égouttez-les dans une passoire, salez et ajoutez l'origan. Mélangez et réservez.

3. Pendant ce temps, versez 6 litres d'eau dans une grande marmite et portez à ébullition. Ajoutez 3 cuillerées à soupe de sel et les penne.

Remuez pour les empêcher de coller. Faites cuire jusqu'à ce qu'elles soient al dente. Égouttez-les à fond.

4. Versez les pâtes égouttées dans la poêle et mélangez-les avec la sauce. Ajoutez le vinaigre balsamique et remuez. Ajoutez les courgettes et remuez encore.

Couvrez et laissez infuser sur feu doux pendant 1 à 2 minutes pour que les pâtes absorbent la sauce.

Remuez encore une fois et répartissez dans des assiettes creuses bien chaudes.

Servez aussitôt. (En principe, on ne propose pas de fromage râpé avec ce plat de pâtes.)

Vin conseillé :
un vin rouge italien jeune, comme le Barbera d'Alba, ou un vin blanc comme le Pinot gris.

Gemelli à la sicilienne

Gemelli alla siciliana

Quand il fait froid et qu'il pleut, seul un bon plat de pâtes comme celui-là peut vous réchauffer le cœur. Essayez de trouver les aubergines les plus fraîches, bien fermes et luisantes. Ce légume se marie particulièrement bien avec la consistance des pâtes et la richesse de la sauce tomate très parfumée. C'est dans ce genre de plat que l'aubergine peut jouer un rôle de premier plan et l'on est étonné de lui trouver presque un goût de viande. Surtout ne pelez pas l'aubergine, car c'est dans la peau que réside toute la saveur.

Par ailleurs, l'aubergine et la mozzarella doivent être coupées en petits cubes bien réguliers. Au moment de la dégustation, essayez de réunir en une seule cuillerée des pâtes, de la sauce et de la mozzarella pour apprécier le mélange harmonieux des saveurs et des textures. Vous avez le choix pour ce plat entre différentes sortes de pâtes. Les rigatoni sont traditionnels, mais je les trouve trop volumineux et encombrants. Je préfère les gemelli, les ziti, les fusilli ou, bien sûr, les irremplaçables penne. Cette recette est originaire de Sicile, mais je l'ai vue servie partout en Italie.

Pour 6 personnes :
18 cl d'huile d'olive extra-vierge
1 petit oignon émincé
2 belles gousses d'ail émincées
Sel de mer
750 g de tomates pelées au naturel ou en purée
1 belle aubergine bien ferme (500 g environ), taillée en petits cubes
500 g de gemelli, ziti, fusilli ou penne
300 g de mozzarella taillée en petits cubes

1. Dans une poêle assez grande pour contenir toutes les pâtes en fin de cuisson, versez 6 cl d'huile, ajoutez l'oignon, l'ail et une pincée de sel. Mélangez à froid, puis faites cuire sur feu modéré pendant 2 à 3 minutes jusqu'à ce que l'ail soit doré, mais sans roussir.

Si vous prenez des tomates entières, placez un moulin à légumes au-dessus de la poêle et réduisez les tomates en purée directement dans l'ustensile de cuisson. Si vous prenez des tomates en purée, versez-la simplement dans la poêle. Mélangez intimement et faites mijoter doucement à découvert pendant 15 minutes jusqu'à ce que la sauce commence a épaissir.

Goûtez et rectifiez l'assaisonnement.

2. Pendant que la sauce mijote, faites cuire l'aubergine. Faites chauffer le reste d'huile dans une grande sauteuse sur feu moyen. Lorsque l'huile est chaude, mais avant qu'elle ne fume, ajoutez les cubes d'aubergine et faites-les sauter pendant 5 minutes jusqu'à ce qu'ils soient dorés.

(L'aubergine va absorber l'huile immédiatement, mais faites-la cuire sans en rajouter, en remuant la sauteuse constamment pour l'empêcher d'attacher.) Salez largement.

3. Versez les cubes d'aubergines dans la sauce tomate et tenez au chaud sur feu très doux.

(Ni la sauce, ni l'aubergine n'ont besoin de cuire davantage, mais l'aubergine doit simplement absorber de la sauce tomate.)

4. Pendant ce temps, versez 6 litres d'eau dans une grande marmite et portez à ébullition. Ajoutez 3 cuillerées à soupe de sel et les pâtes.

Remuez pour les empêcher de coller. Faites cuire jusqu'à ce que les pâtes soient al dente. Égouttez-les à fond.

5. Versez les pâtes égouttées dans la poêle et mélangez-les avec la sauce.

Couvrez et laissez chauffer tout doucement pendant 1 à 2 minutes pour permettre aux pâtes d'absorber la sauce.

Répartissez les pâtes en sauce dans des assiettes bien chaudes et ajoutez en garniture les petits cubes de mozzarella. Servez aussitôt.

Vin conseillé :
avec ce plat, essayez un rouge bien charpenté, comme le Montepulciano d'Abruzzo.

Spaghetti au pecorino (fromage de brebis) et au poivre

Spaghetti al pecorino e pepe

Les Romains sont de grands amateurs de spaghetti et ils apprécient tout autant le pecorino, ce fromage de brebis délicieusement piquant. Ce plat d'une sublime simplicité associe les deux ingrédients, en leur ajoutant une bonne dose de poivre noir fraîchement moulu. Quelles que soient les proportions que vous préparez, n'oubliez pas de servir avec un bon vin rouge corsé.

Pour 4 à 6 personnes :
500 g de spaghetti
6 cl d'huile d'olive extra-vierge
250 g de pecorino romano fraîchement râpé
Poivre noir du moulin

1. Versez 6 litres d'eau dans une grande marmite et portez à ébullition. Pendant que l'eau est en train de chauffer, posez un grand saladier sur la marmite pour le chauffer également. Lorsque l'eau bout, ajoutez 3 cuillerées à soupe de sel et les spaghetti. Remuez pour les empêcher de coller. Faites cuire jusqu'à ce qu'ils soient al dente.

Égouttez les pâtes, en laissant encore un peu d'eau de cuisson pour permettre un meilleur mélange de la sauce.

2. Versez l'huile dans le saladier chaud. Ajoutez les pâtes, le fromage et une bonne portion de poivre noir fraîchement moulu. En prenant deux fourchettes, remuez les pâtes à fond. Répartissez dans des assiettes creuses bien chaudes et servez aussitôt.

Vin conseillé :
j'aime ce plat avec un rouge corsé et charpenté, comme le Barbaresco, le Barbera ou la réserve Badia a Coltibuono.

🐖 Pour réussir les pâtes

Les pâtes sont un aliment universellement apprécié. Elles méritent le meilleur traitement que l'on puisse leur réserver. Apprenez à respecter les pâtes et offrez à vos convives un chef-d'œuvre en observant les règles suivantes.

* Faites cuire les pâtes dans une grande quantité d'eau en pleine ébullition : au moins 1 litre d'eau pour 100 g de pâtes.
* Salez abondamment l'eau de cuisson. Comptez au moins 1 cuillerée à café par litre d'eau. Les pâtes cuites dans une eau non salée sont fades et sans vie, même si la sauce est bien assaisonnée.
* Remuez les pâtes en cours de cuisson.
* Ne les faites pas trop cuire. À moins d'avoir un don spécial, le bon degré de cuisson « al dente » n'est pas quelque chose de visible : il faut goûter les pâtes. Les pâtes ainsi que le risotto doivent être cuits al dente, c'est-à-dire encore un peu fermes sous la dent, mais sans résistance à cœur. Les pâtes fraîches au contraire cuisent très rapidement et doivent être bien tendres. À vous de goûter !
* Égouttez les pâtes dès qu'elles sont cuites, mais n'insistez pas trop.
* Ajoutez la sauce dès que les pâtes sont égouttées. Évaluez votre temps de préparation pour que la sauce soit prête lorsque les pâtes sont cuites et égouttées. Plus les pâtes sont chaudes, mieux elles absorberont la sauce.
* Ne mettez pas trop de sauce. Une fois le plat dégusté, il ne doit pas rester de sauce dans le saladier.
* Veillez toujours à associer la bonne sauce avec la bonne variété de pâtes.
* Restez simples. Le mieux est toujours l'ennemi du bien en matière de pâtes. Laissez-les jouer le premier rôle.

Bucatini à la pancetta et au pecorino

Bucatini alla gricia

Cette préparation est typiquement romaine. Simple et bien relevée, elle marie harmonieusement le piquant d'un fromage de brebis affiné, le mordant du poivre noir fraîchement moulu et le goût de lard fumé de la pancetta. Traditionnellement, les bucatini alla gricia se cuisinent avec le guanciale, une sorte de lard préparé avec les bajoues du porc, mais vous pouvez parfaitement utiliser de la pancetta, ou du lard de poitrine de bonne qualité. Comme beaucoup de sauces pour pâtes italiennes, il s'agit là plutôt d'un condiment qui accompagne les pâtes, leur ajoute une touche de saveur en plus, mais sans les noyer. Le temps de faire cuire les pâtes et de déboucher une bouteille de vin, et la sauce est prête. La recette est due à Ninetta Ceccacci Mariani, dont la famille possède la trattoria *Checchino* à Rome depuis 1887 et qui poursuit la tradition. Les bucatini sont des pâtes tubulaires creuses, un peu plus grosses que les spaghetti, mais plus minces que les macaroni. Comme il s'agit là d'un plat substantiel et copieux, les portions peuvent être assez réduites. Pour quatre personnes, il suffit de doubler les proportions.

Pour 2 personnes en plat principal ou 4 en entrée :
Sel de mer
250 g de bucatini ou de spaghetti épais
60 g de pancetta taillée en languettes
1 cuillerée à soupe d'huile d'olive extra-vierge
125 g de pecorino romano fraîchement râpé
Poivre noir du moulin

1. Versez 3 litres d'eau dans une marmite et portez à ébullition. Ajoutez 1 cuillerée à soupe 1/2 de sel et les bucatini.
Remuez pour les empêcher de coller. Faites cuire jusqu'à ce qu'ils soient al dente.
Égouttez-les soigneusement en laissant un tout petit peu d'eau de cuisson pour que la sauce, ensuite, les enrobe bien.
2. Pendant ce temps, versez l'huile dans une poêle assez grande pour contenir les pâtes en fin de cuisson et ajoutez les languettes de pancetta.
Chauffez sur feu moyen et faites sauter les lardons pendant 2 à 3 minutes, jusqu'à ce qu'ils soient ro-

ses, mais sans être croustillants.

3. Ajoutez les pâtes égouttées dans la poêle et, avec deux fourchettes, mélangez-les rapidement mais intimement avec la pancetta. Ajoutez le fromage et poivrez généreusement. Remuez à nouveau. Couvrez et laissez reposer sur feu doux pendant 1 minute pour permettre aux pâtes d'absorber les saveurs. Répartissez les pâtes dans les assiettes creuses chaudes et servez aussitôt, en mettant le moulin à poivre sur la table.

Vin conselllé :
un bon vin blanc serait ici le bienvenu. Si vous pouvez en trouver, goûtez un blanc du Latium, la région de Rome, comme le Castelli romani ou le Colli d'Alba. Autre suggestion, un jeune Orvieto classico d'un producteur réputé (Antinori ou Ruffino).

🐖 Et si vous ne trouvez pas de pancetta ?
Il n'existe pas de réel équivalent français de la pancetta, charcuterie typiquement italienne, faite de lard non fumé, salé, épicé et roulé. Elle possède une saveur délicate et subtile. Vous en trouverez sans difficulté dans les magasins de produits italiens, mais si jamais vous êtes à court, prenez simplement du lard maigre de bonne qualité. Faites-le blanchir pendant une minute à l'eau bouillante puis égouttez-le à fond. Cette opération permet d'éliminer le goût fumé sans cuire vraiment le lard.

Rigatoni au pecorino
(fromage de brebis)

Rigatoni della casa

Ce plat robuste et rapide à cuisiner appartient à la catégorie des recettes « spéciales pour maisons de vacances », si vous voyez ce que je veux dire. Lorsque, pour un mois, vous héritez d'une cuisine équipée de deux casseroles et d'une marmite au grand maximum. Le matériel dont vous avez besoin pour ces rigatoni est minime : une marmite pour cuire les pâtes et un saladier pour les servir.

Pour tirer le meilleur parti de la situation, posez le saladier sur la marmite pendant que les pâtes cuisent, ainsi vous aurez un plat bien chaud au moment de les servir. Si vous préparez cette recette pour une grande tablée et qu'elle est prévue en plat principal, comptez 125 g de pâtes et 60 g de pecorino fraîchement râpé par personne. L'ajout de piment et de poivre fait naître un joli contraste de saveurs. Mais allez-y doucement avec le piment, car la flamme doit rester subtile. Choisissez bien le fromage de brebis à râper pour qu'il ne soit ni trop sec ni trop piquant.

Pour 6 personnes :
500 g de rigatoni ou pâtes sèches tubulaires
250 g de pecorino romano fraîchement râpé
Sel de mer
1/2 cuillerée à café de piment rouge
Poivre noir du moulin

1. Versez 6 litres d'eau dans une grande marmite et portez à ébullition. Pendant que l'eau est en train de chauffer, posez un grand saladier sur la marmite pour le chauffer. Lorsque l'eau bout, ajoutez 3 cuillerées à soupe de sel et les rigatoni.
Remuez pour les empêcher de coller. Faites cuire jusqu'à ce qu'ils soient al dente. Égouttez-les à fond.
2. Versez les pâtes dans le saladier chaud. Ajoutez le fromage râpé et le piment, poivrez abondamment au moulin et mélangez intimement. Couvrez et laissez reposer pendant 1 minute pour permettre aux pâtes d'absorber l'assaisonnement.
Répartissez les rigatoni dans des assiettes creuses chaudes et servez aussitôt, en proposant du pecorino râpé en plus, ainsi que du poivre et du piment à votre goût.

Vin conseillé :
servez ce plat avec un vin rouge corsé comme un Barbera ou un Brunello di Montalcino.

🐷 Remuer, remuer, remuer encore

Combien de fois vous a-t-on servi un plat de pâtes qui promettait d'être fabuleux mais les pâtes collaient et la sauce ne faisait que les effleurer !

Dans l'idéal, les pâtes et leurs condiments doivent former une harmonie de saveurs, et non se contenter d'une cohabitation forcée. Comme une salade bien réussie, les pâtes doivent être remuées à fond, plusieurs fois, jusqu'à ce que la sauce ait pénétré à cœur. Cette opération (suivie d'un moment de repos pour permettre l'absorption de la sauce) est particulièrement importante pour les pâtes tubulaires épaisses et denses comme les penne, les rigatoni, les gemelli et les ziti.

Farfalle au safran

Farfalle allo zafferano

« *Italie, paradis sur terre et rêve de l'épicurien.* »

Thomas Nashe, *The Unfortunate Traveller*, 1594.

Je ne sais pas ce que j'aime le mieux : dévorer des yeux ce plat tout luisant de belles couleurs, humer l'arôme précieux de la sauce au safran ou le déguster jusqu'au dernier papillon ! Les farfalle sont en effet des pâtes en forme de papillons, taillées dirait-on sur mesure pour l'élégance de la sauce. Le safran est une épice coûteuse, j'en conviens, mais je vous recommande surtout de choisir la meilleure qualité. Il n'en faut qu'une cuillerée à café et le résultat en vaut la peine. Pour ma part, j'aime utiliser ici un mélange : des filaments de safran pour la touche de raffinement et de la poudre pour sa couleur magnifique. Comme la sauce est très riche, ce plat de pâtes convient pour une entrée. Faites-le suivre d'un plat principal assez léger, par exemple le bar aux artichauts (page 203). Vous pouvez servir les pâtes avec un nuage de fromage râpé, mais allez-y en douceur : il ne faut pas risquer de masquer le goût caractéristique du safran.

Pour 4 personnes :
Sel de mer
250 g de farfalle, ou pâtes en forme de papillons
30 g de beurre à température ambiante
12 cl de crème fraîche
1 cuillerée à café de filaments de safran
Parmesan râpé suivant les goûts (facultatif)

1. Versez 3 litres d'eau dans une marmite et portez à ébullition. Pendant que l'eau chauffe, posez un grand saladier sur la marmite pour le faire chauffer également.
Lorsque l'eau bout, ajoutez 1 cuillerée à soupe 1/2 de sel et les farfalle. Remuez pour les empêcher de coller. Faites cuire jusqu'à ce que les pâtes soient al dente. Égouttez-les à fond.

2. Versez les pâtes égouttées dans le saladier chaud, ajoutez le beurre, la crème et le safran. Mélangez intimement.
Couvrez et laissez reposer pendant 1 minute pour que les pâtes absorbent la sauce. Répartissez dans des assiettes creuses bien chaudes et servez aussitôt, en proposant du fromage râpé si vous le désirez.

Vin conseillé :
avec ce plat, j'aime servir un Gattinara ou un Chianti riserva.

À propos de safran

Le safran, que les Italiens appellent *zafferano*, est cultivé en Italie depuis le XVe siècle près d'Aquila dans les Abruzzes. À l'époque, son prix était celui d'un métal précieux comme l'argent. Aujourd'hui, c'est une épice aussi coûteuse, rare et délicieusement parfumée que la truffe. On le comprend aisément quand on sait qu'il faut 224 000 stigmates de fleurs de crocus cueillis à la main pour obtenir 500 g de safran. Sur le marché international, la meilleure qualité de safran disponible vient d'Espagne.

Fusilli aux noix et à l'ail

Fusilli salsa di noci

Riche et parfumé, élégant comme une composition en camaïeu de blancs, ce délicieux plat de pâtes évoque pour moi les soirées d'hiver. Il est parfait en entrée assez copieuse ou en plat principal servi avec une salade et suivi d'une glace aux fruits. Je n'oublierai jamais la première fois que je l'ai goûté, sur la terrasse d'un restaurant du village de Lazise qui domine le lac de Garde, près de Vérone, dans le nord de l'Italie. N'oubliez pas de faire griller les noix pour bien développer leur saveur. Ayez en outre la main légère avec l'ail : la touche doit être à peine soulignée et ne pas tout écraser. Les fusilli, des pâtes en forme de tortillons, sont parfaits pour cette sauce, car les petites parcelles de noix restent accrochées aux pâtes et forment une parfaite unité à chaque bouchée.

Pour 4 à 6 personnes :
2 belles gousses d'ail émincées
Sel de mer
125 g de cerneaux de noix grillés et refroidis
25 cl de crème fraîche épaisse
500 g de fusilli
60 g de parmesan râpé
Poivre noir du moulin

1. Mettez l'ail, une pincée de sel et les noix dans le bol d'un mixer et hachez-les rapidement. Ajoutez la crème et actionnez encore le mixer pour obtenir une sauce homogène. Goûtez pour rectifier l'assaisonnement. Versez la sauce dans un grand saladier.

2. Versez 6 litres d'eau dans une grande marmite et portez à ébullition. Lorsque l'eau est en train de chauffer, posez le grand saladier sur la marmite pour qu'il chauffe également. Lorsque l'eau bout, ajoutez 3 cuillerées à soupe de sel et les pâtes. Remuez pour les empêcher de coller. Faites cuire jusqu'à ce qu'elles soient al dente. Égouttez-les à fond.

3. Versez les pâtes égouttées dans le saladier et mélangez intimement avec la sauce. Ajoutez le fromage râpé et remuez encore une fois. Salez et poivrez.

Répartissez dans des assiettes creuses bien chaudes et servez en posant le moulin à poivre sur la table.

Vin conseillé :
avec ce plat, j'aime le goût bien net d'un vin blanc, comme le Vernaccia de Teruzzi et Puthod, de San Gimignano.

Le savoir-vivre des pâtes

En Italie, le savoir-vivre de la dégustation des pâtes impose de les déguster en utilisant une fourchette, et non pas une fourchette et une cuillère. Dans l'idéal, il est préférable de servir les pâtes et le riz dans des assiettes creuses et non plates. Les mets chauds servis dans des assiettes chaudes restent chauds plus longtemps car les côtés de l'assiette permettent de conserver plus facilement la chaleur. Les parois de l'assiette creuse sont également utiles quand on déguste des spaghetti ou des pâtes longues, car elles servent de points d'appui pour enrouler les pâtes autour des dents de la fourchette.

Rigatoni en sauce à la viande et au céleri

Rigatoni strasciati

« *Tout ce qui touche Florence semble coloré d'un violet tendre comme du vin étendu d'eau.* »
   Henry James, lettre à Henry James Sr, 26 octobre 1869.

Des spirales de pâtes enrobées d'une sauce à la viande : voici un plat de trattoria qui compte parmi mes souvenirs de voyage préférés. Je revois de confortables saladiers de porcelaine blanche débordant de pâtes fumantes où l'on venait d'ajouter, en les remuant rapidement, une sauce légère et pourtant chaleureuse, aux reflets vermillon. Cette recette est typique des petites trattorias de Florence, où plusieurs d'entre elles – notamment le légendaire *Antico Fattore,* mais aussi le *Quattro Stagioni,* un restaurant plus petit et moins connu – en font leur spécialité. Le secret de la sauce que j'ai goûtée à l'*Antico Fattore* repose sur une forte proportion de céleri, la bonne qualité de la viande (vous pouvez en varier à volonté et même prendre des morceaux de prosciutto ou de pancetta pour une saveur plus marquée) et un temps de cuisson bien calculé (environ 30 minutes au total). *Strasciati* vient du verbe *strasciare* qui veut dire traîner, allusion au geste que l'on fait en enrobant les pâtes de sauce dans l'assiette. Les rigatoni sont traditionnels pour cette recette, mais vous pouvez aussi prendre des penne ou des coquilles.

Pour 4 à 6 personnes :
6 cl d'huile d'olive extra-vierge
1 petit oignon émincé
1 tasse de céleri en branche haché
1/4 de tasse de persil plat haché
Sel de mer
250 g de bifteck haché ou un mélange de bœuf, porc et/ou veau, ou prosciutto, ou pancetta
750 g de tomates pelées au naturel ou en purée
Plusieurs brins de persil, feuilles de laurier et de céleri liés ensemble en bottillon
500 g de rigatoni, penne ou grosses coquilles
Parmesan râpé

1. Dans une poêle assez grande pour contenir toutes les pâtes en fin de cuisson, mélangez l'huile, l'oignon, le céleri, le persil et une pincée de sel. Remuez bien pour enrober d'huile les ingrédients. Faites cuire sur feu modéré pendant 4 à 5 minutes jusqu'à ce que le mélange soit bien tendre et parfumé. Ajoutez la viande et mélangez. Réduisez la chaleur et faites cuire pendant encore 5 minutes jusqu'à ce que la viande change de couleur, en veillant à bien écraser les particules de viande avec une spatule en bois.

Si vous prenez des tomates entières, placez un moulin à légumes au-dessus de la poêle et réduisez-les en purée directement dans l'ustensile de cuisson.

Si vous prenez des tomates en purée, versez celle-ci simplement dans la poêle. Mélangez intimement. Ajoutez le bouquet garni et poursuivez la cuisson pendant 20 minutes à découvert jusqu'à ce que la sauce commence à épaissir. Goûtez et rectifiez l'assaisonnement. Retirez la poêle du feu et éliminez le bouquet garni.

2. Pendant ce temps, versez 6 litres d'eau dans une grande marmite et portez à ébullition. Ajoutez 3 cuillerées à soupe de sel et les pâtes. Remuez pour les empêcher de coller. Faites-les cuire jusqu'à ce qu'elles soient al dente. Égouttez-les à fond.

3. Versez les pâtes égouttées dans la poêle et mélangez-les intimement avec la sauce. Couvrez et laissez infuser 1 à 2 minutes, feu éteint, pour que les pâtes absorbent bien la sauce. Répartissez dans des assiettes creuses chaudes et servez aussitôt, avec du parmesan râpé.

Vin conseillé :
avec ce plat, j'aime bien un vin rouge léger de Toscane, pourquoi pas un Chianti classico.

Spaghetti en sauce à la viande

Spaguetti alla Giannetto

« Il est évident que pour faire bien cuire les spaghetti, les pâtes doivent être plongées dans une grande quantité d'eau en pleine ébullition pour que l'amidon qui les enrobe puisse être éliminé.
Si l'on manque à cette obligation, vous avez dans votre assiette un tas épais et gluant que la meilleure sauce du monde ne saurait sauver. »

Angelo Pellegrini, *Le Palais impartial*.

Que peut-on imaginer de plus banal qu'un plat de spaghetti à la sauce tomate ? Mais attendez de voir la maîtresse de maison toute souriante apporter directement de la cuisine une lourde poêle qu'elle pose à côté de vous pour que vous puissiez vous servir, comme les autres, une portion brûlante de spaghetti. C'est l'expérience qui m'est arrivée par une froide journée de printemps chez Giannetto, un petit restaurant plein d'animation installé sur le fameux domaine viticole de Badia à Coltibuono, en Toscane.

Hors d'Italie, c'est souvent la sauce qui joue le premier rôle par rapport aux pâtes. Mais chez Giannetto, la sauce tomate à la viande ne forme qu'un voile imperceptible. Elle humecte simplement les pâtes brûlantes, avec une touche de piment rouge, un filet d'huile d'olive et quelques parcelles de viande. Lorsque je cuisine ce plat, j'aime bien mettre beaucoup de piment rouge dans la sauce à la viande. Au dernier moment, ajoutez du persil ciselé et saupoudrez de parmesan. Que voulez-vous de plus ?

Pour 4 à 6 personnes :
500 g de spaghetti
50 cl de sauce à la viande (page 256)
Sel de mer
1/2 tasse de persil plat ciselé
Parmesan râpé

1. Versez 6 litres d'eau dans une grande marmite et portez à ébullition. Ajoutez 3 cuillerées à soupe de sel et les spaghetti. Remuez pour les empêcher de coller.
Faites cuire jusqu'à ce que les pâtes soient al dente. Égouttez-les soigneusement.
2. Pendant ce temps, préparez la sauce à la viande dans une poêle assez grande pour contenir toutes les pâtes.
3. Versez les pâtes égouttées dans la poêle et, à l'aide de deux fourchettes, mélangez intimement avec la sauce pour qu'elles en soient bien enrobées. Ajoutez le persil et mélangez à nouveau. Couvrez et lais-

sez reposer, feu éteint, pendant 1 à 2 minutes pour permettre aux pâtes d'absorber la sauce.

Répartissez les pâtes dans des assiettes creuses et servez aussitôt en proposant du parmesan râpé.

Vin conseillé :
la solution qui s'impose ici est d'accompagner ce plat d'un Chianti classico du domaine de Badia à Coltibuono.

Spaghetti aux fruits de mer

Spaghetti alla Sante

D'une présentation magnifique et d'une consistance robuste, ce plat associe des spaghetti, une rutilante sauce tomate relevée de gousses d'ail et de piment, le tout garni d'une bonne proportion de palourdes, de coques et de crevettes. Je l'ai dégusté un soir d'août plutôt frais à Florence, à la *Capannina di Sante*, un petit restaurant de poissons familial, situé le long de l'Arno, au sud-est de la ville. Le menu est limité mais la demi-douzaine de plats que nous avons goûtés ce soir-là étaient d'une fraîcheur remarquable et relevés comme il le fallait.

L'antipasto misto réunissait une gamme infinie de petites spécialités, dont un mélange parfumé de petits calmars, de moules, de coques et de crevettes, assaisonnés de jus de citron, de persil et de basilic, ainsi que des anchois panés et frits servis sur des feuilles de laurier fraîches.

Mais j'ai préféré par-dessus tout le plat de spaghetti à la marinière. À la *Capannina di Sante,* les moules et les palourdes sont servies dans leurs coquilles. La présentation est plus flatteuse et vous pouvez y mettre les doigts pour les déguster. Mais vous pouvez aussi les décoquiller et mélanger les coquillages et les pâtes au dernier moment.

Pour 4 personnes :
6 cl d'huile
2 belles gousses d'ail pelées
1/2 cuillerée à café de piment rouge
Sel de mer
750 g de tomates pelées au naturel ou en purée
500 g de moules de bouchot
25 cl de vin blanc sec
Quelques brins de persil plat liés en bottillon
Poivre noir du moulin
250 g de crevettes décortiquées
500 g de coques ou de palourdes, dégorgées si nécessaire (voir page 123)
250 g de spaghetti
Persil plat ciselé

1. Dans une grande poêle, mélangez à froid l'huile, les gousses d'ail, le piment et une pincée de sel. Faites cuire sur feu modéré pendant 2 à 3 minutes en remuant jusqu'à ce que l'ail commence à dorer, mais sans roussir.

Si vous utilisez des tomates entières, placez un moulin à légumes au-dessus de la poêle et réduisez les tomates en purée directement dans l'ustensile de cuisson.

Si vous prenez des tomates en purée, versez-les simplement dans la poêle. Mélangez et faites mijoter à découvert pendant environ 20 minutes jusqu'à ce que la sauce épaississe et que les gousses d'ail n'offrent plus de résistance quand on les perce avec un couteau.

2. Pendant ce temps, grattez soigneusement les moules et rincez-les dans plusieurs bains d'eau froide. Si vous appuyez sur une moule ouverte et qu'elle se ferme, elle est bonne ; si elle reste ouverte, jetez-la. Retirez soigneusement le byssus. (Ne faites pas cette opération à l'avance, sinon les moules meurent et sont ensuite bonnes à jeter. Chez certains poissonniers, les moules sont préparées, dans la mesure ou le byssus qui pend de la coquille a été coupé, sans être entièrement retiré ; vous pouvez les utiliser telles quelles.)

3. Dans une très grande sauteuse, mettez le vin, les

moules et le bouquet de tiges de persil. Poivrez généreusement, couvrez et faites chauffer pendant 5 minutes, jusqu'à ce que les moules soient ouvertes. Égouttez celles qui sont ouvertes, sans les faire cuire davantage, mais jetez celles qui seraient restées fermées.

4. Mettez les moules (toujours dans leurs coquilles) dans un grand saladier chaud. Couvrez d'une feuille d'aluminium et réservez au chaud. Tapissez une passoire d'une mousseline mouillée d'eau et essorée, puis filtrez le jus de cuisson des moules et ajoutez-le à la sauce tomate.

5. Avec une brosse raide, nettoyez les palourdes sous le robinet d'eau froide. Jetez celles dont la coquille est cassée ou celles qui ne se ferment pas quand on tape dessus.

6. Versez une tasse d'eau dans une marmite à vapeur et portez à ébullition. Posez les palourdes dans le panier à vapeur et poivrez largement. Couvrez et faites cuire sur feu vif jusqu'à ce que les coquillages soient ouverts.

Ajoutez-les aux moules. (L'opération ne prend que 10 minutes.) Jetez ceux qui ne sont pas ouverts. Filtrez également le jus de cuisson et ajoutez-le à la sauce tomate.

7. Goûtez la sauce tomate. Si elle vous semble trop claire, faites-la réduire sur feu doux. Le parfum des jus de cuisson des coquillages doit être perceptible.

Versez la moitié de la sauce sur les moules et les coques, ajoutez les crevettes et mélangez.

Tenez au chaud, à couvert, sur feu doux. (Les crevettes cuiront pendant le temps de préparation des pâtes.)

8. Versez 3 litres d'eau dans une marmite et portez à ébullition. Ajoutez 1 cuillerée à soupe 1/2 de sel et les spaghetti. Remuez pour les empêcher de coller. Faites cuire jusqu'à ce que les pâtes soient al dente. Égouttez-les à fond.

9. Versez les pâtes égouttées dans un grand plat creux, ajoutez le reste de sauce et remuez. Versez par-dessus le mélange de fruits de mer en sauce et parsemez de persil. Servez aussitôt. Mettez en même temps sur la table des rince-doigts, ainsi qu'un grand récipient pour recueillir les coquilles vides.

Vin conseillé :
mon choix se porte ici sur un vin blanc sec.

🐚 Pour bien nettoyer les coquillages

Comme les praires et les coques vivent dans des zones sableuses, elles ont tendance à être elles aussi pleines de sable. Rien n'est plus désagréable que de sentir crisser du sable sous ses dents. Pour vérifier que vos coquillages n'ont pas de sable, faites-en ouvrir quelques-uns sur le feu et goûtez-les. S'ils sont sableux, grattez les coquillages sous l'eau courante, puis faites-les tremper dans de l'eau froide salée (en comptant 1 cuillerée à soupe de sel par litre d'eau), à température ambiante pendant trois heures. Égouttez les coquillages avec vos doigts en laissant le sable et les gravillons : vous serez surpris de la proportion de déchets qu'ils peuvent laisser.

Spaghetti aux petits artichauts marinés et au parmesan

Pasta bianca

« Accordez votre plat de spaghetti aux circonstances et à votre état d'esprit. »
   Giuseppe Marotta (écrivain napolitain).

Un soir, alors que la faim me dictait sa loi, j'ai inventé ce plat de spaghetti simple et satisfaisant en me servant uniquement de ce que j'avais sous la main : une boîte de spaghetti, un bocal de petits artichauts à l'huile, un peu de persil, du piment séché et du parmesan.
C'est une recette qui convient aussi bien pour un tête-à-tête que pour une nombreuse tablée. Vous pouvez la préparer avec des artichauts achetés tout prêts, mais la saveur du plat sera moins fraîche et moins prononcée. J'en aime aussi les nuances pâles, relevées d'une touche de vert et de rouge.

Pour 4 à 6 personnes :
50 cl de petits artichauts marinés à l'huile (page 31), égouttés et finement émincés, en réservant l'huile
1/4 de cuillerée à café de piment
Sel de mer
500 g de spaghetti
1/4 de tasse de persil plat ciselé
125 g de parmesan fraîchement râpé

1. Dans une poêle assez grande pour contenir les pâtes en fin de préparation, mettez les artichauts émincés, leur huile et le piment. Mélangez et réservez.

2. Versez 6 litres d'eau dans une grande marmite et portez à ébullition. Ajoutez 3 cuillerées à soupe de sel et les spaghetti. Remuez pour les empêcher de coller. Faites cuire à fond.

3. Pendant la cuisson des pâtes, faites chauffer les artichauts sur feu doux.

4. Versez les spaghetti égouttés dans la poêle et mélangez. Ajoutez le persil et la moitié du fromage. Répartissez dans des assiettes creuses bien chaudes et servez aussitôt, en proposant le reste de parmesan râpé à part.

Vin conseillé :
un vin blanc frais, Sauvignon, complète bien ce plat.

Lasagne minute

Lasagne ràpide

Un soir, alors que les jours précédents j'avais essayé différentes recettes de pâtes fraîches, je me suis aperçue qu'il me restait plusieurs abaisses de pâte que j'avais découpées en triangles et mises à sécher. Il me vint l'envie de déguster des lasagne, qui savent si bien mettre en valeur le fameux trio italien : pâtes, tomates et fromage. Comme je n'avais pas beaucoup de temps, j'improvisai quelque chose de rapide et de léger, qui suffit à calmer ma soudaine envie de lasagne, d'où le nom que je leur ai donné. La cuisson ne demande en effet que quelques instants et les ingrédients sont très faciles à réunir. J'aime en particulier le croquant et le goût que les oignons donnent à la sauce, alors que la ricotta ajoute une impression de crémeux, en même temps que la saveur du fromage, mais sans pour autant rendre le plat trop lourd. Pour le cuisiner, je préfère prendre des pâtes aux œufs, qu'il s'agisse de pappardelle, de fettuccine ou de tagliatelle.

Pour 4 à 6 personnes :
300 g d'oignons pelés
6 cl d'huile d'olive extra-vierge
1/4 de cuillerée à café de piment rouge
Plusieurs brins de persil plat, feuilles de laurier et de céleri, brins de romarin frais, liés en bottillon
750 g de tomates pelées au naturel ou en purée
Sel de mer
500 g de pâtes aux œufs, pappardelle, fettuccine ou tagliatelle
300 g de ricotta au lait entier, égouttée
3 cuillerées à soupe de persil plat ciselé

1. Coupez les oignons en deux dans la longueur. Posez chaque demi-oignon à plat sur la planche à découper et émincez-le finement. Il vous faut en tout environ 2 tasses d'oignons émincés.

2. Dans une poêle assez grande pour contenir toutes les pâtes en fin de préparation, mélangez les oignons émincés, l'huile, le piment, une pincée de sel et le bouquet garni. Remuez bien, puis faites cuire à découvert sur feu très doux pendant environ 10 minutes, en remuant de temps en temps jusqu'à ce que les oignons soient transparents.

3. Si vous utilisez des tomates entières, placez un moulin à légumes au-dessus de la poêle et réduisez les tomates en purée directement dans l'ustensile de cuisson.

Si vous prenez des tomates en purée, versez simplement celle-ci dans la poêle. Mélangez intimement et faites mijoter à découvert pendant 15 minutes jusqu'à ce que la sauce commence à épaissir. Goûtez pour rectifier l'assaisonnement. Retirez le bouquet garni.

4. Pendant ce temps, versez 6 litres d'eau dans une grande marmite et portez à ébullition. Ajoutez 3 cuillerées à soupe de sel et les pâtes. Remuez pour les empêcher de coller. Faites cuire jusqu'à ce qu'elles soient al dente. Égouttez-les à fond.

5. Versez les pâtes dans la poêle et mélangez. Ajoutez les trois quarts environ de la ricotta par petites cuillerées, mélangez à nouveau et couvrez. Laissez reposer feu éteint pendant 1 à 2 minutes pour permettre aux pâtes d'absorber la sauce. Mélangez à nouveau et répartissez les pâtes dans des assiettes creuses bien chaudes. Garnissez avec le reste de la ricotta et parsemez de persil. Servez aussitôt.

Vin conseillé :
proposez en même temps un Chianti classico.

Cheveux d'ange en sauce piquante au persil

Capellini d'angelo al prezzemolo

Les cheveux d'ange sont des pâtes aussi fines que les vermicelles. Servis avec cette sauce relevée à base de persil, d'ail, d'anchois et de jus de citron, ils sont simples et rapides à préparer. C'est l'un de mes plats favoris. Et peu importe la saison, car le persil est disponible sur le marché toute l'année. Je vous conseille cependant de cuisiner la sauce au dernier moment, car l'anchois, à la longue, aurait tendance à imposer son goût à tout le reste.

Pour 4 à 6 personnes :
Sel de mer
500 g de cheveux d'ange, capellini ou spaghetti très fins
25 cl de sauce piquante au persil (page 250)
1 ou 2 cuillerées à soupe d'huile d'olive extra-vierge

1. Versez 6 litres dans une grande marmite et portez à ébullition. Pendant que l'eau est en train de chauffer, posez un grand saladier sur la marmite pour le faire chauffer lui aussi. Lorsque l'eau bout, ajoutez 3 cuillerées à soupe de sel et les pâtes. Remuez pour les empêcher de coller et faites-les cuire jusqu'à ce qu'elles soient al dente. Égouttez-les.

2. Versez les pâtes égouttées dans le saladier chaud et ajoutez les trois quarts environ de la sauce. Mélangez pour bien les enrober de sauce. Couvrez pendant 1 minute pour permettre aux pâtes d'absorber la sauce. Répartissez dans des assiettes creuses bien chaudes, en rajoutant sur chaque portion une cuillerée de sauce. Servez aussitôt.

Vin conseillé :
avec cette sauce bien relevée, un vin blanc sec et bien frais s'impose.

Pâtes fraîches

Pâtes aux œufs frais

Pasta all' uovo

Aujourd'hui, on trouve sans difficulté des pâtes fraîches pratiquement partout, de sorte que la confection des pâtes « maison » devient une exception, même en ce qui me concerne. Mais il y a pourtant des cas – pour des lasagne par exemple – où il est bon de mettre la main à la pâte. Voici une recette traditionnelle qui devrait vous y inciter.

Pour 500 g de pâtes :
270 g de farine ordinaire
3 gros œufs légèrement battus, à température ambiante

À la main :
tamisez la farine en tas sur le plan de travail et faites une fontaine au milieu. Versez les œufs battus dans la fontaine. Avec une fourchette, mélangez la farine et les œufs pendant 3 minutes jusqu'à l'obtention d'une pâte molle qui commence à coller. Lorsque la pâte forme une masse consistante, mettez-la sur une planche légèrement farinée et pétrissez-la pendant 10 à 15 minutes jusqu'à ce qu'elle offre une texture lisse et élastique. Couvrez-la d'un torchon propre et laissez reposer pendant 1 heure.

Au robot :
tamisez la farine dans le bol mélangeur d'un robot. Actionnez l'appareil en ajoutant doucement les œufs battus (vous n'avez pas forcément besoin de tout mettre), jusqu'à ce que le mélange forme des boulettes grosses comme des pois. Arrêtez l'appareil avant que la pâte ne forme une grosse boule. Mettez la pâte sur une planche légèrement farinée et pétrissez-la pendant 10 minutes jusqu'à ce qu'elle offre une texture lisse et élastique. Couvrez d'un torchon propre et laissez reposer pendant 1 heure.

Le travail à la machine à pâtes :
partagez la boule de pâte en quatre portions égales et laissez les portions non utilisées couvertes d'un torchon propre. Réglez les rouleaux de la machine sur l'ouverture la plus large. Farinez légèrement une portion de pâte et passez-la une fois dans la machine. Repliez-la ensuite en trois, comme une lettre.

Appuyez dessus avec vos doigts pour amalgamer les couches de pâte entre elles et chasser l'air qui se trouve pris au milieu. Retournez la pâte de sorte que les plis ouverts soient pris entre les rouleaux et répétez les opérations précédentes huit fois de suite (en farinant légèrement si nécessaire).

Réglez les rouleaux plus serrés pour abaisser la pâte plus finement. Farinez légèrement la pâte, mais cette fois ne la pliez pas. Passez-la à nouveau dans la machine en réglant les rouleaux à chaque fois d'un degré en moins jusqu'à ce que la pâte offre la finesse désirée ; généralement, sur la plupart des machines, c'est le dernier ou l'avant-dernier cran.

Répétez toutes ces opérations avec les autres portions de pâte. Laissez ensuite reposer les abaisses de pâte pendant 15 minutes jusqu'à ce qu'elles soient légèrement rétractées, mais pas complètement sèches. Découpez-les alors selon le format désiré, à la main ou à la machine.

Tonnarelli à la roquette, aux tomates et au parmesan

Tonnarelli alla rughetta

Impossible de rater cette recette avec un quatuor de cette qualité : des pâtes fraîches maison, des feuilles de roquette au goût poivré, des tomates mûries au soleil et de généreux copeaux de vrai parmesan. Assurez-vous seulement que tous ces ingrédients sont de bonne qualité, comme de coutume ! Cette recette vient de l'*Arancio d'Oro*, un petit restaurant romain près de la via Condotti, fréquenté par les journalistes et les employés de bureau du voisinage. Bien que la sauce « crue » qui accompagne les pâtes semble faite pour les plats d'été, je l'ai goûtée en fait en décembre, par un jour de tempête, et je m'en suis trouvée revigorée de la tête aux pieds. À l'*Arancio d'Oro*, il s'agissait de tonnarelli. Vous pouvez prendre n'importe quelle variété de pâtes fraîches qu'il s'agisse de tagliarini assez minces, de tagliatelle plus larges ou de fettuccine en forme de rubans festonnés. Si vous ne trouvez pas de roquette, prenez à la place du cresson bien frais.

Pour 4 à 6 personnes :
Un morceau de 60 g de parmesan
100 g de feuilles de roquette lavées et essorées, grossièrement hachées ou ciselées
6 cl d'huile d'olive extra-vierge
125 g de tomates bien mûres, épépinées et concassées
3 cuillerées à soupe de gros sel de mer
500 g de pâtes fraîches, tonnarelli, fettuccine ou tagliatelle (voir page 145)
Sel de mer
Poivre noir du moulin

1. Versez 6 litres d'eau dans une marmite et portez à ébullition. Pendant que l'eau est en train de chauffer, posez un grand saladier sur la marmite pour le chauffer lui aussi.

2. Avec un couteau économe, taillez le parmesan en longs copeaux assez épais. (Lorsque le morceau de fromage devient trop petit, râpez le reste et mettez-le avec les copeaux.) Mettez la moitié du fromage directement dans le saladier. Ajoutez également la roquette, l'huile et les tomates, puis mélangez intimement.

3. Ajoutez le gros sel dans l'eau en train de bouillir, puis versez les pâtes et remuez pour les empêcher de coller. Laissez-les cuire jusqu'à ce qu'elle soient tendres, puis égouttez-les à fond.

4. Versez les pâtes égouttées dans le saladier, mélangez et assaisonnez largement. Répartissez les pâtes dans des assiettes creuses bien chaudes puis ajoutez en garniture le reste de fromage. Servez aussitôt en mettant le moulin à poivre sur la table.

Vin conseillé :
avec ces pâtes, j'ai bu un Dolcetto d'Alba jeune, un vin du Piémont dont le velouté est en parfaite harmonie avec ce plat, très délicat, en dépit de la saveur poivrée de la roquette.

Tagliarini en sauce au citron

Tagliarini al limone

> « Le but quand on boit du vin c'est de se trouver au contact avec l'une des influences maîtresses de la civilisation occidentale, de goûter la lumière solaire qu'emprisonne une bouteille, d'évoquer une pente pierreuse de Toscane. »
>
> John Mortimer,
> *Rumpole and the Blind Testing.*

Tout doré et rehaussé de touches vertes, ce plat évoque toujours pour moi le soleil et le printemps. Je l'ai goûté pour la première fois sur une table de choix, au *Grand Hôtel e la Pace*, aux thermes de Montecatini, dans les collines du nord de la Toscane, un lieu qui poursuit la tradition des villes d'eaux à l'ancienne. Depuis lors, je l'ai commandé bien des fois dans des restaurants partout en Italie. Chez moi, j'en prépare souvent une petite portion pour mon déjeuner, quand je n'ai pas beaucoup de temps, surtout en hiver, lorsque le froid et la grisaille font croire qu'on ne verra plus jamais le printemps. L'ajout de persil est indispensable, mais le fromage est facultatif. Ce plat demande des pâtes fraîches de bonne qualité, comme des tagliarini, un peu plus fins que des tagliatelle. Des pâtes sèches ne sauraient mettre suffisamment en valeur la simplicité élégante de cette sauce au citron.

Pour 4 à 6 personnes :

60 g de beurre à température ambiante
25 cl de crème fraîche épaisse
6 cl de jus de citron fraîchement pressé
Sel de mer
500 g de pâtes fraîches, tagliarini, tagliatelle ou fettuccine
Le zeste râpé de 3 citrons
3 cuillerées à soupe de persil plat ciselé
Parmesan râpé en condiment

1. Dans une poêle assez grande pour contenir toutes les pâtes en fin de préparation, mélangez le beurre, la crème et le jus de citron. Faites chauffer sur feu doux. Dès que le beurre est fondu, retirez la poêle du feu, couvrez et réservez.

2. Pendant ce temps, versez 6 litres d'eau dans une grande marmite et portez à ébullition. Ajoutez 3 cuillerées à soupe de gros sel et les pâtes, remuez pour les empêcher de coller. Laissez-les cuire jusqu'à ce qu'elles soient tendres. Égouttez-les en y laissant un peu d'eau de cuisson pour que la sauce se mélange bien.

3. Versez les pâtes dans la poêle, hors du feu, et mélangez intimement. Ajoutez le zeste des citrons râpé et mélangez encore une fois.

Couvrez et laissez reposer pendant 1 à 2 minutes pour permettre aux pâtes d'absorber la sauce. Répartissez les pâtes dans des assiettes creuses bien chaudes, garnissez de persil ciselé et servez aussitôt en proposant du fromage si vous le désirez.

Vin conseillé :
bien que le citron soit un parfum dominant dans ce plat, il n'exclut pas le vin, soit un blanc, Sauvignon ou Orvieto, soit un rouge, Nebbiolo ou Chianti.

🐖 Un zeste de vie

On appelle zeste la partie externe, très fine, sapide et odorante, du péricarpe des citrons et des autres agrumes. Il contient toutes les huiles essentielles du fruit. On le distingue de l'écorce proprement dite, la peau blanche qui sépare le zeste du fruit. Il fournit l'un des parfums les plus rafraîchissants du monde, dont les emplois sont innombrables.

Les citrons sont les agrumes préférés des Italiens. Leur arôme pétillant revient à intervalles réguliers dans les pâtes, les desserts et les sorbets. La majorité des citrons vient des régions méridionales les plus ensoleillées, comme la Sicile, mais on en trouve aussi dans le Nord, près du lac de Garde, non loin de la frontière suisse. Il existe même un village, sur ce lac, qui porte le nom de Limone. Des terrasses plantées d'arbres s'étendent sur les rives du lac où les citronniers prospèrent à l'abri d'immenses serres en verre.

Il existe plusieurs manières de retirer le zeste d'un agrume, qui demandent toutes de l'attention pour ne pas risquer de prendre en même temps la partie amère de l'écorce. Vous pouvez :

* soit frotter le fruit contre une râpe, côté petits trous ;
* soit prélever l'écorce du fruit avec un couteau économe et détailler celle-ci en fines languettes ;
* soit encore utiliser un zesteur, petit ustensile à main de la taille d'un couteau économe, qui a le grand avantage de prélever juste la partie extérieure de l'écorce en languettes extrêmement fines, qui donnent un parfum particulièrement subtil et délicat.

Ne prélevez le zeste qu'au dernier moment, juste avant de l'incorporer aux autres ingrédients, les huiles essentielles qui y sont contenues s'évaporant rapidement dès qu'elles sont en contact avec l'atmosphère.

Lasagne au pesto

Lasagne al pesto

La Ligurie est le berceau d'origine d'une des sauces italiennes les plus connues, le pesto, magnifique mélange de parfums où vibrent le basilic, l'ail et l'huile d'olive. L'emploi le plus traditionnel de cette sauce consiste à l'associer aux lasagne dans un plat bien plus léger que la version la plus courante de ces pâtes, généralement gratinées au four. Ici, les larges rectangles de pâte, frais ou secs, sont simplement intercalés de sauce : la méthode est d'une simplicité enfantine et le résultat succulent. J'en ai fait l'expérience un soir, dans une trattoria du port, à Santa Margherita.

Pour 6 personnes :
500 g de lasagnes fraîches (voir page 130) ou 6 feuilles de lasagne sèches
Sel de mer
18 cl de pesto (page 251)

1. Versez 6 litres d'eau dans une grande marmite et portez à ébullilion. Ajoutez 3 cuillerées à soupe de sel et les lasagne, en remuant délicatement pour les empêcher de coller. Laissez cuire les pâtes fraîches jusqu'à ce qu'elles soient al dente. (Pour les sèches, comptez 10 à 15 minutes de cuisson.) Égouttez-les à fond mais délicatement pour ne pas risquer de les casser.

2. Posez les lasagne égouttées sur une planche et coupez chaque morceau en deux. Mettez un rectangle dans le fond d'une assiette creuse bien chaude. Remuez bien la sauce et mettez-en une cuillerée à soupe sur le morceau de pâte en l'étalant avec le dos de la cuillère. Ajoutez deux autres morceaux de pâte en les garnissant chacun d'une cuillerée de sauce. Remplissez les autres assiettes de la même façon jusqu'à épuisement des ingrédients. Servez aussitôt.

Vin conseillé :
avec ce plat, j'aime un simple vin blanc italien comme le Pinot gris ou, pour changer, un Riesling du Tyrol.

Tajarin au beurre de romarin

Tajarin al burro aromatizzato

Lorsque j'ai vraiment très faim, c'est le plat qui me procure le plus de plaisir. Je l'ai découvert avec mon mari un jour ensoleillé de mai, aux *Tre Gallini* à Turin. *Tajarin* est le nom que les Piémontais donnent à des pâtes fraîches, voisines des tagliatelle que l'on trouve partout dans la région. La sauce qui les accompagne est si simple et d'une saveur si riche qu'elle fait complètement illusion. On ne croirait jamais qu'il s'agit seulement de beurre et de romarin frais. Aux *Tre Gallini,* ils font infuser le beurre fondu avec l'aromate, puis ils le passent, de sorte que les pâtes assaisonnées donnent l'impression d'être nature. Après avoir fait moi-même plusieurs expériences, je me suis aperçue que je préférais la sauce non passée. C'est une recette idéale pour stimuler l'imagination. Essayez par exemple d'utiliser un autre aromate, comme la sauge ou la sarriette. Mais quelle que soit l'herbe que vous prenez, surtout, hachez-la à la main. Si vous prenez un hachoir électrique, vous perdrez le goût de fraîcheur et tout le parfum. Comme les pâtes jouent ici le premier rôle, choisissez-les d'excellente qualité, cuisez-les juste à point et ne les égouttez pas trop. Le fromage est facultatif : parfois je préfère la grande simplicité du plat juste saucé de beurre au romarin, parfois un nuage de parmesan râpé est le bienvenu. Vous pouvez facilement adapter les proportions de la recette et la préparer pour une, deux ou huit personnes.

Pour 4 à 6 personnes :
80 g de beurre
3 à 4 cuillerées à soupe de romarin frais ciselé
Sel de mer
500 g de pâtes fraîches, tagliatelle ou fettuccine (page 130)
Parmesan fraîchement râpé (facultatif)

1. Dans une poêle assez grande pour contenir toutes les pâtes en fin de préparation, mélangez le beurre et le romarin. Faites chauffer sur feu doux. Dès que le beurre est fondu, retirez la poêle du feu et couvrez. Laissez infuser pendant 5 minutes.
2. Pendant ce temps, versez 6 litres d'eau dans une grande marmite et portez à ébullition. Ajoutez 3 cuillerées à soupe de gros sel et les pâtes. Remuez pour les empêcher de coller et laissez cuire jusqu'à ce qu'elles soient tendres.
Égouttez-les en laissant un peu d'eau pour que la sauce se mélange mieux.
3. Versez les pâtes dans la poêle, hors du feu, et mélangez intimement. Couvrez et laissez reposer pen-

dant 1 ou 2 minutes pour permettre aux pâtes de bien absorber la sauce. Répartissez les pâtes en sauce dans des assiettes creuses bien chaudes et servez aussitôt, avec du parmesan à part si vous le désirez.

Vin conseillé :
un vin blanc sec, Gavi di Gavi ou un rouge jeune et velouté, Dolcello d'Alba sont tous les deux excellents avec ce plat élégant.

Tagliatelle aux poivrons et au basilic

Tagliatelle con peperoni e basilico

J'ai découvert ce plat par un beau dimanche de juillet à Venise, dans un charmant petit restaurant de quartier, l'*Antica Besseta*. La minuscule salle à manger était presque entièrement occupée par une seule famille qui faisait honneur aux plats de pâtes et de poisson en poussant des cris de joie. J'aime beaucoup la pureté et la simplicité de ce plat haut en couleur : des pâtes dorées entremêlées de languettes de poivrons rouges, jaunes et verts. Le piquant du piment lui donne en outre un joli relief. L'assortiment des trois couleurs de poivrons est idéal, mais si vous ne trouvez que des rouges et des verts, le résultat sera aussi séduisant. Quel que soit votre choix, les proportions sont immuables : moitié pâtes et moitié poivrons, avec la touche de piment en plus. Pour un dîner, servez ce plat en entrée, suivi d'un poulet rôti ou d'une viande.

Pour 4 à 6 personnes :
2 poivrons rouges
2 poivrons jaunes
2 poivrons verts
6 cuillerées à soupe d'huile d'olive extra-vierge
1/2 cuillerée à café de piment rouge sec

Sel de mer
500 g de pâtes fraîches, fettuccine ou tagliatelle (page 130)
1/2 tasse de feuilles de basilic fraîches
Parmesan râpé (facultatif)

1. Préparation de la sauce : lavez les poivrons, coupez-les en deux, retirez les graines et les cloisons intérieures.

Retaillez chaque demi-poivron en languettes très minces. Si elles sont très longues, recoupez-les en deux. Versez l'huile dans une grande sauteuse, ajoutez les languettes de poivrons et le piment, salez légèrement et mélangez-les avec l'huile.

Faites cuire sur feu très doux pendant 40 minutes jusqu'à ce que les languettes de poivrons soient très tendres, en remuant de temps en temps.

Vous aurez peut-être besoin d'avoir recours à un diffuseur de chaleur, car les poivrons ne doivent roussir en aucun cas, sinon ils vont durcir. Attention à ne pas laisser réduire trop le jus, car il faut en avoir suffisamment pour rendre la sauce onctueuse.

(Vous pouvez faire cuire les poivrons plusieurs heures à l'avance et les réchauffer au moment de servir.)

2. Versez 6 litres d'eau dans une grande marmite et portez à ébullilion. Ajoutez 3 cuillerées à soupe de gros sel et les pâtes.

Remuez pour les empêcher de coller. Laissez-les cuire jusqu'à ce qu'elles soient tendres. Égouttez-les à fond.

3. Versez les pâtes égouttées dans la poêle, hors du feu, et mélangez intimement.

Couvrez et laissez reposer le tout pendant 1 à 2 minutes pour permettre aux pâtes d'absorber la sauce.

Répartissez dans des assiettes creuses bien chaudes.

Ciselez les feuilles de basilic et parsemez-les sur les pâtes. Servez aussitôt en proposant du parmesan râpé si vous le désirez.

Vin conseillé :
À l'*Antica Besseta*, nous avions bu un vin blanc de la région de Venise. Chez vous, prenez par exemple un bon Soave classico.

Tagliatelle en sauce tomate au beurre

Tagliatelle al pomodoro e burro

« L'Italie est tendre comme du macaroni bien cuit – des mètres et des mètres de tendresse et de douceur – tout est pris dans cet écheveau. »
  D. H. Lawrence, *Sea and Sardinia*, 1923.

Que peut-on imaginer de plus simple, et de plus universellement séduisant, qu'un plat de pâtes fraîches à la sauce tomate ? J'ai goûté ce chef-d'œuvre un soir à Milan, dans un petit restaurant familial, l'*Antica Trattoria della Pesa*. Ce plat prouve à quel point la banalité de la recette peut être métamorphosée par une fraîcheur extrême des produits.

C'est d'ailleurs aux convives eux-mêmes d'y mettre le point final en remuant leurs pâtes dans l'assiette pour favoriser la complète fusion du beurre dans la sauce tomate, ce qui sublime les arômes et les saveurs. Comme le beurre joue ici un rôle important, assurez-vous de sa toute première qualité et veillez à ce qu'il n'ait pas par mégarde absorbé de mauvaises odeurs dans le réfrigérateur.

Pour 4 à 5 personnes :
6 cl d'huile d'olive extra-vierge
2 belles gousses d'ail émincées
Sel de mer
750 g de tomates pelées au naturel ou en purée
500 g de pâtes fraîches, tagliatelle ou fettuccine (page 130)

60 g de beurre à température ambiante
1/4 de tasse de persil plat ciselé
Parmesan râpé (facultatif)

1. Préparez la sauce : dans une poêle assez grande pour contenir toutes les pâtes en fin de préparation, versez l'huile, ajoutez l'ail et une pincée de sel en remuant bien, puis faites cuire pendant 2 à 3 minutes sur feu modéré jusqu'à ce que l'ail commence à dorer, sans roussir.

Si vous prenez des tomates entières, posez un moulin à légumes sur la poêle et réduisez les tomates en purée directement dans l'ustensile de cuisson.

Si vous prenez des tomates en purée, versez celle-ci directement dans la poêle. Mélangez intimement et faites mijoter à découvert pendant environ 15 minutes jusqu'à ce que la sauce commence à épaissir.

2. Pendant ce temps, versez 6 litres d'eau dans une grande marmite et portez à ébullition. Ajoutez 3 cuillerées à soupe de sel et les pâtes, remuez pour les empêcher de coller. Laissez-les cuire jusqu'à ce qu'elles soient tendres, puis égouttez-les à fond.

3. Versez les pâtes dans la poêle, hors du feu, et mélangez intimement. Couvrez et laissez reposer pendant 1 à 2 minutes pour permettre aux pâtes d'absorber la sauce.

Répartissez dans des assiettes creuses bien chaudes et posez une noix de beurre sur chaque portion. Parsemez de persil ciselé et servez aussitôt. Proposez du parmesan si vous le désirez.

Vin conseillé :
servez en même temps un vin rouge assez corsé, en harmonie avec la sauce tomate, un bon Chianti ou un Montepulciano d'Abruzzo.

Tagliatelle au jambon et aux artichauts

Taglia telle al prosciutto con carciofi

Rapide à confectionner et substantiel à déguster, ce plat de pâtes aux œufs luxueusement garni d'un bon jambon et de fromage, avec le complément original des artichauts, me semble être la solution idéale quand on imagine que les pâtes, finalement, c'est toujours la même chose. Comme souvent avec les pâtes fraîches, si délicieusement fondantes, la sauce ne joue pas le premier rôle. Nous avons découvert cette recette un beau soir de mai près de Sienne, à la *Certosa di Maggiano*, une ancienne chartreuse du XIVe siècle.

Pour 4 personnes en entrée ou 2 en plat principal :
2 cuillerées à soupe d'huile d'olive extra-vierge
1 tomate moyenne pelée, épépinée, coupée en quartiers et taillée en languettes
Sel de mer
75 g de jambon en tranches fines, taillées en languettes
2 petits artichauts marinés à l'huile (page 31), égouttés et taillés en bâtonnets
250 g de pâtes fraîches, tagliatelle ou fettuccine (page 130)
25 g de parmesan
Poivre noir du moulin
1/4 de tasse de persil plat ciselé

1. Dans une poêle assez grande pour contenir toutes les pâtes en fin de préparation, faites chauffer l'huile sur feu modéré. Quand elle est bien chaude, ajoutez la tomate et une pincée de sel ; faites cuire pendant 2 minutes jusqu'à ce que le liquide soit presque entièrement réduit. Ajoutez le jambon et les artichauts, continuez la cuisson 2 minutes de plus, jusqu'à ce que le jambon commence à dorer.

2. Pendant ce temps, versez 3 litres d'eau dans une grande marmite et portez à ébullition. Ajoutez 1 cuillerée à soupe 1/2 de gros sel et les pâtes. Remuez pour les empêcher de coller. Laissez-les cuire jusqu'à ce qu'elles soient tendres. Égouttez-les à fond.

3. Versez les pâtes dans la poêle, puis mélangez rapidement et délicatement avec deux fourchettes. Ajoutez le fromage, poivrez généreusement et mélangez à nouveau. Ajoutez enfin le persil et remuez encore une fois. Répartissez dans des assiettes creuses bien chaudes et servez aussitôt, en proposant du parmesan et du poivre du moulin.

Vin conseillé :
un bon vin rouge, comme le Chianti classico.

Tagliatelle aux courgettes et au persil

Tagliatelle con zucchini al prezzemolo

L'or des pâtes aux œufs et le vert vif des courgettes et du persil : quel accord magnifique, évocateur de belles journées d'été en chapeau de paille et tenue décontractée. Cette préparation n'est pas difficile mais requiert toute votre attention à la dernière minute : les pâtes cuites à point et bien égouttées sont aussitôt mélangées avec les courgettes, pour que celles-ci restent bien croquantes et parfumées. C'est une entrée rapide idéale, à faire suivre de côtelettes d'agneau grillées ou d'un simple poulet rôti. Je l'ai goûtée un jour de printemps dans une petite rue de Sienne, à *La Vecchia Taverna di Bacco,* où les pâtes aux œufs avaient des reflets dorés.

Pour 4 à 6 personnes :
750 g de courgettes bien fraîches, lavées et parées (ne les pelez pas)
8 cl d'huile d'olive extra-vierge
Sel de mer et Poivre noir du moulin
380 g de pâtes fraîches, tagliatelle ou fettuccine (page 130)
1 tasse de persil plat ciselé – parmesan râpé (facultatif)

1. Coupez les courgettes en quatre dans la longueur, puis taillez ces tronçons en fines tranches.

2. Faites chauffer l'huile sur feu modéré dans une grande poêle. Lorsque l'huile est bien chaude, avant qu'elle ne fume, ajoutez les courgettes et faites-les sauter pendant 3 à 4 minutes, en remuant vivement la poêle pour bien mélanger, jusqu'à ce que les courgettes soient légèrement dorées.

Elles doivent rester fermes et croquantes, sans se ramollir. Salez et poivrez largement.

Tenez au chaud.

3. Pendant ce temps, versez 6 litres d'eau dans une grande marmite et portez à ébullition. Ajoutez 3 cuillerées à soupe de gros sel et les pâtes. Remuez pour les empêcher de coller. Laissez-les cuire jusqu'à ce qu'elles soient tendres. Égouttez-les à fond.

4. Versez les pâtes dans la poêle et, avec deux fourchettes, mélangez-les intimement avec les courgettes.

Ajoutez le persil et mélangez à nouveau. Goûtez et rectifiez l'assaisonnement, répartissez dans des assiettes creuses bien chaudes.

Servez aussitôt, en proposant du parmesan râpé si vous le désirez.

Vin conseillé :
un vin blanc léger comme le Sauvignon, un Soave ou un Verdicchio.

Tagliatelle au crabe

Tagliatelle al granchio

Riche, élégant, sophistiqué même, ce plat de pâtes aux nuances d'ivoire n'est guère du style que l'on attend d'une cuisine de «petit restaurant». Mais si l'on pense que je l'ai découvert à Venise, la ville la plus élégante d'Italie, cela s'explique. C'est une spécialité de Nereo Volpe, propriétaire de l'*Antica Besseta,* une minuscule trattoria fréquentée par des habitués doués d'un solide appétit. Ce qui me frappe dans ce plat, c'est la simplicité de la préparation, qui demande trois ingrédients seulement : du crabe, des pâtes et de la crème fraîche. Comme c'est un plat très riche, la demi-livre de pâtes est largement suffisante, surtout pour une entrée ou même un plat principal raffiné.

Pour 4 personnes :
Sel de mer
250 g de pâtes fraîches, tagliatelle ou fettuccine (page 130)
250 g de chair de crabe frais, égouttée et effeuillée
25 cl de crème fraîche
1/4 de tasse de persil plat ou de basilic ciselé
Poivre noir du moulin

1. Versez 3 litres d'eau dans une grande marmite et portez à ébullition. Ajoutez 1 cuillerée 1/2 de sel et les pâtes. Remuez pour les empêcher de coller. Laissez-les cuire jusqu'à ce qu'elles soient tendres. Égouttez-les soigneusement.

2. Pendant ce temps, dans une casserole assez grande pour contenir toutes les pâtes en fin de préparation, faites chauffer la crème sur feu doux. Ajoutez la chair de crabe et mélangez délicatement. Laissez sur le feu pendant une minute, juste le temps de réchauffer le crabe.

3. Versez les pâtes dans la casserole et mélangez-les, avec deux fourchettes, à la sauce crème au crabe, toujours sur feu doux. Répartissez dans des assiettes creuses bien chaudes, parsemez de persil ou de basilic et servez aussitôt, en posant le moulin à poivre sur la table.

(Traditionnellement, ce plat est servi sans parmesan.)

Vin conseillé :
ce plat demande un vin blanc assez doux, bien doré, comme le Pinot gris ou un bon Chardonnay.

☞ À la recherche du bon crabe
C'est du crabe frais qu'il faut pour ce plat, non pas du crabe en boîte ou surgelé. Les crustacés sont cuits entiers, puis soigneusement décortiqués. La chair est

ensuite condîtionnée en paquets et vendue comme de la chair de crabe fraîche, en semi-conserve. C'est un produit de luxe, d'une saveur douce, pratiquement du même goût qu'un crustacé acheté entier et que l'on cuit soi-même. On trouve aujourd'hui dans les grandes surfaces ou chez certains poissonniers cette chair de crabe excellente, que l'on peut conserver au réfrigérateur pendant 6 mois. Ne prenez pas de crabe en boîte : il est presque aussi cher que le crabe frais ou en semi-conserve, mais d'une texture moins tendre et surtout beaucoup plus fade.

Tagliatelle à la roquette en sauce à l'ail

Tagliatelle con rughetta

C'était un beau soir d'été, au mois d'août, et je sillonnais avec des amis le petit village de Lazise, sur le lac de Garde, à la recherche du restaurant idéal pour dîner. C'était comme un défi : pouvait-on deviner la qualité du menu simplement en examinant les lieux de l'extérieur ? Ayant réduit le choix à trois restaurants, j'en élus un sur le port. Après avoir fait honneur à l'assortiment des antipasti, nous avons commandé plusieurs plats de pâtes. Pour ma part, je choisis ces tagliatelle à la roquette, qui sont devenues chez moi une de mes spécialités favorites. Veillez à bien équeuter la roquette, sinon la sauce sera trop grossière. N'oubliez pas que la roquette, une fois cuite, perd de son piquant et de son goût poivré. C'est avec des pâtes fraîches aux œufs « maison » que ce plat est vraiment délicieux. Si la sauce peut être préparée avec un robot, hachez de préférence l'ail à la main.

Pour 4 à 6 personnes :
4 belles gousses d'ail émincées
Sel de mer
45 g de feuilles de roquette lavées et essorées
25 cl de crème fraîche
500 g de pâtes fraîches tagliatelle ou fettuccine (page 130)
60 g de parmesan râpé

1. Mettez dans le bol du robot l'ail émincé, une pincée de sel et la roquette. Réduisez rapidement le tout en purée grossière. Ajoutez la crème fraîche et actionnez encore une fois le robot.
Goûtez pour rectifier l'assaisonnement. Réservez.
2. Versez 6 litres d'eau dans une grande marmite et portez à ébullition. Pendant que l'eau est en train de chauffer, posez un grand saladier sur la marmite pour le faire chauffer lui aussi. Lorsque l'eau bout, ajoutez 3 cuillerées à soupe de gros sel et les pâtes. Remuez pour les empêcher de coller. Laissez-les cuire jusqu'à ce qu'elles soient tendres mais encore un peu fermes. Égouttez-les à fond.
3. Juste avant de servir, versez la sauce à la roquette dans le saladier chaud, ajoutez le parmesan et mélangez intimement. Ajoutez ensuite les pâtes égouttées et remuez délicatement mais à fond. Répartissez dans les assiettes creuses bien chaudes et servez aussitôt.

Vin conseillé :
avec cette sauce à base de crème fraîche, c'est un vin blanc qu'il faut choisir, Orvieto ou Frascati.

Tagliatelle aux cèpes

Tagliatelle alla boscaiola

Ce plat de pâtes succulent, richement parfumé de parfums de sous-bois évoque pour moi une froide soirée d'hiver au coin du feu, avec un groupe d'amis à l'appétit solide. C'est une entrée parfaite, suivie d'un poulet rôti et d'une salade verte bien croquante.

Pour 4 personnes :
45 g de cèpes séchés en lamelles
50 cl d'eau bouillante
60 g de pancetta ou de jambon taillé en languettes

1 échalote pelée et émincée
2 cuillerées à soupe d'huile d'olive extra-vierge
Sel de mer
Poivre noir du moulin
25 cl de crème fraîche épaisse
Noix de muscade fraîchement râpée
250 g de pâtes fraîches, tagliatelle ou fettuccine (page 130)
Parmesan râpé (facultatif)

1. Mettez les cèpes dans une jatte et versez l'eau bouillante dessus. Laissez-les tremper pendant au moins 30 minutes, mais de préférence 2 heures. Avec vos mains, égouttez-les en les pressant pour éliminer le plus d'eau possible. Rincez-les ensuite sous le robinet jusqu'à ce qu'ils soient bien propres. S'ils contiennent encore un peu de terre, grattez-la avec un couteau pointu. Épongez-les ensuite sur du papier absorbant. Si les lamelles de cèpes sont très grandes, hachez-les grossièrement. Mettez les cèpes dans un bol et réservez. Passez le liquide de trempage, très parfumé, à travers plusieurs épaisseurs de mousseline mouillée et essorée. Réservez.

2. Dans une grande sauteuse, mélangez la pancetta, l'échalote, l'huile, salez et poivrez. Faites cuire sur feu modéré pendant 3 à 4 minutes, jusqu'à ce que l'échalote soit dorée et translucide. Ajoutez les champignons et continuez à faire cuire pendant 3 à 4 minutes, jusqu'à ce que les champignons dégagent leur parfum. Ajoutez la crème fraîche et la noix de muscade, faites cuire pendant encore 2 minutes, puis versez le liquide de trempage des cèpes. Faites cuire sur feu très doux (avec un diffuseur) 20 à 25 minutes en remuant régulièrement jusqu'à ce que la sauce ait réduit et prenne une consistance de crème épaisse. Ne laissez pas trop cuire sinon elle risque de devenir trop dense pour enrober les pâtes.

3. Pendant ce temps, versez 6 litres d'eau dans une grande marmite et portez à ébullition. Ajoutez 3 cuillerées à soupe de gros sel et les pâtes. Remuez pour les empêcher de coller. Laissez-les cuire jusqu'à ce qu'elles soient tendres. Égouttez-les soigneusement.

4. Versez les pâtes égouttées dans la sauteuse et mélangez intimement. Retirez du feu, couvrez et laissez reposer pendant 1 à 2 minutes pour permettre aux pâtes d'absorber la sauce. Répartissez dans des assiettes creuses bien chaudes et servez aussitôt, en proposant en même temps du parmesan râpé si vous le désirez.

Vin conseillé :
si vous aimez le vin blanc, prenez un Chardonnay assez corsé. Pour ma part, je préfère un bon vin rouge, Chianti riserva par exemple.

Lasagne au gratin à la mozzarella

Pasta al forno Trattoria Diva

C'était en Toscane un jour de printemps. Après une longue matinée d'interviews, nous arrivâmes à la *Trattoria Diva*, dans le village de Montepulciano, alors que la faim nous tenaillait littéralement. Il était presque deux heures de l'après-midi et après avoir attendu un quart d'heure pour une table, nous avons commandé pratiquement tous les plats de pâtes du menu. Le patron, un peu grognon, mais néanmoins prévenant, ne savait plus où donner de la tête, nous apportant tantôt une corbeille de bonnes tranches de pain toscan, tantôt une bouteille de Montepulciano 1986 de la Fattoria del Cerro, un vin rouge aux reflets sombres, profond et bien charpenté. Le plat du jour était tout simplement la *pasta al forno*, le gratin de lasagne le plus succulent que l'on puisse imaginer ; de fines feuilles de pâtes aux œufs intercalées d'une sauce tomate à la viande inoubliable de légèreté, le tout garni de mozzarella. Ce chef-d'œuvre me donnait envie de rentrer tout de suite à la maison et de sortir ma machine à pâtes du placard. Après avoir hésité à en redemander, nous vîmes arriver de grands saladiers pleins de cerises fraîchement cueillies. Nous ne pouvions plus avaler une bouchée.

Une fois rentrée à la maison, je sortis ma machine à pâtes et je refis ce gratin, mais je m'aperçus que je préférais, entre les feuilles de lasagne, une sauce tomate à la crème et non à la viande. Mais toutes les sauces tomates, quelles qu'elles soient, conviennent parfaitement.

Ce plat est relativement long à préparer, mais il n'est pas difficile et il vaut vraiment la peine qu'on se donne pour le faire. En quinze ans de mariage, c'est le plat qui m'a fait dire à mon mari : « Tu devrais mieux apprécier le travail qu'il représente. » Il en convint et désormais c'est lui qui réclame les « lasagne fraîches ». Car il est vrai que tout leur charme vient de la légèreté de la pâte aux œufs nappée d'une sauce tout aussi délicate. Rien à voir avec les feuilles de lasagne sèches et épaisses. Notez par ailleurs que le plat est encore meilleur si les lasagne sont découpées en rectangles assez petits.

Pour 6 à 8 personnes :
Beurre pour le plat de cuisson au four
Le zeste râpé d'un citron
1 cuillerée à soupe d'huile d'olive extra-vierge
Sel de mer
500 g de pâte aux œufs fraîche (page 130) aussi fine que possible, découpée en rectangles de 9 x 12 cm
1 litre de sauce tomate à la crème (page 249)
250 g de mozzarella coupée en fines tranches

1. Préchauffez le four à 175 °C (thermostat 4-5).
2. Beurrez un plat à four de 23 x 36 cm et saupoudrez-le de zeste de citron râpé.
3. Précuisez les lasagne : versez 2 litres d'eau froide dans un grand saladier et ajoutez l'huile d'olive ; par ailleurs versez 6 litres d'eau dans une marmite et portez à ébullition ; ajoutez 3 cuillerées à soupe de gros sel et faites glisser 4 ou 5 rectangles dans l'eau en pleine ébullition.

Couvrez et laissez cuire 1 minute. Avec une écumoire, retirez les rectangles

de pâte et mettez-les dans l'eau froide pendant 30 secondes, pour stopper la cuisson.
(Ne prenez pas d'eau glacée, sinon vous aurez des trous dans la pâte.) Égouttez les lasagne sur un torchon propre et faites précuire de la même façon tous les autres rectangles de pâte.

4. Versez environ 12 cl de sauce dans le fond du plat. Posez par-dessus 4 rectangles de pâte.
Continuez à remplir le plat en intercalant les rectangles de pâte et la sauce jusqu'à épuisement des ingrédients, en terminant par des lasagne. Disposez sur le dessus les tranches de mozzarella.

5. Mettez le plat dans le four, à mi-hauteur, et faites cuire pendant environ 20 minutes jusqu'à ce que le fromage soit fondu et que le contenu du plat commence à grésiller. Retirez le plat du four et laissez reposer 10 minutes avant de le découper en portions. Comme la préparation est assez liquide, je vous conseille de servir les lasagne avec une spatule ajourée.

Vin conseillé :
avec la sauce tomate à la crème, je vous conseille un vin blanc comme le Soave classico.

Fettuccine au beurre et au parmesan

Fettuccine al burro e parmigiano

« *Il faut rendre tout aussi simple que possible, mais pas plus simple.* »
   Albert Einstein

Lorsque je suis fatiguée et que j'ai vraiment très faim, que mon garde-manger est presque aussi vide que mon réfrigérateur, c'est le genre de recette de pâtes qui me vient à l'esprit. Moelleux, appétissant, rapide et simple, ce plat de fettuccine est un vrai bonheur quand on dîne tard, en tête-à-tête ou entre amis. Le plat est meilleur avec des pâtes fraîches mais, en cas d'urgence, n'hésitez pas à prendre des tagliatelle ou des fettuccine sèches.

Pour 4 à 6 personnes :
Sel de mer
500 g de pâtes fraîches (page 130) ou sèches, tagliatelle ou fettuccine
125 g de beurre à température ambiante
250 g de parmesan râpé
Poivre noir du moulin

1. Versez 6 litres d'eau dans une grande marmite et portez à ébullition. Lorsque l'eau est en train de chauffer, posez un grand saladier sur la marmite pour le faire chauffer lui aussi. Lorsque l'eau bout ajoutez 3 cuillerées à soupe de gros sel et les pâtes. Remuez pour les empêcher de coller. Laissez-les cuire jusqu'à ce qu'elles soient tendres, mais encore un peu croquantes. Égouttez-les à fond.

2. Versez-les dans le plat chaud, ajoutez le beurre et remuez à fond. Ajoutez la moitié du parmesan et mélangez à nouveau. Répartissez les pâtes dans des assiettes creuses bien chaudes et saupoudrez avec le reste de parmesan. Servez aussitôt, en proposant du poivre du moulin.

Vin conseillé :
j'aime bien ces pâtes au beurre et au parmesan avec un vin blanc bien corsé, comme le Vernaccia de San Gimignano de Teruzzi & Puthod, ou un Sauvignon de bonne qualité.

Gratin de tagliatelle au citron

Pasta al forno

Neuf fois sur dix, les gratins de pâtes sont très décevants. Pourquoi ? Ils sont toujours trop secs, la sauce est brûlée ou trop cuite, les pâtes desséchées sur le dessus et pas assez cuites en dessous. Pour réussir un gratin de pâtes bien moelleux, servi chaud et odorant, il suffit de respecter une règle, toujours la même en cuisine : faites attention aux détails. Aucun truc ou tour de main n'entre en compte ici. Veillez simplement à préparer une sauce blanche irréprochable, pas trop épaisse. N'égouttez pas trop les pâtes une fois cuites. Le meilleur gratin de pâtes que j'aie jamais goûté – la pasta al forno – est celui de Pierro Giannacci, du restaurant le *Quattro Stagioni,* à Florence.

J'ai passé toute une matinée avec lui et sa brigade dans sa minuscule cuisine ronflante d'activité : plusieurs sortes de pâtes étaient en train de cuire, un garçon faisait frire un mélange de courgettes et d'artichauts, tandis que sortaient du four les effluves d'épaisses côtes de veau en train de rôtir. L'un des plats du jour était le gratin de pâtes. L'astuce du chef Giannacci est d'utiliser des taglioni (des tagliatelle plus minces) disposés dans un grand plat rectangulaire avec une sauce blanche exquise et une sauce à la viande succulente, le tout garni de parmesan fraîchement râpé. Les pâtes aux œufs de fin diamètre – sèches ou fraîches – conviennent mieux pour le gratin et se dessèchent moins que les traditionnelles lasagne ou les penne. Le résultat est magnifique : un gratin qui superpose en sandwich des pâtes bien tendres, une sauce blanche parfumée et une sauce à la viande bien riche, relevé du piquant du parmesan fraîchement râpé.

Pour 6 à 8 personnes :
Beurre pour le plat à gratin
Le zeste râpé d'une orange
Sel de mer

500 g de pâtes fraîches (page 130), tagliatelle ou fettuccine (ou à défaut des pâtes sèches)
75 cl de sauce à la viande (page 256)
50 cl de sauce blanche chaude (page 258)
250 g de parmesan râpé

1. Préchauffez le four à 150 °C (thermostat 4-5).
2. Beurrez un plat à gratin de 23 x 36 cm et parsemez le fond de zeste d'orange râpé. Réservez.
3. Versez 6 litres d'eau dans une marmite et portez à ébullition. Ajoutez 3 cuillerées à soupe de gros sel et les pâtes. Remuez pour les empêcher de coller. Laissez cuire jusqu'à ce qu'elles soient tendres. Égouttez-les en laissant encore un peu d'eau dans les pâtes.
4. Étalez le tiers des pâtes égouttées dans le plat en une couche régulière. Versez dessus la moitié de la sauce à la viande, ajoutez encore un tiers des pâtes, puis toute la sauce blanche et la moitié du fromage râpé.
Recouvrez le tout avec le reste des pâtes et nappez-les du reste de la sauce à la viande. Parsemez du reste de parmesan.
5. Mettez le plat dans le four à mi-hauteur et laissez cuire pendant 15 à 20 minutes jusqu'à ce que le fromage soit fondu et le contenu du plat grésillant. Sortez le plat du four. Servez aussitôt en prélevant des portions avec une spatule assez large.

Vin conseillé :
un vin blanc sec, Pinot gris par exemple.

🐖 Un parfum d'agrumes dans les gratins de pâtes ou le riz

J'adore littéralement le parfum profond et pénétrant des zestes d'agrumes, qu'il s'agisse de citron, de citron vert ou d'orange. Un jour en feuilletant un magazine de cuisine italien, j'ai trouvé ce conseil dans le courrier des lecteurs : pour parfumer vos gratins, beurrez le plat à gratin, puis parsemez le fond de zeste de citron ou d'orange râpé. Le gratin est ensuite imprégné à la sortie du four de l'arôme subtil du fruit, ce qui donne une touche spéciale aux recettes modernes ou aux vieux plats traditionnels. Désormais, chaque fois que je fais cuire au four des pâtes ou du riz, je n'oublie jamais le citron ou l'orange.

Riz et polenta

Risotto au citron

Risotto al limone

Crémeux et jaune pâle, le risotto évoque plutôt une cuisine d'hiver, mais l'ajout de fines herbes et de citron en fait en revanche un plat printanier et rafraîchissant. Cette recette m'a été inspirée par Roberto Fontana, du restaurant *Casa Fontana* à Milan, qui propose vingt-trois risottos différents tout au long de l'année. Il existe trois règles de base pour réussir un risotto : ne pas trop ajouter de liquide à la fois, ne pas rajouter de liquide avant que ne soit absorbée la quantité précédente, enfin remuer, remuer et remuer encore.

Pour 4 à 6 personnes :
1,25 litre de bouillon de volaille, de préférence maison (page 259)
Un brin de menthe fraîche
Un brin de romarin frais
Un brin de sauge fraîche
Le zeste râpé d'un citron
60 g de beurre
1 cuillerée à soupe d'huile d'olive extra-vierge
2 échalotes émincées
Sel de mer
270 g de riz italien arborio
3 cuillerées à soupe de jus de citron fraîchement pressé
60 g de parmesan fraîchement râpé
Parmesan râpé en condiment

1. Versez le bouillon de volaille dans une casserole et faites-le chauffer. Tenez-le juste frémissant pendant que vous préparez le risotto.

2. Effeuillez les brins de fines herbes. Mélangez les feuilles et le zeste de citron, puis hachez le tout finement avec un grand couteau de cuisine. Réservez.

3. Mettez 2 cuillerées à soupe de beurre, l'huile et les échalotes dans une grande casserole à fond épais. Faites cuire sur feu modéré en remuant pendant 3 minutes jusqu'à ce que les échalotes soient translucides. (Ne pas les laisser roussir.)

Ajoutez le riz et remuez avec une spatule pour que tous les grains soient bien enrobés de matière grasse ; faites-les cuire pendant 1 à 2 minutes, jusqu'à ce qu'ils deviennent translucides et brillants. (Cette opération est très importante pour obtenir un bon risotto : la chaleur et la matière grasse empêchent les grains de riz de se coller entre eux, ce qui garantit en fin de cuisson une consistance crémeuse.)

4. Lorsque le risotto est devenu translucide et brillant, arrosez-le avec une louche de bouillon. Ajoutez peu à peu du bouillon et remuez jusqu'à absorption presque complète. Réglez le feu pour entretenir des frémissements réguliers. Le riz doit cuire doucement en étant toujours recouvert par une fine couche de bouillon. Continuez à ajouter du bouillon, louche par louche, en remuant souvent et en goûtant régulièrement, pendant une durée de 17 minutes de cuisson au total, jusqu'à ce que le riz soit cuit mais encore un peu ferme sous la dent. Le risotto doit avoir une consistance crémeuse.

5. Retirez la casserole du feu et incorporez le reste de beurre, le zeste de citron et les fines herbes hachées, ainsi que le parmesan. Couvrez et laissez reposer hors du feu pendant 2 minutes pour permettre aux parfums de se mélanger. Goûtez pour rectifier l'assaisonnement.

Répartissez dans des assiettes creuses chaudes et servez aussitôt en proposant du parmesan râpé à part. Tout comme le soufflé, le risotto n'attend pas.

Vin conseillé :
avec ce plat, proposez un vin blanc doré, le Vernaccia de San Gimignano en Toscane.

Risotto aux tomates et au parmesan

Risotto alla cardinale

Rutilant et nourrissant, ce risotto de fête, baptisé d'après la couleur rouge de la robe des cardinaux, est parfait en plat de résistance quand on aime le riz. La recette m'en a été donnée par Walter Tripoli, le chef du restaurant *La Frateria di Padre Eligio*, à Cetona, en Toscane, installé dans un ancien monastère restauré.

Pour 6 à 8 personnes :
1 litre environ de bouillon de volaille ou de légumes, de préférence maison (pages 259 et 260)
50 cl de sauce tomate (page 246)
60 g de beurre
2 cuillerées à soupe d'huile d'olive extra-vierge
1 échalote émincée
4 feuilles de laurier, fraîches de préférence
Sel de mer
360 g de riz italien arborio
60 g de parmesan râpé
Parmesan râpé en condiment

1. Versez le bouillon dans une grande casserole, ajoutez la sauce tomate et mélangez, faites chauffer. Tenez-le juste frémissant pendant que vous préparez le risotto.

2. Mélangez 2 cuillerées à soupe de beurre et l'huile dans une grande casserole à fond épais, ajoutez l'échalote, les feuilles de laurier et salez. Faites cuire sur feu modéré pendant 3 minutes en remuant jusqu'à ce que l'échalote soit translucide. (Ne la laissez pas roussir.) Ajoutez le riz et remuez avec une spatule pour que tous les grains soient bien enrobés de matière grasse, faites cuire, pendant 1 à 2 minutes, jusqu'à ce qu'ils deviennent translucides et brillants. Cette opération est importante : la chaleur et la matière grasse empêchent les grains de coller ensemble et garantit la consistance crémeuse du risotto.

3. Lorsque le risotto est devenu brillant et translucide, arrosez-le avec une louche de liquide bouillant. Le récipient de cuisson va se mettre à grésiller.

Remuez sans arrêt en laissant cuire pendant 1 à 2 minutes jusqu'à ce que le bouillon soit presque entièrement absorbé. Réglez le feu pour entretenir des frémissements réguliers.

Le riz doit cuire tout doucement et doit toujours être recouvert d'une fine couche de liquide. Continuez à ajouter du bouillon chaud en remuant constamment et en goûtant régulièrement : le temps de cuisson total est de 17 minutes, le riz devant être presque tendre mais encore un peu ferme sous la dent. Le risotto doit avoir une consistance crémeuse.

4. Retirez la casserole du feu et incorporez en remuant le reste de beurre ainsi que le fromage râpé. Couvrez et laissez reposer pendant 2 minutes hors du feu pour que les parfums se mélangent et que le riz finisse de cuire. Goûtez pour rectifier l'assaisonnement. Retirez les feuilles de laurier et jetez-les.

Répartissez le risotto dans des assiettes creuses bien chaudes et servez aussitôt en proposant du parmesan râpé à part.

Vin conseillé :

avec ce plat, j'aime bien un rouge assez corsé, comme le Gattinara, le Barbaresco ou un Chianti riserva.

La dégustation du risotto

Si vous croyez que le rituel du risotto en Italie ne concerne que sa préparation et sa cuisson, attendez d'assister à sa dégustation ! Les gourmets ont prévu à cet égard une véritable étiquette. Le risotto cuit doit toujours être servi en dôme, presque bouillant, dans des assiettes creuses bien chaudes. Pour le déguster, prenez une fourchette et, en partant des flancs extérieurs du monticule, poussez les grains de riz vers le pourtour de l'assiette. Continuez de la même façon en progressant tout autour du monticule. Cette présentation en dôme permet de garder au chaud le centre, alors que vous êtes en train de déguster le tour du risotto. Certains puristes milanais, grands amateurs de risotto, recommandent même la cuillère à la place de la fourchette.

Risotto au safran

Risotto alla milanese

La garniture traditionnelle de l'osso buco, ces rouelles de jarret de veau braisées avec des aromates, n'est autre que le risotto au safran, l'un des plats les plus élégants du monde, à l'appétissante texture crémeuse et dont les nuances dorées sont si séduisantes. Il m'arrive, pour un dîner informel, de servir le risotto tout seul, en plat de résistance. Pour cette recette, choisissez vraiment la meilleure qualité de safran possible, car la quantité est très modeste, juste pour la couleur et la touche de parfum.

Pour 4 à 6 personnes :
1,25 litre de bouillon de volaille, de préférence maison (page 259)
1 pincée de safran en filaments (1/4 de cuillerée à café environ)
60 g de beurre
1 cuillerée à soupe d'huile d'olive extra-vierge
2 échalotes émincées
Sel de mer
270 g de riz italien arborio
60 g de parmesan fraîchement râpé
Parmesan râpé en condiment

1. Versez le bouillon dans une grande casserole et faites-le chauffer. Tenez-le juste frémissant pendant que vous préparez le risotto.

2. Prélevez 12 cl de bouillon et versez-le dans un bol mélangeur à bec verseur, ajoutez le safran et laissez infuser.

3. Mélangez 2 cuillerées à soupe d'huile dans une grande casserole à fond épais, ajoutez les échalotes, salez et faites chauffer sur feu modéré.

Faites cuire pendant environ 3 minutes jusqu'à ce que les échalotes soient translucides. Ne les laissez pas roussir. Ajoutez le riz et remuez les grains pendant 1 à 2 minutes pour bien les enrober, les rendre brillants et translucides.

(Cette opération est importante pour obtenir un bon risotto : la chaleur et la matière grasse empêchent les grains de se coller, ce qui garantit une texture crémeuse en fin de cuisson.)

4. Lorsque le risotto est devenu translucide et brillant, arrosez-le avec une louche de bouillon. Faites cuire en remuant sans arrêt pendant 1 à 2 minutes jusqu'à ce que le riz ait absorbé presque tout le bouillon. Ajoutez une autre louche de bouillon et remuez régulièrement jusqu'à absorption presque complète du liquide. Réglez le feu pour entretenir des frémissements réguliers.

Le riz doit cuire tout doucement, en étant toujours recouvert d'une fine couche de bouillon.

Recommencez l'opération, en remuant souvent et en goûtant régulièrement.

Le temps total de cuisson est de 17 minutes pour obtenir un risotto presque tendre mais encore un peu ferme sous la dent. Ajoutez en fin de cuisson le safran et son liquide de trempage. Le risotto doit avoir une consistance cremeuse.

5. Retirez la casserole du feu et incorporez en remuant le reste du beurre. Couvrez et laissez reposer hors du feu pendant 2 minutes pour permettre aux parfums de se mélanger.

Goûtez pour rectifier l'assaisonnement. Répartissez dans des assiettes creuses bien chaudes et servez aussitôt, en proposant du parmesan râpé à part.

Vin conseillé :
avec ce risotto et l'osso buco, je sers un bon Gattinara.

🐖 La cuisine des restes

Si vous avez un reste de risotto, préparez un risotto « al salto », un plat de tradition depuis des siècles dans les auberges de campagne. Lorsque les voyageurs survenaient à l'improviste et ne voulaient pas attendre une demi-heure pour qu'on leur prépare un risotto classique, l'aubergiste prenait une portion de riz déjà cuit, la versait dans une poêle avec du beurre ou de l'huile et la faisait sauter pour confectionner un plat chaud, rapide et délicieux.

Risotto à l'orange, à la sauge et aux champignons

Risotto sforzesco

Le mélange de saveurs fraîches et boisées – le zeste d'orange et les champignons sauvages – donne non seulement à ce plat un attrait relevé dès la première bouchée, mais en outre une sensation gustative plus profonde qui vous envahit tout le palais. Surtout prenez de la sauge fraîche, mais goûtez-la auparavant pour être sûr que son goût n'est pas trop envahissant. Si vous ne trouvez pas de sauge fraîche, prenez du persil. Cette recette m'a été donnée par Roberto Fontana, propriétaire et chef de la *Casa Fontana*, à Milan, le temple du risotto.

Pour 4 à 6 personnes :
45 g de cèpes séchés coupés en lamelles
1,25 litre d'eau bouillante
Le zeste râpé d'une orange
1/4 de tasse de feuilles de sauge (ou de persil plat)
60 g de beurre
1 cuillerée à soupe d'huile d'olive extra-vierge
2 échalotes émincées
Sel de mer
270 g de riz italien arborio
3 cuillerées à soupe de jus d'orange fraîchement pressé
60 g de parmesan râpé
Parmesan râpé en condiment pour la table

1. Mettez les cèpes séchés dans une jatte, ajoutez l'eau bouillante et laissez-les tremper pendant au moins 30 minutes, mais de préférence 2 heures. Avec vos mains, égouttez-les et pressez-les pour évacuer le maximum d'eau. Lavez-les ensuite sous le robinet d'eau froide jusqu'à ce qu'ils soient parfaitement propres. S'ils renferment encore un peu de terre, grattez-la avec un couteau pointu. Épongez-les sur du papier absorbant. Si les tranches de champignons sont très grandes, hachez-les grossièrement. Mettez les cèpes dans un bol et réservez. Filtrez l'eau de trempage, très parfumée, à travers plusieurs épaisseurs de mousseline mouillée d'eau.

2. Faites chauffer l'eau de trempage des cèpes dans une grande casserole et tenez-la frémissante pendant que vous préparez le risotto.

3. Mélangez le zeste d'orange et les feuilles de sauge, hachez le tout finement avec un grand couteau de cuisine. Réservez.

4. Mélangez 2 cuillerées à soupe de beurre et l'huile dans une grande casserole à fond épais sur feu doux, ajoutez les échalotes et salez.

Faites cuire en remuant pendant 3 minutes environ jusqu'à ce que les échalotes soient translucides. (Ne laissez pas roussir.)

Ajoutez le riz et remuez pendant 1 à 2 minutes, jusqu'à ce que les grains soient bien enrobés de matière grasse, brillants et translucides. (Cette opération est importante pour réussir le risotto : la chaleur et la matière grasse empêchent les grains de riz de se coller ensemble, ce qui garantit une consistance crémeuse en fin de préparation.)

5. Lorsque le riz est devenu brillant et translucice, arrosez-le avec une louche d'eau parfumée aux cèpes. Faites cuire en remuant constamment pendant 1 à 2 minutes, jusqu'à ce que le riz ait presque entièrement absorbé le liquide. Ajoutez encore une louche d'eau bouillante et remuez régulièrement jusqu'à absorption complète. Réglez le feu pour maintenir des frémissements réguliers. Le riz doit cuire doucement en étant toujours recouvert d'une fine couche de liquide.

Répétez l'opération en remuant fréquemment et en goûtant régulièrement jusqu'à ce que le riz soit tendre mais encore un peu ferme sous la dent. La durée de cuisson totale est de 17 minutes.

Environ 2 minutes avant la fin de la cuisson, incorporez les champignons avec la dernière louche de liquide. Le risotto doit avoir une consistance crémeuse.

6. Retirez la casserole du feu et ajoutez le reste de beurre, le zeste d'orange et la sauge, le jus d'orange et le parmesan râpé. Couvrez et laissez reposer hors du feu pendant 2 minutes pour que les parfums se mélangent bien. Goûtez pour rectifier l'assaisonnement.

Répartissez dans des assiettes de service chaudes et servez aussitôt en proposant du parmesan râpé à part.

Vin conseillé :
servez ce risotto avec un Barolo, vin rouge sombre et corsé du Piémont.

Hommage au riz d'Italie
Le riz arborio est si délicieux qu'il mérite un menu entier consacré à lui seul : une soupe, un risotto et un dessert. Avec ce menu, buvez par exemple un Gattinara de plusieurs années ou un Chianti riserva.

Soupe de légumes à la milanaise
Osso buco
Risotto au safran
Risotto glacé

Risotto aux asperges, aux épinards et au parmesan
Risotto verde

J'aime beaucoup préparer (et déguster) ce risotto printanier, créé par Ugo Salis, propriétaire et chef d'un petit restaurant situé dans les collines de Florence, la *Trattoria da Graziella*, à Maiano. C'est par un beau dimanche du mois d'août que nous avons découvert ce délicieux gratin de risotto vert et parfumé, à l'occasion d'un magnifique menu dégustation.

Chez moi, je le sers simplement avec une salade verte en garniture. Vous remarquerez que, dans cette recette, les asperges et les épinards sont ajoutés crus et qu'ils cuisent en même temps que le riz.

Pour 4 à 6 personnes :
1 cuillerée à soupe d'huile d'olive extra-vierge
1 petit oignon émincé
Sel fin de mer
180 g de riz italien arborio
50 cl de bouillon de légumes ou de volaille, de préférence maison (pages 260 et 259)
90 g de feuilles d'épinards frais, lavées, épongées et finement hachées
10 asperges vertes lavées, parées et taillées en rondelles obliques
1/4 de cuillerée à café de noix muscade râpée
60 g de parmesan fraîchement râpé

1. Préchauffez le four à 200 °C (thermostat 6/7).

2. Versez l'huile dans une casserole de 1,5 litre de contenance, ajoutez l'oignon et salez.
Faites cuire sur feu modéré en remuant bien pendant 3 ou 4 minutes jusqu'à ce que l'oignon soit transparent.
Ajoutez le riz et mélangez pour enrober les grains d'huile. Versez le bouillon, ajoutez les épinards et les asperges, salez et muscadez. Portez à la limite de l'ébullition sur feu modéré. Incorporez la moitié du fromage et versez le contenu de la casserole dans un moule à soufflé d'un litre. Lissez le dessus avec le dos d'une cuillère. Saupoudrez avec le reste de parmesan et couvrez.

3. Mettez le moule à soufflé ainsi rempli et couvert dans le four à mi-hauteur. Faites cuire pendant 35 à 40 minutes jusqu'à ce que le riz soit bien cuit et que presque tout le bouillon soit absorbé. Le risotto doit être moelleux mais pas mouillé. Servez aussitôt en plat principal ou en garniture.

Vin conseillé :
je vous suggère ici un vin blanc italien sec, un Pinot gris, Galestro ou Orvieto secco.

🐖 Les secrets de l'arborio

Le riz arborio, très riche en gluten, est à proprement parler l'« âme » du risotto. Il est cultivé dans la vallée du Pô, qui traverse le Piémont, la Lombardie, l'Émilie et la Vénétie. C'est une variété à grains de taille moyenne, qui donne un risotto à la fois crémeux extérieurement, mais encore al dente à cœur, un peu ferme sous la dent. Pendant la cuisson, les grains de riz arborio libèrent un amidon qui permet au risotto d'acquérir sa texture crémeuse caractéristique, à ne pas confondre avec le riz gluant ou collant. Le riz arborio possède également la propriété d'absorber de grandes quantités de liquide sans que les grains ne se déforment ou ne se réduisent en bouillie. Même les meilleures qualités de riz à grains courts, françaises ou américaines, ne peuvent prétendre au même résultat.

Risotto en sauce tomate au pecorino

Risotto rosso

Un soir, alors que j'avais dans mon réfrigérateur des restes de sauce tomate et un morceau de très bon pecorino, ce délicieux fromage de brebis italien, je me suis tout de suite souvenue de la *Trattoria da Graziella* dans les collines de Florence. La conversation que j'avais eue avec Ugo Salis, le chef, me revenait en mémoire : son fameux risotto aux tomates et au pecorino, qui rendait hommage à sa patrie d'origine, la Sicile. Le voici ce risotto gratiné, simple et magnifique. Il accompagne parfaitement le poulet rôti, mais on peut aussi le servir en plat de résistance avec une salade mélangée, verdure et légumes.

Pour 4 à 6 personnes :
1 cuillerée à soupe d'huile d'olive extra-vierge
1 petit oignon émincé
Sel de mer

180 g de riz arborio italien
38 cl de bouillon de légumes ou de volaille, de préférence maison (pages 260 et 259)
12 cl de sauce tomate (page 246)
90 g de pecorino fraîchement râpé

1. Préchauffez le four à 200 °C (thermostat 6-7).

2. Versez l'huile dans un plat à gratin de 1 litre de contenance, ajoutez l'oignon et le sel. Faites cuire sur feu modéré en remuant pendant 3 à 4 minutes jusqu'à ce que l'oignon soit transparent. Ajoutez le riz et remuez bien pour que les grains soient enrobés d'huile. Laissez cuire pendant 1 minute, puis versez le bouillon et la sauce tomate.

Portez juste à la limite de l'ébullition. Incorporez la moitié du fromage râpé et lissez le dessus avec le dos d'une cuillère. Saupoudrez avec le reste de pecorino. Couvrez le plat.

3. Mettez-le dans le four à mi-hauteur. Faites cuire pendant 30 à 35 minutes jusqu'à ce que le riz soit bien cuit et que les grains aient absorbé presque tout le liquide.

Le risotto doit être moelleux, pas mouillé. Servez aussitôt, en garniture ou en plat principal.

Vin conseillé :
avec ce risotto, servez un vin blanc sec italien, Pinot gris, comme le Galestro ou l'Orvieto secco.

Pour un risotto parfait

* Le riz est très poreux, il absorbe très facilement les odeurs, dont certaines sont indésirables. Par conséquent, conservez votre riz dans un récipient hermétique, dans un endroit frais, en ajoutant dedans quelques feuilles de laurier fraîches, bien parfumées. Pour toujours être sûr du résultat, ne conservez pas votre riz plus d'un an.
* Pour le risotto, ne rincez jamais le riz : vous perdriez du même coup l'amidon, si précieux pour le résultat final.
* Faites cuire les grains de riz dans la matière grasse (beurre ou huile) pendant au moins 1 minute pour qu'ils soient bien enrobés, agréablement parfumés et qu'ils ne collent pas.

* Les acides – vin ou tomates par exemple – ralentissent l'absorption d'eau par les grains de riz. Si vous utilisez des ingrédients de cette nature dans la recette, la proportion de liquide est en principe plus importante et le temps de cuisson plus long.

Risotto au laurier et au parmesan

Risotto all'alloro

Je suis une fidèle de la feuille de laurier. J'ai chez moi un grand pot où j'en fais pousser et toute l'année, aussi souvent que possible, j'utilise ses élégantes feuilles odorantes. J'ai goûté ce risotto à *La Frateria di Padre Eligio*, à Cetona, en Toscane, où le chef Walter Tripoli règne sur le petit restaurant installé dans l'ancien monastère. Comme le riz absorbe facilement la moindre odeur avec laquelle il entre en contact, j'enfouis toujours quelques feuilles de laurier fraîches dans le paquet de riz que j'achète et je le ferme soigneusement, puis j'utilise à nouveau du laurier frais lorsque je cuisine ce risotto d'une préparation aussi simple que subtile. Si vous n'avez pas de laurier frais, prenez les plus fraîches des feuilles sèches que vous pouvez trouver. Ce risotto est excellent avec du poulet rôti ou des côtelettes d'agneau au parmesan (page 229).

Pour 6 à 8 personnes :
1,25 litre de bouillon de légumes ou de volaille, de préférence maison (pages 260 et 259)
60 g de beurre
1 cuillerée à soupe d'huile d'olive extra-vierge
1 échalote émincée
4 feuilles de laurier, fraîches de préférence
Sel de mer
360 g de riz italien arborio
12 cl de vin blanc parfumé (Vernaccia di San Gimignano par exemple)

60 g de parmesan râpé
Parmesan râpé en condiment pour la table

1. Versez le bouillon dans une grande casserole et portez à la limite de l'ébullition. Tenez-le frémissant pendant que vous préparez le risotto.

2. Dans une grande casserole à fond épais, sur feu doux, mélangez 2 cuillerées à soupe de beurre, l'huile, l'échalote et les feuilles de laurier. Salez et faites cuire en remuant pendant 3 minutes environ jusqu'à ce que l'échalote soit transparente. (Ne la laissez pas roussir.)

Ajoutez le riz et remuez les grains pendant 1 à 2 minutes jusqu'à ce qu'ils soient bien enrobés, brillants et translucides.

(Cette opération est importante pour que le risotto soit réussi : la chaleur et la matière grasse empêchent les grains de coller ensemble, ce qui garantit une consistance crémeuse en fin de préparation.)

3. Lorsque le riz est devenu brillant et translucide, ajoutez le vin. Faites cuire en remuant constamment pendant 1 à 2 minutes jusqu'à ce que le riz l'ait presque entièrement absorbé.

Ajoutez une louche de bouillon brûlant et remuez régulièrement jusqu'à absorption complète du liquide. Réglez le feu pour entretenir des frémissements réguliers. Le riz doit cuire doucement en étant toujours recouvert d'une fine couche de bouillon.

Continuez à ajouter du bouillon par petites quantités, en remuant fréquemment et en goûtant régulièrement, jusqu'à ce que le riz soit tendre mais encore un peu ferme sous la dent. La durée totale de cuisson est de 17 minutes. Le risotto doit avoir une consistance crémeuse.

4. Retirez la casserole du feu et incorporez le reste de beurre ainsi que le parmesan râpé. Couvrez et laissez reposer pendant 2 minutes hors du feu pour permettre aux parfums de se mélanger. Goûtez pour rectifier l'assaisonnement. Retirez les feuilles de laurier et jetez-les.

Répartissez dans des assiettes creuses bien chaudes et servez aussitôt, en proposant du parmesan à part.

Vin conseillé :
un vin blanc doré, le Vernaccia de San Gimignano, en Toscane.

Polenta

Outre les pâtes et le riz, les Italiens ont un troisième féculent de prédilection, la polenta, une bouillie de farine de maïs couleur d'or. J'aime beaucoup la servir avec des viandes ou de la volaille, rôties, et les restes que je garde au réfrigérateur me permettent de préparer à l'improviste de délicieuses bouchées grillées. Je vous propose ici deux méthodes. La première est la recette traditionnelle, qui demande un peu de patience et d'attention, mais qui donne de meilleurs résultats. La seconde permet de confectionner une polenta tout à fait délicieuse, en utilisant une casserole à bain-marie, constituée de deux casseroles qui s'emboîtent l'une dans l'autre.

Pour 6 à 8 personnes :
1 litre d'eau
1 cuillerée et demie de sel de mer
150 g de farine de maïs à grosse mouture

Cuisson traditionnelle

1. Versez l'eau dans une grande casserole à fond épais et portez à ébullition sur feu vif. Ajoutez le sel et remuez vigoureusement pour former un tourbillon au centre de la casserole. Versez la farine de maïs très doucement en filet régulier, en remuant constamment avec un fouet, tout en vous assurant que l'eau continue à bouillir. (Si des grumeaux se forment, écrasez-les aussitôt contre les flancs de la casserole.)

2. Lorsque toute la farine est versée, baissez le feu et remuez constamment avec une grande cuillère en bois en ramenant la préparation du fond de la casserole vers la surface et en grattant les flans du récipient. Continuez à remuer pendant 40 à 45 minutes jusqu'à ce que la bouillie forme une masse qui se détache des parois. Retirez du feu.

Cuisson au bain-marie

1. Remplissez d'eau la partie inférieure d'une grande casserole à bain-marie en en versant suffisamment pour qu'elle affleure le fond de la partie supérieure. Portez à ébullition sur feu modéré.
2. Versez 1 litre d'eau dans la seconde casserole. Portez à ébullition sur feu vif sur un second feu, ajoutez le sel et remuez vigoureusement pour former un tourbillon au centre de la casserole.

Versez la farine très doucement en un filet régulier, en remuant constamment avec un fouet et en vous assurant que l'eau continue à bouillir.

3. Lorsque toute la farine est versée, baissez le feu et faites cuire sur feu doux pendant 2 minutes en remuant constamment avec une grande cuillère en bois, en ramenant le fond de la préparation vers la surface et en grattant les parois du récipient.
4. Couvrez la casserole qui contient la bouillie et posez-la sur la casserole à bain-marie. Toutes les dix minutes, retirez le couvercle et remuez pendant 1 minute. La cuisson est de 1 heure à 1 heure et demie, jusqu'à ce que la bouillie forme une masse qui se détache des parois de la casserole. (Chaque fois que vous avez fini de remuer, couvrez à nouveau le récipient.)

Pour servir la polenta

* Pour servir la polenta chaude en joli dôme, passez l'intérieur d'un bol en inox de 1,5 litre à l'eau, versez-y la polenta et laissez-la reposer pendant 10 minutes, puis retournez le bol sur un plat de service rond et servez.
* Si vous préparez la polenta à l'avance pour la découper en carrés et la faire griller ou rissoler, tapissez de film plastique une plaque à pâtisserie de 23 x 13 cm. Versez la polenta toute chaude sur cette plaque et lissez-la avec une spatule. Laissez refroidir. Couvrez et mettez au réfrigérateur (jusqu'à 3 jours à l'avance). Sortez la polenta du réfrigérateur une heure environ avant de servir. Allumez le gril du four. Renversez la polenta sur une grande planche à découper et retirez le film plastique. Découpez la polenta en rectangles, en losanges ou en carrés de 8 à 10 cm de large. Rangez-les sur la tôle du four et passez-les sous le gril jusqu'à ce qu'ils soient légèrement dorés, pendant 3 minutes de chaque côté.

Riz pilaf en sauce tomate aux cèpes et au parmesan

Rizo con funghi porcini

J'ai l'impression que je pourrais manger tous les jours des pâtes ou du riz, du riz ou des pâtes, selon mon humeur. J'adore le risotto, mais parfois j'ai envie d'un plat de riz qui demande un peu moins d'attention pendant la cuisson. C'est alors que je me souviens de la recette que m'a apprise Pierro Giannacci du restaurant le *Quattro Stagioni* à Florence. Ici, le riz arborio est cuit comme un riz pilaf, c'est-à-dire légèrement doré dans de la matière grasse, puis cuit à couvert dans un liquide parfumé. Les parfums de ce plat sont d'une richesse extraordinaire, grâce aux cèpes séchés qui aromatisent les grains de riz.

Pour 4 à 6 personnes :
15 g de cèpes séchés en lamelles
50 cl d'eau bouillante
1 cuillerée à soupe d'huile d'olive extra-vierge
45 g de beurre
1 échalote émincée
Sel de mer
3 feuilles de laurier, fraîches de préférence
270 g de riz italien arborio
25 cl de bouillon de volaille, de préférence maison (page 259)
50 cl de sauce tomate (page 246)
1/4 de tasse de persil plat finement ciselé
1/4 de tasse de basilic frais finement ciselé

1. Mettez les cèpes séchés dans une jatte, versez l'eau bouillante dessus et laissez-les tremper pendant au moins 30 minutes (de préférence 2 heures). Avec vos mains, égouttez-les et pressez-les pour les essorer au maximum. À moins qu'ils ne soient très propres, lavez-les à l'eau froide et s'ils contiennent encore de la terre, grattez-la avec un petit couteau pointu. Épongez-les sur du papier absorbant. Si les lamelles sont très grandes, hachez-les grossièrement.

Mettez les cèpes dans un bol et réservez. Filtrez l'eau de trempage à travers plusieurs épaisseurs de mousseline mouillée d'eau et réservez.

2. Versez l'huile dans une grande casserole à fond épais et chauffez sur feu modéré, ajoutez 1 cuillerée à soupe de beurre et l'échalote, salez et faites cuire en remuant pendant 3 minutes jusqu'à ce que l'échalote soit translucide. (Ne la laissez pas roussir.)

Ajoutez le riz et mélangez les grains avec la matière grasse pendant 1 à 2 minutes jusqu'à ce qu'ils soient brillants et translucides.

3. Ajoutez les feuilles de laurier, les champignons et leur eau de trempage, le bouillon de volaille et la sauce tomate. Portez à la limite de l'ébullition sur feu vif, puis baissez le feu et laissez mijoter pendant environ 15 minutes jusqu'à ce que le riz soit tendre mais encore un peu ferme sous la dent.

Le riz pilaf doit avoir une consistance crémeuse et le liquide ne doit pas être entièrement absorbé.

Goûtez pour rectifier l'assaisonnement. Retirez les feuilles de laurier.

4. Retirez la casserole du feu et incorporez le reste de beurre, le persil et le basilic.

Répartissez dans des assiettes creuses bien chaudes et servez aussitôt.

Traditionnellement, on ne propose pas de parmesan avec ce plat.

Vin conseillé :
pour une bonne harmonie avec les cèpes et la sauce tomate, prenez un grand vin, comme le Gattinara du Piémont.

Faites pousser votre laurier

J'ai souvent l'impression que je suis la seule à militer pour un retour en force du laurier frais dans la cuisine. Qui pourrait imaginer que ces feuilles coriaces et desséchées, d'un gris brun peu appétissant, peuvent réveiller une sauce comme elles le font ? Surtout quand on sait que le laurier pousse si facilement en pot, sur une terrasse ou en serre, et a *fortiori* dehors en pleine terre. Avec leur arôme si particulier, presque citronné, les feuilles de laurier fraîches ajoutent un parfum profond dans les sauces et les ragoûts. Il vient des huiles essentielles qu'elles renferment : vous n'avez qu'à frotter des feuilles de laurier juste cueillies entre vos doigts et inhaler aussitôt pour vous en convaincre à la seconde.

Comme c'est cette huile essentielle qui se diffuse, la feuille de laurier parfume instantanément les sauces qui cuisent en quelques minutes. (Une fois que la feuille a libéré son parfum il faut la retirer et ne pas risquer de la laisser dans le plat au moment de le servir.)

Depuis l'Antiquité, le laurier – connu sous le nom de *Laurus nobilis* – a servi à couronner la tête des héros. Selon une légende anglaise, le laurier protège des maladies, de la sorcellerie et de la foudre. Dans les pays méditerranéens, les lauriers atteignent souvent une taille très élevée. En Italie, ils constituent fréquemment des haies entières autour des jardins.

Quand on le fait pousser en pot, le laurier n'est pas très exigeant : la taille se fait tout naturellement au fur et à mesure que l'on cueille des feuilles pour la cuisine. Il demande seulement une terre riche, bien drainée et un ensoleillement modéré. Le laurier gèle lorsqu'il fait très froid, mais vous pouvez le rentrer à l'intérieur. Dans la plupart des recettes, la proportion de laurier me semble toujours assez misérable : pour ma part, je prépare de vrais bouquets garnis, avec une douzaine au moins de feuilles de laurier et plusieurs brins bien épais de thym.

Pains et pizzas

Pâte à pain et à pizza

Pasta per pane e pizza

J'ai mis au point cette recette de base pour le pain et la pizza au fil des années et je trouve que le résultat est tout à fait fiable, – une pâte moelleuse et parfumée. L'explication est simple : la proportion de levure est très réduite alors que la pousse (laps de temps pendant lequel la pâte lève) est longue et qu'elle a lieu à froid, de sorte que les pains et les pizzas restent légers. J'ai toujours de cette pâte dans mon réfrigérateur pour préparer à volonté pizzas, pains de toutes tailles et focaccia (variété de pain plat italien). Pour de meilleurs résultats, vérifiez bien la date de péremption de votre levure. Vous pouvez utiliser de la farine ordinaire, mais la farine à pain donne une meilleure texture et un meilleur goût. (Si vous êtes pressé, la pâte peut lever à température ambiante, mais le résultat sera moins savoureux et moins moelleux.)

Pour 4 petites pizzas ou 15 petits pains ronds :
1 cuillerée à café de levure de boulanger
1 cuillerée à café de sucre
30 cl d'eau tiède
2 cuillerées à soupe d'huile d'olive extra-vierge
1 cuillerée à café de sel fin de mer
500 g de farine à pain

1. Mettez dans une grande terrine la levure, le sucre et l'eau et mélangez intimement. Laissez reposer pendant 5 minutes jusqu'à ce que le mélange soit mousseux. Incorporez l'huile et le sel.

2. Ajoutez la farine petit à petit en remuant jusqu'à ce qu'elle soit presque entièrement absorbée par le liquide et qu'elle forme une boule. Mettez celle-ci sur le plan de travail fariné et pétrissez-la pendant 4 à 5 minutes jusqu'à ce qu'elle soit lisse et de consistance satinée, mais encore ferme, en rajoutant suffisamment de farine pour empêcher la pâte de coller.

3. Mettez la boule de pâte dans une terrine propre, couvrez hermétiquement d'un film plastique et mettez le tout au réfrigérateur. Laissez lever pendant 8 à 12 heures jusqu'à ce que la pâte ait doublé ou triplé de volume. (Vous pouvez garder cette pâte au réfrigérateur pendant 2 à 3 jours : enfoncez-la d'un coup de poing lorsque son volume a doublé ou triplé.)
Suivez la recette pour préparer les pizzas ou les petits pains.

☛ Le choix de la bonne farine

La farine dite ordinaire convient pour tous les emplois en pâtisserie salée ou sucrée, alors que la farine à pain – dont la teneur en protéines est plus élevée – convient pour un emploi spécifique. Lorsque les protéines de la farine se mélangent avec un liquide, il se forme du gluten. Et c'est le gluten de la farine qui donne à la pâte son élasticité et sa consistance.

☛ Pour obtenir un bon pain croustillant

* La proportion de levure doit être réduite : sinon la pâte sera boursouflée et pleine de trous.
* Laissez la pâte lever lentement, en deux ou trois fois. Chaque étape de cette pousse donnera davantage de caractère au pain.
* Le début de la cuisson doit se faire à four très chaud (260 °C, thermostat 9), pour obtenir une croûte épaisse et dense.
* Utilisez une pierre à four : le pain prendra une couleur plus intense.
* Aspergez d'eau la sole et les parois du four trois ou quatre fois pendant les six premières minutes de cuisson : la vapeur ainsi engendrée va favoriser la prise de volume, renforcer la croûte et donner au pain un aspect plus plaisant.
* Laissez refroidir le pain sur une grille. La circulation d'air va le refroidir plus rapidement et le dessous restera lui aussi croustillant.
* Ne coupez pas le pain en tranches avant qu'il n'ait refroidi pendant au moins 1 heure. Si vous le tranchez alors qu'il est encore chaud, vous l'écraserez.

Pain complet

Pane integrale

> « *Les vendanges ont commencé ici à San Gimignano... Sur les routes les lourds chariots tirés par deux bœufs se traînent déjà pesamment entre les vignobles et les fermes, chacun avec une pleine charge de cuves. C'est un moment de fête... Jusqu'à présent silencieux et vides, les vignobles retentissent de rires et sont remplis d'un peuple en liesse. Hommes et femmes, filles et garçons et même petits-enfants sont venus des poderi voisins pour aider à la récolte. Ils ne s'attendent pas à être payés mais ils comptent sur une assistance identique le jour venu. À ces aides bénévoles le contadino procure pain, fruits et vin léger tout au long de la journée.* »
>
> Edward Hutton, *Siena and Southern Tuscany*, 1955.

Cette recette permet de réaliser un délicieux pain complet tendre et consistant, qui ressemble beaucoup à celui que j'ai mangé partout en Italie. Le repos de la pâte toute la nuit au réfrigérateur peut sembler long, mais au bout du compte, vous serez récompensé par la saveur de votre pain. Comme la proportion de levure est réduite, le pain a vraiment goût de froment, non de levure.

Pour 1 pain :
- 1 cuillerée à café de levure de boulanger
- 1 cuillerée à café de sucre
- 30 cl d'eau tiède
- 1 cuillerée à café de sel fin de mer
- 225 g de farine de blé complète
- 225 g de farine à pain

1. Mettez dans une grande terrine la levure, le sucre et l'eau, mélangez intimement, puis laissez reposer pendant 5 à 6 minutes jusqu'à ce que le mélange soit mousseux. Ajoutez le sel.

2. Ajoutez la farine complète petit à petit, en remuant bien après chaque ajout. Ajoutez ensuite la farine à pain jusqu'à ce qu'elle soit presque entièrement absorbée et que la pâte commence à former une boule.

Mettez cette boule sur le plan de travail légèrement fariné et pétrissez-la pendant 5 à 10 minutes jusqu'à ce qu'elle soit lisse et satinée, en rajoutant suffisamment de farine pour l'empêcher de coller.

3. Remettez la boule de pâte dans la terrine, couvrez hermétiquement avec un film plastique et mettez-la dans le réfrigérateur. Laissez lever pendant environ 8 heures jusqu'à ce que la pâte ait doublé de volume.

(Pour obtenir une texture de pain plus fine et plus savoureuse, laissez lever la pâte plusieurs fois et enfoncez-la à chaque fois du poing.)

4. Le lendemain, sortez la pâte du réfrigérateur, enfoncez-la du poing et couvrez-la d'un film plastique. Laissez lever à nouveau à température ambiante pendant 2 à 3 heures, jusqu'à ce qu'elle ait doublé de volume.

5. Mettez le pain en forme : enfoncez la pâte et pétrissez-la pendant 30 secondes. Façonnez-la en parallélépipède rectangle en abaissant la boule de pâte et en la repliant en deux sur elle-même. Disposez un grand torchon fariné sur une plaque de four ou dans un panier rectangulaire et placez la pâte dessus, face lisse en dessous.

Rabattez le torchon pardessus sans serrer. Laissez lever à température ambiante pendant 1 heure et quart jusqu'à ce que le pain ait doublé de volume.

6. Au moins 40 minutes avant de mettre la pâte dans le four, préchauffez celui-ci à 260 °C (thermostat 9). Si vous avez une pierre à four, mettez-la dedans pour la chauffer également.

7. Faites cuire le pain : farinez légèrement une tôle sans rebord et renversez la boule de pâte dessus. Entaillez la pâte plusieurs fois en oblique avec un couteau pour qu'elle puisse monter pendant la cuisson.

Avec un geste rapide du poignet, faites glisser la pâte sur la pierre à four. En vous servant d'une grosse brosse, aspergez largement d'eau la sole et les parois du four, et répétez cette opération trois fois au cours des 6 premières minutes de cuisson. (La vapeur favorise la formation de la croûte et accélère la pousse de la pâte à la cuisson.)

Une fois que le pain est légèrement doré – après environ 10 minutes – baissez la chaleur à 200 °C (thermostat 6-7) et faites pivoter le pain pour qu'il se colore régulièrement.

Poursuivez la cuisson encore 10 minutes jusqu'à ce que la croûte soit brun doré et que le pain sonne creux quand on le tape par en dessous. La durée totale de cuisson est de 20 minutes.

Faites refroidir le pain sur une grille. Ne le coupez pas avant au moins 1 heure, car il continue à cuire en refroidissant.

Galette sarde

Carta da musica

« Donne-moi des œufs d'une heure, du pain du jour, du vin de l'année et un ami de trente ans. »

Proverbe sarde.

Comme tous les pains non levés, la galette sarde, que l'on appelle « papier à musique » tellement elle est mince, est plate, croustillante et d'une finesse irrésistible. Je l'ai mangée, bosselée et craquelée, partout en Italie, toujours avec le plus grand plaisir. Je l'apprécie surtout pour accompagner les antipasti, servie sur une assiette et garnie d'une salade de tomates et de concombre assaisonnée d'huile et de vinaigre.

La pâte doit être en principe aussi fine que du papier à

musique (carta da musica). On l'appelle également *pane carasau* et sa consistance rappelle celle des crackers ou du pain azyme. Comme ce pain se conserve très longtemps, c'est la nourriture traditionnelle des bergers qui en emportent avec eux quand ils vont garder les troupeaux de brebis.

Rares sont les recettes qui peuvent à juste titre donner comme celle-ci autant de fierté à qui la prépare. Vos convives seront stupéfaits d'apprendre que c'est un pain « maison ». En réalité, c'est un jeu d'enfant.

Je prépare souvent des mélanges à l'avance (farine et sel) que je conserve dans des sachets hermétiques. Lorsque je veux préparer rapidement une fournée, j'allume le four, je prépare la pâte et, en l'espace d'une heure, on croque avec appétit ces galettes bien sèches, croustillantes et dorées. Je les ai fait cuire avec autant de succès sur une pierre à four ou sur une tôle classique. Dans le premier cas, elles gonflent un peu plus, mais le résultat est pratiquement le même quand on utilise une tôle. Si vous avez dans votre équipement un beau rouleau à pâtisserie bien lourd, n'hésitez pas à vous en servir, mais ce n'est pas indispensable.

Pour 12 galettes :
270 g de farine ordinaire
180 g de semoule très fine
1 cuillerée à café 1/2 de sel de mer
30 cl d'eau tiède

1. Au moins 40 minutes avant d'enfourner, préchauffez le four à 260 °C (thermostat 9). Si vous utilisez une pierre à four, faites-la également préchauffer dans le four.

2. Versez la farine et la semoule dans une grande terrine, ajoutez le sel et mélangez à fond avec vos doigts. Ajoutez l'eau doucement, en remuant avec une cuillère en bois, jusqu'à l'obtention d'une pâte molle. (La proportion d'eau n'est pas forcément à utiliser entièrement.)

Avec vos mains, façonnez la pâte en boule, posez-la sur un plan de travail fariné et pétrissez-la doucement pendant 1 minute. Elle doit avoir une consistance souple, sans coller.

3. Partagez la pâte en 12 petites boules. Posez-les sur une planche légèrement farinée et couvrez-les d'un torchon propre et sec. Aplatissez-les l'une après l'autre en galettes de 10 cm de diamètre. Farinez largement le plan de travail et, avec un rouleau à pâtisserie, abaissez chaque galette aussi finement que possible en formant un disque de 20 à 23 cm. L'obtention d'un rond parfait n'est pas une chose importante : ici, c'est la finesse de la pâte qui compte. Vous devez pouvoir distinguer votre main à travers elle.

4. Rangez plusieurs galettes sur la tôle du four, sans la graisser, et enfournez-les ou rangez-les sur la pierre à four avec une palette spéciale. Faites cuire pendant 3 à 4 minutes jusqu'à ce que le dessus de la galette soit ferme et doré.

(Le temps de cuisson exact dépend du four utilisé et du nombre de galettes que l'on y a placées. J'ai constaté des écarts de 2 à 5 minutes selon le four.

Surveillez la cuisson attentivement et n'allez pas répondre au téléphone s'il se met à sonner ! (Si votre four possède un hublot, c'est un gros avantage.)

Avec des pincettes ou directement avec les doigts, retournez les galettes et faites-les cuire de l'autre côté, encore 3 à 4 minutes, pour que l'autre face colore également. (Ce pain est bosselé, craquelé, irrégulier, avec éventuellement des poches d'air qui ont gonflé la pâte.) Posez les galettes sur une grille pour les faire refroidir. Faites cuire les autres galettes de la même façon.

5. Le pain est cuit presque instantanément et vous pouvez le servir aussitôt. Pour servir, empilez les galettes au milieu de la table ou dans une corbeille. (Vous pouvez les conserver pendant 3 à 4 jours dans une boîte en métal ou un sac à fermeture à glissière, à température ambiante.)

Pain au levain

Pane campagnolo

Pour qui aime le pain et la pâtisserie, il n'y a pas de plaisir plus grand que de perfectionner l'art de la panification naturelle, c'est-à-dire au levain. C'est une technique qui demande du temps, où l'on tâtonne, où l'on fait des erreurs, qui exige de la patience, mais le simple arôme légèrement acide de la pâte qui lève dans votre four suffit à vous faire oublier les angoisses et les frustrations qui ont précédé. J'ai mis plusieurs années à élaborer cette recette et je peux en garantir le succès. Mais vous pourrez sans doute trouver des améliorations ici ou là, pour perfectionner le levain, trouver la bonne farine, la température exacte du four, et même le meilleur emplacement dans le four. Je change moi-même mes habitudes selon l'occasion. Parfois, je prépare ce pain avec un seul type de farine et les mêmes proportions d'eau et de sel, mais je peux aussi incorporer des olives ou des noix pour l'harmoniser avec des fromages, ou bien j'ajoute des graines de potiron, des graines de tournesol, des graines de sésame, ou encore un peu de farine complète ou de farine de seigle, soit seule, soit avec à d'autres ingrédients. L'intérêt est de confectionner son propre pain, de le personnaliser à sa manière, pour qu'il corresponde à votre style. J'aime souvent préparer le pain le soir, puis le faire cuire tôt le matin, de sorte que le four est chaud quand je prends ma première tasse de café.
Voici quelques trucs que j'ai trouvés au fil des ans : la farine à pain donne de meilleurs résultats que la farine ordinaire car le levain est alors plus actif. Par ailleurs, ne soyez pas pressé pendant que la pâte lève. Il faut du temps : le goût du pain n'en sera que meilleur.
Quand je coupe mon pain et que je fais légèrement griller les tranches, que je les tartine avec de la mousse de thon ou de la sauce tomate aux artichauts, ou même que je les arrose simplement d'huile d'olive extra- vierge, je ne connais pas de délice plus exquis.

Pour 1 pain :
POUR LE LEVAIN :
24 cl d'eau à température ambiante
280 g de farine à pain à température ambiante
POUR LE PAIN :
75 cl d'eau à température ambiante
1 cuillerée à soupe de sel de mer fin
950 g à 1,800 kg de farine à pain à température ambiante.

1. Les quatre premiers jours.
Préparation du levain : mélangez dans une terrine 6 cl d'eau et 70 g de farine jusqu'à ce que l'eau ait absorbé toute la farine et forme une pâte molle. Mettez-la sur le plan de travail légèrement fariné et pétrissez-la : la boule doit prendre une consistance assez molle et collante. Remettez-la dans la terrine, couvrez d'un film plastique et laissez reposer à température ambiante pendant 24 heures.
Le levain va commencer à lever et prendre un arôme légèrement acide. Répétez l'opération pendant trois jours, en ajoutant chaque jour 6 cl d'eau et 70 g de farine au levain.
Chaque fois, le levain va lever légèrement et l'acidité va augmenter. (Si vous n'obtenez pas ce résultat, que le levain devient très acide ou grisâtre, jetez-le et recommencez jusqu'à ce que le résultat soit satisfaisant.)
2. Le cinquième jour.
Préparation du pain lui-même : mettez le levain dans une grande terrine, ajoutez 75 cl d'eau et le sel, puis, avec un fouet, mélangez pendant 1 minute pour dissoudre complètement le levain.
Le mélange doit être très fluide et plein de bulles. Ajoutez de la farine petit à petit en remuant avec une cuillère en bois après chaque ajout. Une fois que vous avez ajouté 810 g de farine, la pâte doit être assez ferme pour pouvoir la pétrir.
Farinez légèrement un grand plan de travail et posez la pâte dessus. (Si votre terrine est assez grande et assez creuse, vous pouvez pétrir directement dedans, ce qui diminue d'autant la corvée de nettoyage.)
Commencez à pétrir en re-

pliant la pâte sur elle-même pour emprisonner de l'air, en ajoutant un peu de farine si nécessaire, car la pâte est peut-être encore trop molle.

Pétrissez pendant 10 bonnes minutes jusqu'à consistance élastique, mais encore assez ferme pour former toujours une boule. (Minutez l'opération pour ne pas tricher !)

3. Façonnez le pain et prélevez le levain : prenez sur la boule de pâte une « poignée » de pâte (250 g environ) et mettez-la de côté pour le prochain pain. Mettez-la dans un bol en plastique avec couvercle (voir note).

Façonnez le reste de la pâte en boule bien compacte en la repliant sur elle-même. Mettez un grand torchon fariné dans un plat creux ou une corbeille, d'un diamètre de 25 cm environ, et posez la pâte dedans, face lisse en dessous. Rabattez le torchon par-dessus sans serrer. Laissez lever à température ambiante pendant 6 à 12 heures.

Le minimum est de 6 heures, mais parfois je prépare du pain le soir et je le fais cuire le lendemain matin, de sorte que la pâte a levé pendant 12 heures.

J'ai même une fois oublié un pain qui a levé en tout 24 heures, avec un résultat délicieux, léger et aéré. De toute façon la pâte doit lever lentement, en doublant à peu près de volume.

4. Au moins 40 minutes avant d'enfourner, préchauffez le four à 260 °C (thermostat 9). Si vous utilisez une pierre à four, mettez-la dans le four pour la préchauffer également.

5. Farinez légèrement une pelle à four (ou une tôle sans rebord).

Retournez le pâton sur la pelle et entaillez-le plusieurs fois en oblique avec un couteau pour que la pâte gonfle à la cuisson. D'un geste rapide du poignet, faites glisser le pâton. Avec une grosse brosse, aspergez largement d'eau la sole et les parois du four.

Répétez cette opération trois fois de suite pendant les 6 premières minutes de cuisson. (La vapeur favorise la formation d'une bonne croûte et permet à la pâte de bien gonfler.)

Le pain va lever très lentement, mais la pâte va atteindre son gonflement maximum pendant les

15 premières minutes de cuisson.

Une fois que le pain a commencé à prendre une belle couleur – après un quart d'heure environ – baissez la chaleur à 220 °C (thermostat 8) et poursuivez la cuisson jusqu'à ce que la croûte soit brun doré et que le pain sonne creux quand on le tape par en dessous, c'est-à-dire 20 à 25 minutes de plus (le temps de cuisson total est de 35 à 40 minutes).

Laissez refroidir sur une grille. Ne coupez pas le pain avant au moins 1 heure, car il continue à cuire durant ce repos.

Conservez le pain dans du papier, un torchon ou un sac plastique. Il va rester délicieusement frais pendant 3 à 4 jours.

Note :
une fois que vous avez préparé le levain et que vous avez confectionné votre premier pain en prélevant une portion de pâte avant la cuisson, recommencez à l'étape 2 pour les pains suivants. Suivez normalement la recette, sans oublier de prélever 250 g de pâte qui serviront de levain pour le pain suivant. Conservez le levain à température ambiante (dans une boîte en plastique avec un couvercle) pendant 1 ou 2 jours, ou au réfrigérateur pendant 1 semaine. Si vous n'utilisez pas le levain régulièrement, réactivez-le une fois par semaine en mélangeant intimement 6 cl d'eau et 70 g de farine. N'utilisez pas plus de 250 g de levain par pain. (Si vous vous apercevez que vous ne faites pas de pain une fois par semaine au moins et qu'il vous reste du levain en trop, donnez-le à une amie, rajoutez-le dans une pâte ou, au pire, jetez-le.)
Si le levain a été conservé au réfrigérateur, sortez-le au moins 2 heures avant de préparer la pâte. Même si vous pouvez congeler le levain, je trouve que le temps de décongélation est si long qu'il vaut mieux recommencer avec un nouveau levain.

Pain italien

Ciabatta

« Les amis intimes se connaissent comme le pain et le fromage. »
  Proverbe italien.

Ciabatta en italien veut dire savate : c'est le nom de ce pain plat typique, doux et moelleux, à pâte légère, parfaite pour ceux qui veulent manger quelque chose de bon sans perdre trop de temps. Souvent j'en prépare le matin et il est prêt à midi. Si vous en faites une fois, vous ne pourrez plus vous en passer et vous n'arrêterez plus d'en faire, car ses caractéristiques sont exactement celles que l'on attend d'un bon pain « maison » : sa croûte est dorée, mais légère, alors que l'intérieur est tendre et moelleux. Ses emplois sont multiples car il est aussi bon nature que grillé. Le pain lui-même ne ressemble pas à l'image que l'on se fait de la miche de pain parfaite : la pâte est très molle, sans rapport avec les pâtes à la levure que l'on connaît d'habitude et le pain à la sortie du four n'a pas dépassé 5 cm d'épaisseur.

L'instrument dont vous avez absolument besoin pour préparer le pain ciabatta est le robot électrique, à moins de préférer rester debout à travailler la pâte à la spatule pendant au moins 20 minutes pour libérer tout le gluten de la farine et obtenir une pâte parfaitement élastique. Vous constaterez que la pâte est trop collante et trop molle pour lever dans une corbeille traditionnelle. Je préfère poser la boule de pâte sur une feuille de papier sulfurisé saupoudrée de farine de maïs, puis je la retourne sur la pierre à four pour la faire cuire. Mon souvenir préféré de pain ciabatta est lié à un séjour de deux semaines que nous avons fait sur les bords du lac de Garde. Chaque matin, nous allions à pied au village pour faire les courses du déjeuner, puis nous remontions sur la colline en cueillant des feuilles de laurier le long du chemin et en serrant nos pains ciabatta sous le bras.

Pour 1 pain :
Farine de maïs
1 cuillerée à café de levure de boulanger
1 cuillerée à café de sucre
50 cl d'eau tiède
1 cuillerée à café 1/2 de sel de mer fin
530 g de farine à pain

1. Posez une feuille de papier sulfurisé sur une tôle à pâtisserie. Saupoudrez-la de farine de maïs et réservez.
2. Dans le bol mélangeur d'un robot électrique équipé d'une spatule, mélangez la levure, le sucre et l'eau. Laissez reposer pendant 5 à 10 minutes jusqu'à ce que le mélange soit mousseux. Ajoutez le sel.
3. Ajoutez lentement la farine en plusieurs fois, en remuant bien après chaque ajout. Mixez pendant 1 à 2 minutes jusqu'à absorption complète de toute la farine. (La pâte ne forme pas de boule.) Pétrissez à vitesse réduite pendant 7 minutes jusqu'à ce que la pâte se détache des bords et forme une masse collante autour de la spatule.
4. Avec une raclette en plastique, versez la pâte (elle est molle et pleine de gluten) sur le papier sulfurisé. Laissez-la s'étaler en une masse régulière. Couvrez d'un torchon propre et laissez lever pendant 2 heures à température ambiante jusqu'à ce qu'elle ait doublé de volume.
5. Au moins 40 minutes avant de faire cuire, préchauffez le four à 260 °C (thermostat 9). Si vous utilisez une pierre à four, mettez-la dans le four pour la préchauffer. Si vous n'avez pas de pierre à four, préchauffez la tôle.
6. En vous servant de deux gants à barbecue bien épais, retirez la pierre (ou la tôle) du four.

Retournez la pâte dessus. Malgré la farine de maïs, de la pâte reste collée sur le papier sulfurisé. Grattez-la avec une raclette.

À cette étape, la pâte ressemble vraiment à un affreux gâchis, mais ne perdez pas courage.

Mettez la pierre ou la tôle dans le four.

Avec une grosse brosse, aspergez largement d'eau la sole et les parois du four, puis recommencez l'opération trois fois pendant les 6 premières minutes de cuisson. (La vapeur engendrée favorise la formation d'une belle croûte et permet à la pâte de bien gonfler.)

Au bout d'une dizaine de minutes, lorsque le pain a un peu gonflé et qu'il commence à dorer joliment, baissez le feu à 220 °C (thermostat 8). Poursuivez la cuisson jusqu'à ce que la croûte soit brun doré et que le pain sonne creux quand on le tape par en dessous, 25 à 30 minutes au total.

Faites refroidir sur une grille. Ne coupez pas le pain avant au moins une heure, car il continue à cuire pendant ce repos.

Conservez le pain dans un torchon, un sac en papier ou en plastique, jusqu'à 3 jours environ. Il est délicieux grillé.

Petits pains aux olives

Pane alle olive

Un jour d'août ensoleillé, nous déjeunions sur la terrasse du *Vescovino*, un joli restaurant situé dans une ruelle du village de Panzano in Chianti, en admirant la vue splendide sur les collines de Toscane. Nous avions passé la matinée à rouler en voiture, et cette étape nous sembla, quand nous prîmes place sur la terrasse ombragée de noisetiers face au paysage où jouaient les touches de bleu, de jaune, de vert et de rouge, une oasis bienvenue de calme et de volupté. Une légère brume, comme toujours en Toscane, conférait à l'atmosphère une douceur qui donnait une impression de confort absolu. Sur le menu très court, écrit à la main, nous avons choisi un plat de pâtes fraîches au beurre et au citron, servi avec ces délicieux petits pains qui sortaient juste du four. À notre grande surprise, ils étaient délicieusement truffés de bons morceaux d'olives noires. Je ne peux malheureusement pas restituer ici la vue dont nous avons profité, mais j'espère que vous pourrez en ressentir l'ambiance lorsque vous préparerez chez vous ces petits pains, tout imprégnés du riche parfum d'olive qui pénètre toute la pâte.

Pour 15 petits pains :
La recette de pâte à pizza (page 176), préparée jusqu'à l'étape 3.
30 olives noires environ (page 266), dénoyautées et coupées en deux
Farine de maïs

Variante :
à la place des olives, vous pouvez incorporer à la pâte de ces petits pains du romarin fraîchement haché ou du thym.

1. Trois heures avant de faire cuire les petits pains sortez la pâte du réfrigérateur. Enfoncez-la avec le poing et laissez-la lever à température ambiante pendant 2 à 3 heures, jusqu'à ce qu'elle ait doublé de volume.
2. Préchauffez le four à 260 °C (thermostat 9).
3. Partagez la pâte en 15 portions égales de 60 g chacune. Enfoncez plusieurs olives dans chaque portion de pâte et façonnez celle-ci en une boule ronde bien dodue.
Rangez les boules de pâte sur la tôle du four saupoudrée de farine de maïs. Couvrez le tout d'un torchon propre et laissez lever pendant 30 minutes.
4. Enfournez la tôle avec les petits pains à mi-hauteur. Avec une grosse brosse, aspergez largement d'eau la sole et les parois du four, puis recommencez l'opération trois fois de suite pendant les 6 premières minutes de cuisson. (Faites cuire les pains pendant 20 à 25 minutes jusqu'à ce qu'ils aient pris une jolie couleur dorée, en retournant la tôle de temps en temps pour assurer une cuisson reguliaère.)
5. Sortez les petits pains du four et mettez-les sur une grille pour refroidir. Les pains doivent être consommés le jour même.

Pizza à l'oignon rouge, au romarin et au piment

Pizza fiamma

C'était au mois de janvier, un dimanche, nous avions réservé une table au restaurant *Il Mozzo*, à Milan, une petite pizzeria moderne de style familial, très animée. Elle était littéralement envahie de familles où les grands-parents côtoyaient les petits bébés, tous en train de faire honneur à la cuisine du patron. Les enfants buvaient du Coca et les parents de la bière ou du vin tandis que défilaient les salades, les pizzas et les plats fumants de pâtes fraîches. Nous avons dévoré un assortiment de pizzas magnifiques, dont cette variante à croûte fine, garnie de tranches d'oignons rouges marinés à l'huile, avec du romarin et du piment rouge. Son nom de pizza fiamma (flamme) vient du fait que les oignons cuits ressemblent à des flammèches rouges. La pâte à pain sarde non levée convient très bien pour confectionner ce type de pizza.

Pour 4 personnes :
300 g d'oignons rouges émincés en rondelles très fines
1/4 de cuillerée à café de piment rouge sec
12 cl d'huile d'olive extra-vierge
1/4 de tasse de romarin frais finement émincé
La recette de pain sarde (page 180)

1. Mettez les rondelles d'oignons dans une jatte, ajoutez l'huile, le sel, le piment et le romarin. Mélangez intimement et laissez mariner pendant au moins 1 heure et au plus 4 heures. La marinade adoucit le goût des oignons et donne à la garniture une saveur plus harmonieuse.

2. Au moins 40 minutes avant d'enfourner les pizzas, préchauffez le four à 260 °C (thermostat 9). Si vous utilisez une pierre à four, mettez-la dedans pour la faire chauffer.

3. Partagez la pâte en quatre portions égales et aplatissez chaque boule de pâte en une galette de 10 cm d'épaisseur. Sur un plan de travail, abaissez les galettes en disques de 20 cm de diamètre.

4. Rangez les disques de pâte sur la pierre à four ou sur une tôle à pâtisserie. Répartissez la garniture aux oignons par-dessus en l'étalant bien avec le dos d'une cuillère. Faites cuire dans le four pendant environ 10 minutes jusqu'à ce que la pâte soit croustillante et les oignons grésillants. Servez aussitôt.

Vin conseillé :
un bon Chianti ou tout autre vin rouge de table.

Pizza pour tous les goûts

En voyageant à travers l'Italie, je me suis aperçue que les meilleures garnitures de pizza étaient toujours les plus classiques : une pâte fine, tendre et parfumée, agrémentée d'un choix simple d'ingrédients de première qualité. Inutile de chercher la sophistication. Le plus simple est le meilleur, comme le prouvent les quatre suggestions suivantes.

Tomates et mozzarella / Pizza Margherita
Badigeonnez la pâte d'huile d'olive, puis disposez dessus en cercles concentriques, sur une seule couche se chevauchant légèrement, des demi-tranches fines de tomates et de mozzarella alternées. Arrosez d'huile et saupoudrez d'origan. À la sortie du four, arrosez de nouveau d'huile. Vous pouvez aussi ajouter, après la cuisson, quelques feuilles de basilic ciselées.

Pizza blanche / Pizza bianca
Badigeonnez la pâte d'huile d'olive, saupoudrez de parmesan fraîchement râpé et garnissez le tout de quartiers d'artichauts marinés à l'huile. Arrosez d'huile avant d'enfourner.

Pizza végétarienne / Pizza vegetariana
Badigeonnez la pâte d'huile, puis garnissez-la, en cercles concentriques, sur une seule couche, de fines rondelles de tomates, d'aubergines et de mozzarella se chevauchant légèrement. Saupoudrez d'origan.

Pizza des quatre saisons / Pizza alle quattro stagioni
Badigeonnez la pâte d'une fine couche de sauce tomate puis garnissez le dessus de fines languettes de jambon, de tranches de champignons frais passées dans l'huile, de tranches d'artichauts marinés à

l'huile et de demi-olives noires dénoyautées, d'anchois émincés, saupoudrez de sel et poivrez au moulin.

POUR GARNIR ET CUIRE LA PIZZA :
Pour des pizzas de 18 cm de diamètre la recette de pâte à pizza (page 176).
Farine de maïs pour saupoudrer.

1. Au moins 40 minutes avant d'enfourner les pizzas garnies, préchauffez le four à 260 °C (thermostat 9). Si vous utilisez une pierre à four, chauffez-la.
2. Enfoncez du poing la boule de pâte et partagez-la en quatre portions. Façonnez chaque portion en boule. Sur le plan de travail légèrement fariné, abaissez chaque boule en un disque de 20 cm de diamètre.
3. Poudrez de farine de maïs une pelle à pizza en bois (ou une tôle à pâtisserie) et rangez les pizzas dessus. En travaillant rapidement pour que la pâte n'ait pas le temps de coller, disposez la garniture de votre choix.
4. Faites glisser les pizzas de la pelle sur la pierre à four (ou enfournez directement la tôle). Faites cuire pendant 10 à 15 minutes jusqu'à ce que la pâte soit dorée et croustillante.
5. Retirez les pizzas du four et mettez-les sur une planche à découper. Coupez-les en parts de tarte et servez aussitôt.

Pour réussir vos pizzas à la perfection

* Pour obtenir un meilleur goût et une meilleure texture, utilisez de la farine à pain lorsque vous confectionnez la pâte à pizza. N'oubliez pas que dans une pizza, c'est surtout la pâte qui compte, la garniture n'est qu'un complément.
* Pour que la pâte soit tendre et parfumée, laissez-la lever lentement, en plusieurs fois, de préférence toute la nuit dans le réfrigérateur. Une pâte douce et moelleuse donne une croûte légère et croustillante.
* Veillez à ce que la garniture soit légère et simple : limitez-vous en l'occurrence à trois ou quatre ingrédients d'excellente qualité.
* Pour que les saveurs soient harmonisées, badigeonnez la pâte d'huile ou de sauce tomate avant de disposer les ingrédients par-dessus.
* Avant de réaliser la garniture, faites tremper quelques minutes dans de l'huile les ingrédients qui ont tendance à se dessécher à la cuisson comme les lamelles de champignons ou le jambon.

* Préparez le travail : disposez les ingrédients de la garniture dans des bols, après les avoir émincés, hachés, égouttés ou taillés en lamelles selon le cas, pour que le travail de garniture soit facile et plaisant à réaliser.
* Répartissez les ingrédients régulièrement, pour que chaque portion de pizza contienne ensuite un peu de chaque saveur. Laissez une marge vide autour de la bordure pour former une croûte, qui empêchera aussi les ingrédients de glisser sur la tôle ou la pierre du four.
* Préchauffez le four à la température maximum au moins 40 minutes avant d'enfourner.
* Utilisez de préférence une pierre à four. Vous pouvez aussi faire l'acquisition d'une pelle à pizza en bois pour glisser les pizzas dans le four et d'une pelle en métal pour les retirer.
* Si vous aimez la croûte croustillante comme il se doit, mangez la pizza toute chaude. Dès qu'elle attend après la sortie du four, elle se ramollit.

Poissons et crustacés

Salades de calmars

Insalata di calamari

On trouve partout en Italie, sur les buffets d'antipasti, cette salade relevée et rafraîchissante. Personnellement, elle me suffit à faire un repas, à condition de l'accompagner d'un bon pain pour absorber la sauce et d'un vin blanc bien frais, comme l'Orvieto. Assurez-vous que les calmars sont de toute première fraîcheur. Ils doivent en outre une fois cuits avoir une consistance élastique et un peu ferme. L'assaisonnement est à votre convenance, plus ou moins pimenté, mais ne laissez pas toutefois le piment masquer toutes les autres saveurs. Ce que je préfère dans cette salade, c'est la texture : celle des calmars qui résistent sous la dent, le croquant du céleri et le moelleux des olives vertes. Vous pouvez même regarder cette salade comme un concentré d'Italie symbolisée par les couleurs de son drapeau : le blanc des calmars, le rouge du piment et le vert des olives.

Pour 6 personnes en entrée :
15 cl d'huile d'olive extra-vierge
8 cl de jus de citron fraîchement pressé
4 belles gousses d'ail émincées
4 branches de céleri avec les feuilles, émincées
3/4 de piment rouge sec
20 olives vertes farcies au piment, égouttées et coupées en quatre
1 kg de calmars frais
3 litres d'eau
2 cuillerées à café de sel de mer

1. Mélangez dans un saladier l'huile d'olive, le jus de citron, l'ail et le piment. Incorporez le céleri et les olives. Réservez.

2. Nettoyez les calmars : lavez-les et égouttez-les soigneusement.

Coupez les tentacules juste au-dessus des yeux. Retirez et jetez le petit bec dur situé sous les tentacules à l'endroit où elles rejoignent la tête. Videz les calmars et jetez l'os. Ne vous souciez pas de la peau : elle est comestible. Détaillez enfin les calmars en rondelles, puis coupez les tentacules en deux dans la longueur. Lavez à nouveau et égouttez à fond.

3. Versez 3 litres d'eau dans une grande casserole et portez à ébullition. Ajoutez 2 cuillerées à café de sel, puis les calmars et leurs tentacules. Faites cuire jusqu'à ce qu'ils deviennent opaques : pas plus d'une minute, sinon la chair durcit. (En général, je commence à goûter 30 secondes environ après qu'ils ont été immergés.)
Égouttez-les mais ne les passez pas sous l'eau : ils absorberont mieux la sauce. Versez-les tout chauds dans le saladier et mélangez avec la sauce. Goûtez pour rectifier l'assaisonnement. Couvrez et mettez au réfrigérateur pendant au moins 3 heures, éventuellement toute la nuit.

4. Au moment de servir, goûtez pour rectifier l'assaisonnement. Servez en hors-d'œuvre, avec d'autres ingrédients, ou en entrée, avec du pain de campagne.

Vin conseillé :
avec cette salade, prenez un vin blanc sec bien frais, comme l'Orvieto.

Beignets de calmars

Calamari fritti

Cette entrée rapide à préparer, et délicieuse à déguster, est un classique des petits restaurants italiens, en particulier le long de la côte. Pour bien réussir l'enrobage de ces petits calmars frits, j'utilise une semoule de blé qui donne des beignets un peu rustiques, croustillants et bien dorés. Si vous n'avez pas de semoule, prenez une farine blanche à gâteaux, qui donnera un enrobage plus raffiné. N'oubliez pas de faire tremper les calmars dans de l'eau glacée pendant au moins dix minutes avant de les faire cuire pour que le choc thermique avec l'huile bouillante les empêche d'absorber trop l'huile et préserve leur saveur.

Pour 4 personnes en entrée :
500 g de calmars très frais
100 g de semoule de blé ou de farine à gâteaux
Sel de mer fin
1 litre à 1,5 litre d'huile d'arachide
Quartiers de citron

1. Nettoyez les calmars : lavez-les et égouttez-les soigneusement.
Coupez les tentacules juste sous les yeux. Retirez et jetez le petit bec dur situé sous les tentacules à l'endroit où ils rejoignent la tête. Videz les calmars et jetez l'os. La peau est comestible, mais vous pouvez la retirer si vous le préférez. Coupez les calmars en rondelles de 1/2 cm et les tentacules en deux dans la longueur. Lavez les calmars à nouveau et égouttez-les à fond. Mettez-les dans une grande terrine d'eau glacée au moins 10 minutes avant de les faire cuire.
2. Mettez la farine dans un sac en papier ou en plastique et ajoutez 1 cuillerée à soupe de sel. Secouez pour bien mélanger.
3. Préchauffez le four à 100 °C (thermostat 1).
4. Versez l'huile de friture dans une grande marmite de 6 litres de contenance ou utilisez une friteuse. (L'huile doit former une couche de 5 cm au moins.) Plongez un thermomètre à friture dans l'huile et faites-la chauffer à 190 °C.
5. Égouttez les calmars et séchez-les soigneusement dans un torchon. Mettez-en une poignée dans le sac de farine et secouez bien pour les enrober. Versez-les ensuite dans une passoire métallique pour retirer l'excédent de farine. Plongez les calmars enrobés par petites quantités dans l'huile bouillante et faites-les frire pendant 1 à 2 minutes jusqu'à ce qu'ils soient légèrement dorés. Avec une écumoire métallique, retirez-les du bain d'huile et déposez-les sur du papier absorbant. Saupoudrez-les aussitôt de sel fin puis mettez-les dans le

four, porte légèrement entrouverte, pour les garder au chaud.
Continuez à faire frire les autres calmars, en surveillant la température du bain d'huile de cuisson (190 °C) avant d'y plonger de nouveaux beignets. Servez aussitôt avec des quartiers de citron.

Vin conseillé :
ces calmars frits me font toujours penser à Venise, c'est pourquoi je vous suggère en même temps un vin blanc léger comme le Sauvignon du nord-est de l'Italie, de la région Frioul-Vénétie Julienne.

Scampi à l'ail et au piment

Scampi alla veneziana

Venise est une ville de rêve pour les poissons et les fruits de mer, et ce plat est typique des spécialités que l'on trouve dans les trattorias de cette cité magique. Rose, brillant et frais, il est parfait en entrée, avec un bon pain pour « saucer » et un vin blanc bien frais. J'aime le servir au début du repas, suivi d'un poulet rôti ou grillé, garni de pommes de terre à l'aïoli (page 261).

Pour 4 personnes en entrée :
500 g de grosses crevettes dans leur carapace
12 cl d'huile d'olive extra-vierge
4 belles gousses d'ail émincées
2 cuillerées à café de thym frais
1/4 de cuillerée à café de piment rouge sec
Gros sel de mer
1/4 de tasse de persil plat ciselé

1. Lavez les crevettes, épongez-les et réservez-les. Dans une poêle assez grande pour toutes les contenir en une seule couche, faites chauffer l'huile sur feu modéré. Lorsque l'huile est chaude, avant qu'elle ne fume, ajoutez l'ail, le thym, le piment et les crevettes. Remuez pour bien les enrober et faites-les cuire pendant 4 à 5 minutes, en les remuant de temps en temps, jusqu'à ce que les crevettes soient bien roses.

2. Retirez la poêle du feu et, avec une écumoire, égouttez les crevettes et mettez-les dans un plat ou sur des assiettes de service. Versez la sauce sur les crevettes, saupoudrez de gros sel et parsemez de persil. Servez aussitôt. N'oubliez pas les rince-doigts sur la table, ainsi que les serviettes en papier.

Vin conseillé :
un vin blanc sec bien frais, Pinot gris ou Chardonnay.

Souvenirs de Venise

L'élégance et le raffinement subtil de la cité se reflètent également dans sa gastronomie, qui offre un mélange harmonieux de grâce et de richesse. Comme vin, pour accompagner ce menu, choisissez un Sauvignon bien sec de la Vénétie.

Friture de poissons
Tagliatelle au crabe frais
Tiramisu (entremets au café et au mascarpone)

Espadon aux tomates et aux olives vertes

Pesce spada alla marinara

L'espadon – pesce spada (poisson épée) en italien – est une espèce très répandue en Méditerranée. La cuisson au four avec des tomates et un ingrédient salé comme les olives lui convient parfaitement. Avec sa chair blanchâtre, parfois rosée, et sa texture fine, l'espadon est un poisson ferme, moyennement gras, que l'on fait le plus souvent griller en tranches ou cuire au four en darnes. Cette recette simple peut aussi se préparer avec du thon.

Pour 4 personnes en plat principal :

3 cuillerées à soupe d'huile d'olive extra-vierge
1 darne d'espadon ou de thon de 2 cm d'épaisseur (500 g environ)
Sel de mer fin
1 petit oignon émincé
Poivre noir du moulin
1 branche de céleri taillée en petits tronçons
750 g de tomates pelées au naturel ou en purée
1/4 de cuillerée à café de piment rouge sec
1/3 de tasse d'olives vertes dénoyautées

1. Préchauffez le four à 260 °C (thermostat 9).

2. Faites chauffer l'huile sur feu modéré dans une grande poêle. Quand elle est bien chaude, avant qu'elle ne fume, mettez-y la darne de poisson et laissez-la dorer pendant 2 à 3 minutes de chaque côté, en salant et en poivrant à chaque fois. Avec une grande spatule, posez-la ensuite dans un plat à four juste assez grand pour la contenir. Réservez.

3. Toujours dans la même poêle, faites cuire l'oignon et le céleri sur feu modéré jusqu'à ce qu'ils soient translucides, pendant 4 à 5 minutes. Si vous prenez des tomates entières, posez un moulin à légumes sur la poêle et réduisez les tomates en purée dans le récipient de cuisson. Si vous prenez de la purée, versez-la directement dans la poêle. Ajoutez aussi le piment, mélangez intimement et couvrez. Laissez mijoter pendant 15 minutes jusqu'à ce que la sauce épaississe. Incorporez les olives et rectifiez l'assaisonnement.

4. Versez la sauce sur le poisson. Couvrez le plat d'une feuille de papier d'aluminium et enfournez à mi-hauteur. Faites cuire pendant 30 minutes. Pour servir, coupez la darne de poisson en quatre, retirez la peau et posez chaque portion sur une assiette de service chaude. Prenez de la sauce et nappez-en les parts de poisson.

Vin conseillé :
l'espadon appelle un vin blanc sec, comme le Sauvignon ou le Chardonnay.

Bar en papillote aux pommes de terre et aux tomates

Bransino in cartoccio

Lors d'un séjour à Florence, j'ai eu l'occasion de déguster ce délicieux poisson deux soirs de suite, avec de très légères variantes. La recette que je donne ici est celle de la *Capannina di Sante*, où le poisson est apporté entier sur la table, dans sa papillote, ce qui permet aux convives de profiter des effluves du poisson frais lorsqu'on fend le papier. À la place du bar, vous pouvez utiliser un autre poisson à chair ferme, comme la daurade. Pelez et émincez les pommes de terre à la dernière minute, sinon elles risquent de noircir.

Pour 4 personnes en plat principal :

1 bar entier (ou une daurade) de 1 kg, écaillé et vidé, avec la tête et la queue, lavé et séché
Sel de mer
Poivre noir du moulin
Plusieurs brins de thym frais
4 feuilles de laurier, fraîches de préférence
2 grosses pommes de terre pelées et taillées en fines rondelles
1 oignon moyen, très finement émincé
10 tomates cerises coupées en deux
3 cuillerées à soupe d'huile d'olive extra-vierge
Quartiers de citron pour la garniture
Huile d'olive extra-vierge en condiment sur la table

1. Préchauffez le four à 260 °C (thermostat 9).

2. Posez le poisson sur la moitié d'une feuille de papier sulfurisé assez grande pour l'envelopper à l'aise. Salez et poivrez le poisson à l'intérieur et à l'extérieur. Glissez les brins de thym et les feuilles de laurier à l'intérieur.

Disposez les pommes de terre, l'oignon et les tomates tout autour. Aspergez le tout d'huile.

3. Rabattez soigneusement l'autre moitié de papier sulfurisé sur le poisson en l'enveloppant comme un livre. Pour fermer la papillote, repliez deux fois les coins et agrafez les côtés en plusieurs endroits.

4. Déposez la papillote sur la tôle du four et enfournez à mi-hauteur. Laissez cuire 25 minutes.

5. Retirez la papillote du four et ouvrez-la avec des ciseaux.

Laissez reposer pendant au moins 3 minutes pour permettre au poisson de se raffermir avant de lever les filets.

Servez les filets sur des assiettes chaudes et ajoutez en garniture plusieurs cuillerées du mélange tomates-pommes de terre. Proposez en même temps des quartiers de citron et de l'huile d'olive.

Vin conseillé :
un vin blanc, sans aucun doute, comme un Pinot gris ou le Vernaccia di San Gimignano.

Bar aux artichauts

Branzino coi carciofi

J'adore le poisson quand il est cuit entier et j'ai une passion tout aussi dévorante pour les artichauts. Donc, quand je vois ce plat inscrit à la carte d'un restaurant, je ne pense plus qu'à une chose, le commander. C'est étonnant de voir à quel point l'harmonie est parfaite entre ce poisson de mer et ce légume. Le tour de main, dans ce plat, consiste à détailler les artichauts en fines lamelles, de sorte que, une fois précuites, elles ont le même temps de cuisson que le poisson.

Pour 4 personnes en plat principal :
4 artichauts ronds
1 citron
12 cl d'huile d'olive extra-vierge, plus 3 cuillerées à soupe
Sel de mer
Poivre noir du moulin

1 bar entier de 1 kg, écaillé et vidé, avec la tête et la queue, lavé et séché
3 cuillerées à soupe de jus de citron fraîchement pressé
Quartiers de citrons pour la garniture
4 brins de romarin frais
Huile d'olive extra-vierge en condiment sur la table

1. Préchauffez le four à 260 °C (thermostat 9)

2. Préparation des artichauts : coupez le citron en deux, pressez le jus et mettez les demi-citrons ainsi que le jus dans une terrine pleine d'eau froide. Lavez les artichauts sous le robinet d'eau froide. Avec un couteau en acier inoxydable, pour ne pas les noircir, coupez-en la queue à 2,5 cm du fond. Retirez et jetez les parties fibreuses de la queue. Rabattez en arrière les feuilles dures de l'extérieur une par une et cassez-les à la base. Continuez cette opération jusqu'à ce qu'il ne reste que le cône de feuilles jaunes à pointes vert pâle, au centre. Coupez le haut du cône de feuilles, juste au-dessous des pointes vertes. Retirez les zones vert foncé du fond. Coupez ensuite les artichauts ainsi parés en deux dans la hauteur. Avec une petite cuillère, retirez le foin, puis retaillez les demi-artichauts, toujours en hauteur, en très fines lamelles. Mettez-les aussitôt, au fur et à mesure, dans l'eau citronnée.

3. Égouttez les lamelles d'artichauts. Dans une grande poêle, versez 12 cl d'huile, les artichauts et salez. Mélangez pour bien les enrober d'huile. Faites-les sauter pendant 3 à 4 minutes sur feu modéré jusqu'à ce qu'ils soient tendres. Goûtez et rectifiez l'assaisonnement. Réservez.

4. Salez et poivrez largement le poisson à l'extérieur et à l'intérieur. Posez-le dans un grand plat à four qui le contienne à l'aise. Glissez dans la cavité ventrale les brins de romarin et autant de lamelles d'artichauts que le poisson peut en contenir. Disposez le reste des artichauts tout autour du bar, en ajoutant : leur jus de cuisson. Arrosez de jus de citron et ajoutez les 3 cuillerées à soupe d'huile restantes.

5. Enfournez le plat à mi-hauteur, ne le couvrez pas et faites cuire 30 à 40 minutes jusqu'à ce que la chair du poisson soit opaque, mais pas trop sèche, en arrosant toutes les 10 minutes. (Le temps de cuisson dépend de la taille du poisson.)

6. Sortez le poisson du four et laissez-le reposer 3 minutes pour permettre à la chair de se raffermir, puis levez les filets.

7. Répartissez les filets de bar sur des assiettes de service chaudes, ajoutez plusieurs cuillerées à soupe d'artichauts en garniture. Proposez en même temps des quartiers de citron et de l'huile d'olive extra-vierge.

Vin conseillé :
avec ce plat, c'est le Vernaccia di San Gimignano, un vin blanc bien frais, que je préfère. Il vient de San Gimignano et l'un des meilleurs est le Terre di Tufo, vieilli en fût de chêne, de Teruzzi & Puthod.

Friture de poissons

Frittura di pesce

L'une des meilleures fritures de poisson que j'aie jamais mangée est celle que prépare Cesare Benelli, propriétaire et chef à Venise du restaurant *Al Covo,* qui ne compte qu'une quarantaine de couverts. Cesare est né dans une famille de restaurateurs vénitiens (son père avait un restaurant sur le Lido). Lorsqu'il était enfant, il allait faire de la pêche sous-marine dans les environs et, en quelques minutes, il rapportait plus de petites soles que la famille ne pouvait en manger. Aujourd'hui, à cause de la pollution et de la surexploitation des fonds marins, la sole est devenue une exquise rareté à Venise. Mais Cesare sait acheter en obéissant à des critères de choix précis, et il se débrouille pour approvisionner ses cuisines en poisson de toute première fraîcheur. L'une de ses spécialités est la friture de petits poissons, d'une légèreté aérienne, croustillante et parfumée. Il m'a confié son secret : une fois que les poissons sont lavés, laissez-les tremper dans de l'eau glacée pendant quelques minutes. La différence de température entre le poisson très froid et l'huile bouillante évite à la chair d'absorber trop d'huile.

Pour 4 à 6 personnes en entrée :
500 g de petits poissons mélangés, anchois, sardines, blanchaille, petits filets de soles, avec quelques crevettes et calmars coupés en rondelles
135 g de farine blanche très fine
Sel de mer
Poivre noir du moulin
Une pincée de poivre de Cayenne
1 litre à 1,5 litre d'huile de friture
Quartiers de citron pour la garniture

1. Lavez les poissons et laissez-les tremper dans de l'eau glacée pendant au moins 10 minutes avant de les faire frire.
2. Versez la farine dans un sac en papier ou en plastique, ajoutez 1/4 de cuillerée à café de sel, du poivre et le Cayenne. Secouez pour mélanger.
3. Préchauffez le four à 100 °C (thermostat 1).
4. Versez l'huile dans une grande marmite de 6 litres de contenance, ou une friteuse. (L'huile doit former une couche de 5 cm au moins.) Plongez un thermomètre à friture dans le bain d'huile et faites-la chauffer à 190 °C.
5. Égouttez les poissons et séchez-les à fond. Mettez-en une poignée dans le sac de farine et secouez pour les enrober. Versez-les ensuite dans une passoire pour faire tomber l'excédent de farine.

Plongez les poissons farinés par petites quantités dans le bain d'huile. Laissez-les colorer régulièrement pendant 1 à 2 minutes. Puis avec une écumoire, égouttez-les et posez-les sur du papier absorbant. Salez aussitôt, avant de les mettre dans le four, porte légèrement entrouverte, pour les tenir au chaud pendant que vous faites cuire le reste.

Chaque fois que vous avez égoutté une portion de poissons, laissez le bain de friture revenir à la température de 190 °C avant d'en rajouter d'autres.

Servez sans attendre, avec les quartiers de citron.

Vin conseillé :
avec les fritures légères, buvez un blanc léger, Sauvignon, comme ceux que l'on trouve en Frioul-Vénétie Julienne.

🐟 Conseils de cuisson pour les petites fritures

* Prenez toutes les sortes de poissons que vous désirez, entiers, en filets ou en tranches, mais veillez à ce qu'ils soient tous de la même taille et du même volume : pas plus de 4 cm d'épaisseur et pas plus de 13 à 15 cm de long. (Les petits poissons comme les anchois, les sardines et la blanchaille peuvent frire entiers, car la friture ramollit les arêtes et les rend comestibles.)

* Prenez une farine très fine, pour qu'elle forme un enrobage léger et croustillant en permettant aux poissons de rester moelleux à cœur.

* Préchauffez le bain d'huile à 190 °C : trop chaude, l'huile risque de brûler le poisson et son enrobage ; si elle n'est pas assez chaude, le poisson va absorber trop d'huile.

* Faites tremper les poissons dans de l'eau glacée et séchez-les soigneusement avant de les faire frire.

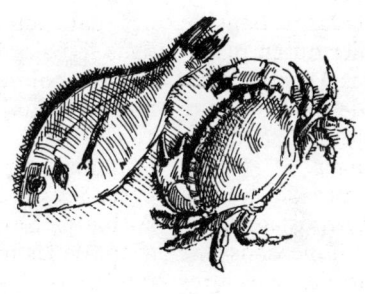

Viandes et volailles

Blancs de poulet à la sauge

Petti di pollo alla salvia

*« Le printemps plaît aux regards et
l'automne réjouit le palais. »*
    Adage italien.

Depuis le jour où j'ai découvert cette délicieuse recette de poulet d'une grande simplicité à l'*Antico Fattore* à Florence, elle est devenue un classique de mon répertoire personnel. J'aime beaucoup découper le poulet pour ne garder que les blancs et utiliser le reste de la volaille pour un bouillon. La marinade rapide au jus de citron, à l'huile et à la sauge parfume le poulet et attendrit la chair en même temps. N'oubliez pas de goûter les feuilles de sauge avant de les utiliser : parfois elles ont une saveur amère. Mais ne prenez pas de sauge séchée. À défaut, prenez du romarin ou de l'estragon frais. Présentez en même temps le risotto au citron (page 156) ou simplement des pâtes au beurre.

Pour 4 personnes :
2 blancs de poulet désossés coupés en deux (180 g chaque)
3 cuillerées à soupe de jus de citron fraîchement pressé
5 cuillerées à soupe d'huile d'olive extra-vierge
28 feuilles de sauge fraîche
45 g de beurre
Sel de mer fin
Poivre noir du moulin
2 citrons coupés en deux pour la garniture

1. Mettez les blancs de poulet dans un plat à four en pyrex. Ajoutez le jus de citron, 3 cuillerées à soupe d'huile et les feuilles de sauge. Retournez les blancs de poulet dans la marinade pour bien les enrober, couvrez et laissez reposer à température ambiante pendant 30 minutes.

2. Égouttez les blancs de poulet et épongez-les. Passez la marinade dans une jatte ; réservez les feuilles de sauge à part.

3. Mettez le beurre et le reste d'huile dans une grande poêle et faites chauffer sur feu modéré jusqu'à ce que le mélange soit bien chaud.

Ajoutez les blancs de poulet, face lisse contre le fond, et faites-les cuire 5 minutes jusqu'à ce qu'ils soient bien dorés. Retournez-les, salez et poivrez largement.

Mettez les feuilles de sauge réservées tout autour des blancs et poursuivez la cuisson pendant 5 à 10 minutes jusqu'à ce que les morceaux soient bien dorés dessous, la chair blanche à cœur mais encore juteuse. Ne laissez pas brûler les feuilles de sauge.

4. Retirez la poêle du feu. Mettez les blancs de poulet sur une planche à découper, salez et poivrez à nouveau.

Découpez les blancs en diagonale, en tranches épaisses, et disposez-les sur des assiettes de service chaudes.

Disposez les feuilles de sauge sur les morceaux et couvrez le tout de papier d'aluminium sans serrer.

5. Jetez la matière grasse de la poêle. Posez-la à nouveau sur feu modéré et versez dedans la marinade. Remuez avec une cuillère en bois en déglaçant le fond de la poêle. La sauce va se mettre à bouillir aussitôt. Dès qu'elle forme un jus brun (moins d'une minute), arrosez-en les blancs de poulet.

Garnissez de quartiers de citron et servez aussitôt.

Vin conseillé :
à l'*Antico Fattore*, nous avons pris le vin de la maison, Ruffino Chianti Ducale, un bon cru de Toscane.

Poulet à la brique

Pollo al mattone

C'est ce plat en particulier qui m'a donné l'idée de ce livre. Il y a quelques années, j'ai dégusté ce poulet délicieusement croustillant dans un petit restaurant de Toscane, *Da Giulio*, à Lucques. Je l'ai tellement aimé qu'il me fallait absolument la recette, et, je me suis retrouvée dans la cuisine, mon stylo et mon carnet à la main. Ma démarche était si instinctive, si spontanée, que je me suis demandé comment j'étais arrivée là. Mais j'étais déjà en train d'écrire les détails de la préparation de ce plat typiquement italien. Presque en même temps une petite lumière s'est mise à clignoter dans ma tête : je savais que le sujet de mon prochain livre serait la cuisine italienne des petits restaurants. Pour plaisanter, j'appelle ce plat le « poulet fracassé », car il est en effet cuit entier, écrasé dans la poêle bien chaude par le poids d'une lourde brique, le mattone. En fait, les magasins d'articles de cuisine vendent une « brique » spéciale, faite de deux coques en terre cuite qui s'emboîtent l'une dans l'autre, une partie plate et une partie bombée, spécialement conçues pour faire cuire le poulet « à la brique ». La pression exercée sur le poulet n'est pas superflue ou inutile : elle permet une cuisson plus régulière et donne une peau croustillante, pas grasse du tout, toute la graisse étant évacuée de la volaille par pression. La même technique peut être utilisée pour faire cuire du poulet sur des braises, en posant des briques dessus. Cuit entier et non désossé, le poulet a davantage de goût que s'il est découpé ou désossé. J'aime bien servir ce poulet avec des pommes de terre à la vapeur et de l'aïoli. Le seul tour de main, ici, est de bien savoir régler la température de cuisson, car on ne peut pas surveiller directement la peau du poulet et s'assurer qu'elle ne brûle pas. Il faut savoir deviner à l'odeur et régler le feu entre modéré et moyen, car le poulet doit cuire régulièrement, pas trop rapidement.

Pour 4 à 6 personnes :
1 poulet de grain de 2 kg
2 cl d'huile d'olive extra-vierge
Sel de mer
Poivre noir du moulin

1. Posez le poulet sur une planche, poitrine dessous. Avec des cisailles à volaille, fendez-le sur toute la longueur. Ouvrez-le et aplatissez-le bien avec la paume de la main.

Retournez le poulet et, avec un couteau pointu, faites des entailles dans la peau près du croupion pour y glisser le bout des ailerons afin qu'ils ne bougent plus.

Le poulet doit être aussi plat que possible pour qu'il cuise régulièrement.

2. Dans une poêle assez grande pour contenir le poulet à plat en entier, faites chauffer l'huile sur feu modéré.

Lorsque l'huile est chaude, mais avant qu'elle ne fume, posez le poulet dedans, peau contre le fond. Mettez un couvercle ou une autre poêle sur le poulet, puis un poids de 5 kg environ (une brique ou une pierre). Faites cuire sur feu moyen pendant environ 12 minutes, jusqu'à ce que la peau soit bien dorée. Retirez le poids et le couvercle.

Avec des pincettes pour ne pas percer la viande, retournez le poulet, salez et poivrez largement. Remettez en place le couvercle et le poids et poursuivez la cuisson pendant 12 minutes encore.

Pour vérifier si le poulet est cuit, percez la chair avec une brochette : le jus qui coule doit être clair.

3. Posez le poulet sur une planche à découper et glissez sous celle-ci le coin d'un plat pour que la tête du poulet soit surélevée par rapport au croupion. (En s'écoulant dans le poulet, le jus parfume davantage la chair.)

Couvrez le poulet d'une feuille de papier d'aluminium. Laissez reposer pendant au moins 10 minutes (jusqu'à 30 minutes). Si vous le désirez, vous pouvez garder le poulet au chaud dans le four.

4. Pour servir, découpez le poulet et servez sur des assiettes chaudes.

Vous pouvez aussi servir à température ambiante.

Vin conseillé :
un bon vin assez corsé, soit un blanc (Vernaccia di San Gimignano), soit un rouge (Cabernet toscan d'Antinori).

🐂 Les tomates : fraîches ou en conserve, entières ou en purée

Pour préparer de la sauce tomate, les tomates en conserve sont souvent préférables aux fraîches. Pour ces dernières, les différences de prix et de qualité varient d'un extrême à l'autre et la préparation est assez fastidieuse, alors que les tomates en conserve de qualité permettent tout au long de l'année d'avoir en réserve un produit fiable. Les marques sont nombreuses et disponibles pratiquement partout. Faites un test chez vous, en préparant de la sauce tomate avec plusieurs marques différentes, soit françaises, soit italiennes, pour vous fixer sur la saveur que vous préférez. De bonnes tomates en conserve doivent donner une sauce consistante, avec une saveur de tomate fraîche, sans arrière-goût de concentré de tomate.

Les recettes de cet ouvrage utilisent à loisir des tomates pelées entières au naturel ou des tomates réduites en purée, qui sont les deux formes les plus courantes de tomates en conserve. Je préfère pour ma part les tomates entières qui donnent une sauce plus raffinée, avec un vrai goût de tomate. Passez simplement les tomates entières au moulin à légumes, avec leur jus, ce qui permet d'éliminer facilement les morceaux de pulpe plus durs ainsi que les graines, qui donneraient de l'amertume à la sauce.

Les tomates déjà réduites en purée ont tendance à donner une préparation plus épaisse que les tomates entières, de sorte qu'il faut raccourcir légèrement le temps de cuisson.

Poulet en poivronade

Pollo alla peperonata

Certains plats vous posent de tels défis, quand on aime cuisiner, qu'ils vous obligent à recommencer plusieurs fois avant d'obtenir un résultat satisfaisant. Un soir d'août à Florence, à l'*Osteria del Cinghiale bianco*, un restaurant très simple, j'ai commandé un poulet sauté aux poivrons rouges et à l'oignon, une garniture qui porte le nom de *peperonata*, c'est-à-dire en quelque sorte « poivronade ». Ces fines languettes de poivron rouge, toutes luisantes dans leur jus, étaient entremêlées de lamelles d'oignon qui avaient pratiquement fondu dans la cuisson. Le plat était comme un concentré de tous les parfums de la Méditerranée. On aurait pu croire que cette fondue de légumes avait une consistance de viande tellement elle était dense et savoureuse. Chez moi, je me mis au travail pour ressusciter la recette, mais malgré mes nombreuses tentatives, je n'y parvenais pas, le mélange restait trop fade, sans vie, sans rien de spécial. Finalement, je recommençai une dernière fois en réfléchissant bien aux opérations et je réussis quelque chose qui n'était pas très loin de ce que j'avais dégusté à Florence. Le truc est simple : il faut émincer les oignons très finement, pour qu'ils cuisent rapidement en se ramollissant. Les poivrons sont cuits séparément, jusqu'au point où ils fondent et rendent l'huile qui les imprègne. Le vinaigre balsamique en fin de cuisson donne au plat une touche spéciale, tout en harmonisant les saveurs. J'aime servir ce plat avec des morceaux de polenta grillés (page 170), le tout précédé d'une salade de tomates à la mozzarella ou de pâtes, pour finir sur une corbeille de fruits de saison.

Pour 4 à 6 personnes :
4 poivrons rouges (750 g), taillés en fines languettes
Sel de mer fin
7 cuillerées à soupe d'huile d'olive extra-vierge
2 oignons moyens (300 g), pelés
1 cuillerée à soupe de romarin frais finement haché
1 cuillerée à soupe de sucre
1 poulet de 1,5 à 2 kg, à température ambiante, coupé en 8 morceaux
Poivre noir du moulin
1 cuillerée à soupe de beurre
480 g de tomates entières au naturel ou en purée
Plusieurs brins de persil, feuilles de laurier, romarin frais et feuilles de céleri, liés en bottillon avec du fil de cuisine
12 cl de bouillon de volaille, de préférence maison (page 259)
1 cuillerée à soupe de vinaigre balsamique

1. Versez dans une grande poêle les poivrons, une pincée de sel et 2 cuillerées à soupe d'huile.

Mélangez et faites cuire sur feu très doux, en remuant de temps en temps, pendant 15 minutes jusqu'à ce que les poivrons soient bien tendres et luisants. Retirez la poêle du feu et réservez.

2. Pendant ce temps, coupez un oignon en deux dans la hauteur.

Posez chaque demi-oignon sur la planche à découper, face coupée contre la planche, et émincez-le très finement. Émincez le deuxième oignon de la même façon. Il vous faut environ 1 tasse pleine d'oignons émincés.

3. Dans une autre poêle, mélangez les oignons, une pincée de sel, le romarin, le sucre et 2 cuillerées à soupe d'huile. Mélangez et faites cuire à découvert sur feu très doux, en remuant de temps en temps, pendant 10 minutes jusqu'à ce que les oignons soient très tendres et brillants. Retirez du feu et réservez.

4. Salez et poivrez largement les morceaux de poulet.

Dans une troisième poêle, faites chauffer le reste d'huile avec le beurre. Lorsque le mélange est bien chaud, posez plusieurs morceaux de poulet dedans et faites-les cuire, peau dessous, pendant 5 minutes. N'en mettez pas trop à la fois dans la poêle mais procédez en plusieurs fois. Réglez bien le feu pour ne pas risquer de brûler la peau du poulet.

Lorsque tous les morceaux sont bien dorés, remettez-les dans la poêle.

Si vous prenez des tomates entières, placez un moulin à légumes sur la poêle et réduisez les tomates en purée directement dans l'ustensile de cuisson.

Si elles sont en purée, versez celle-ci directement dans la poêle. Ajoutez le bouquet garni, mélangez et laissez mijoter pendant 25 à 30 minutes, en couvrant partiellement la poêle, jusqu'à ce que les morceaux de poulet soient bien cuits.

Retirez le bouquet garni et jetez-le. Ajoutez le vinaigre balsamique et faites cuire encore 1 minute.

5. Servez sans attendre sur des assiettes chaudes avec la garniture et la sauce.

Vin conseillé :
ce plat relevé, un peu acide, n'est pas facile à harmoniser avec un vin, choisissez donc tout simplement un bon Chianti ou un Valpolicella.

Poulet à la diable au citron et au poivre noir

Pollo alla diavola

> *« Amarone... un vin d'un bouquet incomparable, profond et racé. Mais oubliez tout ça et écoutez la manière dont Luciano Pavarotti en prononce le nom – Ama-ro-nai – comme le chant d'une sirène, une vraie séduction. »*
>
> Leonard Bernstein, *The Official Guide to Wine Snobbery*.

Les plats dits « à la diable » sont peut-être les plus typiques des spécialités italiennes que l'on déguste dans les trattorias. Le « feu » en question provient des grains de poivre noir concassés qui imprègnent la chair du poulet en train de mariner avec de l'huile d'olive extra-vierge et du jus de citron fraîchement pressé. Le rôtissage ne fait que sublimer les parfums, pour vous donner un plat d'une belle intensité, quel que soit le temps qu'il fait. J'aime le servir avec des tomates rôties (page 27) et éventuellement des pommes de terre aux olives noires (page 63).

Pour 4 à 6 personnes :
1 poulet de grain de 1,5 kg environ
5 cuillerées à soupe de jus de citron
3 cuillerées à soupe d'huile d'olive extra-vierge
1 cuillerée à soupe environ de grains de poivre noir concassés
Sel de mer fin

1. Préparez le poulet : mettez-le à l'envers sur une surface plane. Avec une paire de cisaille à volaille, fendez le poulet sur toute la longueur. Ouvrez-le à plat et appuyez fortement dessus avec la paume de la main pour l'aplatir complètement. Retournez le poulet et, avec un couteau pointu, faites des entailles près du croupion et enfilez dedans les pointes des ailerons. Le poulet doit être aussi plat que possible pour que la cuisson soit régulière.

2. Posez le poulet ainsi préparé dans un plat creux, ajoutez le jus de citron, l'huile et le poivre concassé. Couvrez et laissez mariner à température ambiante pendant 30 minutes, en retournant le poulet avec des pincettes de temps en temps.

3. Préchauffez le gril du four, ou préparez un feu de charbon de bois. Le feu est prêt lorsque les braises sont rouges et couvertes de cendres.

4. Salez largement le poulet. Placez-le peau dessus sous le gril, à 13 cm environ de celui-ci pour qu'il puisse cuire régulièrement sans brûler.

Faites cuire pendant 15 minutes jusqu'à ce que la peau soit bien dorée, en arrosant de temps en temps avec la marinade.

En prenant des pincettes pour ne pas percer la viande, retournez-le et faites cuire l'autre côté en arrosant de temps en temps pendant encore 15 minutes. Pour voir si le poulet est bien cuit, percez-le avec une brochette : le jus qui coule doit être clair.

5. Sortez le poulet du four, salez-le à nouveau et rajoutez un peu de poivre concassé si vous le désirez. Pour servir, coupez-le en quatre et émincez les blancs, disposez les portions sur des assiettes bien chaudes.

Vin conseillé :
un bon vin blanc, Chardonnay, ou un rouge velouté, comme le Reccioto della Valpolicella Amarone.

Poulet poché en sauce aux fines herbes

Pollo bollito in salsa verde

Le poulet poché dans un bouillon, bien tendre et moelleux, et la sauce aux fines herbes bien parfumée semblent faits l'un pour l'autre. Le parfum subtil de la volaille s'harmonise à la perfection avec le goût relevé et aromatique de la sauce verte. La cuisson à l'eau est la méthode traditionnelle pour avoir du même coup le bouillon et la viande.

Pour 6 personnes :
1 poulet bridé, prêt à cuire, de 1,5 à 2 kg, à température ambiante.
2 gros oignons coupés en deux et piqués de 2 clous de girofle
3 belles gousses d'ail
Plusieurs brins de persil, feuilles de céleri et brins de thym, avec quelques branches de céleri, le tout ficelé en bottillon
4 grandes carottes parées, pelées et liées en bottillon
4 branches de céleri, parées et liées en bottillon
6 grains de poivre entiers 25 cl de sauce verte (page 254)

1. Mettez tous les ingrédients ci-dessus (sauf ceux de la sauce) dans une grande marmite de 8 litres de contenance. Recouvrez d'eau froide et portez à la limite de l'ébullition sur feu vif. Écumez les impuretés qui remontent à la surface. Baissez le feu et laissez pocher tout doucement pendant 3 heures, en écumant de temps en temps.

2. Pour servir : égouttez le poulet et réservez. Avec une écumoire, retirez les légumes de la marmite. Jetez le bouquet garni et l'ail.

Déficelez le poulet et les légumes. Découpez le poulet et posez les morceaux sur des assiettes chaudes.

Entourez de légumes et servez aussitôt avec la sauce à part.

3. Pour préparer le bouillon avec la cuisson du poulet : tapissez une passoire avec un torchon mouillé et

posez le tout sur une grande terrine.
Passez le bouillon louche par louche, sans le verser directement de la marmite. Vous pouvez conserver le bouillon au réfrigérateur dans un récipient fermé pendant 3 jours ou au congélateur pendant 1 mois.

Vin conseillé :
avec ce poulet, je vous suggère un bon Chianti classico ou Barbera d'Alba.

🐖 Du poivre concassé

Vous pouvez acheter dans le commerce du poivre concassé, mais si vous le préparez vous-même, il aura une saveur supérieure, plus fraîche et plus piquante. Voici comment procéder : sur le plan de travail, écrasez les grains avec un maillet ou le fond d'une casserole. Vous pouvez aussi les concasser dans un mortier avec un pilon.

Poulet chasseur

Pollo alla cacciatora

Existe-t-il au monde un plat de poulet plus connu et plus apprécié ? Lorsque j'étais enfant, c'était l'une de mes recettes préférées et j'ai l'impression de sentir encore l'odeur du poulet que ma mère faisait cuire sur sa cuisinière toujours encombrée. Aujourd'hui, il suffit que je prononce l'expression de « poulet chasseur » pour que tout le monde applaudisse. Comme bien des plats proposés dans ce livre, cette recette est un compromis que j'ai dû réaliser entre les différentes versions goûtées ici et là dans les trattorias. Elle met bien en valeur l'un des légumes que les Italiens préfèrent, le céleri. Choisissez un bon poulet : il fera la différence entre un plat de tous les jours et une recette qui sort de l'ordinaire. Je le sers tel quel en plat principal, mais vous pouvez l'accompagner de pommes de terre à l'eau ou à la vapeur.

Pour 4 à 6 personnes :
1 poulet de 1,5 à 2 kg, à température ambiante, coupé en 8 morceaux
Sel de mer et poivre noir du moulin
3 cuillerées à soupe d'huile d'olive extra-vierge
1 cuillerée à soupe de beurre
2 branches de céleri finement émincées
1 petit oignon émincé
1/4 de cuillerée à café de piment rouge sec
750 g de tomates entières au naturel ou en purée
Plusieurs brins de persil, feuilles de laurier et de céleri, brins de romarin, le tout lié en bottillon avec du fil de cuisine

1. Salez et poivrez largement les morceaux de poulet. Faites chauffer l'huile et le beurre dans une grande poêle sur feu vif. Lorsque le mélange est chaud, posez dedans plusieurs morceaux de poulet et faites-les cuire peau dessous pendant 5 minutes jusqu'à ce qu'ils soient bien dorés.

Retournez-les et faites-les dorer de l'autre côté pendant encore 5 minutes. Ne mettez pas trop de morceaux dans la poêle et procédez en plusieurs fois. Réglez soigneusement le feu pour éviter de brûler la peau. Lorsque tous les morceaux sont dorés, mettez-les dans un plat.

2. Ajoutez dans la poêle l'oignon, le céleri et le piment, salez et faites cuire pendant 4 à 5 minutes sur feu modéré jusqu'à ce que l'oignon soit translucide.

Si vous prenez des tomates entières, placez un moulin à légumes sur la poêle et réduisez-les en purée directement dans l'ustensile de cuisson.

Si vous prenez des tomates en purée, versez celle-ci dans la poêle. Ajoutez aussi le bouquet garni, mélangez et faites mijoter pendant 5 minutes.

Remettez les morceaux de poulet dans la sauce et faites mijoter, en couvrant partiellement, pendant 25 à 30 minutes jusqu'à ce que le poulet soit bien cuit. Retirez le bouquet garni et jetez-le.

3. Répartissez les portions sur des assiettes chaudes, entourez de sauce et servez aussitôt.

Vin conseillé :
avec ce poulet chasseur, prenez un bon Chianti classico.

> « Il y eut encore une expérience intéressante, ce fut l'Italie. C'était resté un pays où le vin faisait partie de la vie – nous cueillions des grappes de raisin au bord de la route dans les vignobles pour apaiser notre soif au fur et à mesure que la huitième armée progressait en cliquetant et en grondant vers le nord dans un nuage de poussière – et où les hommes faisaient pousser la vigne comme si cela allait de soi et posaient sur la table des carafes à chaque repas, comme si cela allait aussi de soi. »

Cyril Ray, *Ray on Wine*.

☛ Attention aux peperoncini

Les Italiens appellent *peperoncino* ce que nous connaissons sous le nom de piment rouge, sec et piquant. Un jour où je sillonnais les allées du marché aux légumes et aux fruits de Florence, je remarquai un marchand qui vendait des paniers entiers de piments rouges, avec un petit écriteau en anglais où l'avertissement était clair : « Trip to hell ! » (Voyage vers l'enfer). En Italie, le piment rouge intervient dans presque tous les plats, mais à doses modestes, généralement dans des ragoûts ou des sauces, ou encore pour parfumer des olives ou de l'huile. Le piment ne donne pas seulement du piquant dans un plat, il sert aussi à rehausser les saveurs et ajoute une touche particulière. Comme l'intensité des piments est variable d'une espèce à l'autre, les recettes présentées ici font toutes appel à une variété spéciale : le piment rouge sec, vendu en flacon, disponible au rayon des épices dans les grandes surfaces. Il existe pour juger de l'intensité des piments une échelle de valeur, baptisée du nom de Scoville, et sur cette échelle, le piment rouge se situe entre 25 000 et 50 000 unités de chaleur. (À titre comparatif, le poivre de Cayenne se situe à 40 000 unités et le piment mexicain japaleno à 55 000 unités. Sur l'échelle, un piment évalué à 20 000 unités est deux fois moins piquant qu'un piment évalué à 40 000 unités.) Le piment rouge en flacon, vient de Chine, d'Inde ou du Pakistan. Généralement, le piment entier est séché, puis écrasé, une fois la queue et le pédoncule retirés. Les piments séchés entiers – capsicum – doivent être conservés au réfrigérateur pour garder leur belle couleur brillante. Les piments rouges écrasés se conservent dans une boîte hermétique pendant environ 2 ans. Jetez ceux dont la couleur a viré, car ils sont devenus amers. Lorsque vous voyagez en Italie, achetez des piments séchés entiers et utilisez-les dans une recette mais surtout retirez-les de la cuisson avant de servir.

Lapin aux poivrons rouges et à la polenta

Coniglio alla cacciatora

J'ai goûté ce plat pour la première fois un jour ensoleillé de mai, dans le Piémont, mais, en réalité, il évoque toujours pour moi l'époque de Noël, surtout lorsque la polenta est préparée avec une farine de maïs couleur d'ivoire pâle. Les teintes chaleureuses de la sauce rutilante à base de poivrons rouges et de tomates, rehaussée d'herbes aromatiques, sont splendides en contraste avec la polenta toute fumante. C'est Claudia Verro, une cuisinière pleine d'enthousiasme qui m'a donné la recette. Avec son mari Tonino, elle tient un restaurant débordant de charme romantique, la *Contea,* dans le hameau de Neive. Lorsque vous cuisinez ce plat, prenez le temps de bien effeuiller le thym et de hacher le romarin à la main avant de les ajouter dans la sauce, pour éviter de retrouver des brindilles dans vos assiettes.

Pour 4 à 6 personnes :
1 lapin de 1,5 kg en morceaux
9 cuillerées à soupe d'huile d'olive extra-vierge
5 cuillerées à soupe de jus de citron fraîchement pressé
2 cuillerées à soupe de thym frais
2 cuillerées à soupe de romarin frais finement haché
3 feuilles de laurier, fraîches de préférence
4 poivrons rouges taillés en fines lamelles
480 g de tomates entières au naturel ou en purée

Sel de mer et poivre noir du moulin
La recette de polenta (page 170), servie chaude en dôme

1. Dans un grand plat creux, faites mariner le lapin en morceaux avec 3 cuillerées à soupe d'huile, le jus de citron et les aromates, à température ambiante, pendant au moins 1 heure, et jusqu'à 3 heures, en les retournant de temps en temps.

2. Dans une sauteuse assez grande pour contenir tous les morceaux, faites chauffer 3 cuillerées à soupe d'huile. Lorsqu'elle est chaude, avant qu'elle ne fume, ajoutez les poivrons, remuez-les bien et baissez le feu.

Faites-les cuire pendant environ 10 minutes en remuant de temps en temps. Ne les laissez pas brûler.

Si vous prenez des tomates entières, placez un moulin à légumes sur la poêle et réduisez-les en purée directement dans l'ustensile de cuisson.

Si vous prenez des tomates en purée, versez celle-ci dans la sauteuse. Salez et poivrez, mélangez intimement, couvrez et poursuivez la cuisson pendant 30 minutes en remuant de temps en temps.

3. Pendant ce temps, faites cuire le lapin. Égouttez les morceaux et essuyez-les soigneusement, salez-les et poivrez-les. Réservez la marinade. Dans une très grande poêle, faites chauffer le reste de l'huile sur feu modéré.

Lorsqu'elle est bien chaude, mais qu'elle ne fume pas encore, posez les morceaux de lapin dedans. Baissez aussitôt le feu (sinon, la chair va se dessécher), couvrez et faites cuire pendant environ 5 minutes de chaque côté, en remuant la poêle de temps en temps, jusqu'à ce que les morceaux soient légèrement dorés. (Le temps de cuisson exact dépend de la taille des morceaux.)

4. Égouttez les morceaux de lapin et mettez-les dans la sauce tomate aux poivrons, en les enfouissant bien dedans. Déglacez la poêle de cuisson du lapin avec la marinade réservée, grattez les sucs, puis versez le jus obtenu dans la sauteuse.

Mélangez, couvrez et poursuivez la cuisson pendant encore 30 minutes. Retirez les feuilles de laurier et jetez-les.

5. Pour servir, répartissez les morceaux de lapin sur les assiettes chaudes, nappez de sauce aux poivrons et posez quelques cuillerées de polenta toute chaude à côté. Servez aussitôt.

Vin conseillé :
avec ce plat, nous avions dégusté un vieux Barolo extraordinaire et je vous suggère la même chose, si vos finances vous le permettent. Sinon, prenez un vin rouge corsé.

Le découpage du lapin
Pour découper un lapin entier avant la cuisson : posez-le sur le plan de travail, ventre en-dessous. Parez les bouts de peau qui dépassent, le bout des pattes avant et tous les petits os en excédent. Avec un couteau de cuisine bien lourd, coupez le lapin en trois dans le sens transversal pattes et train arrière, râble, pattes avant avec la cage thoracique. Recoupez le train arrière en deux pour obtenir deux morceaux, fendez aussi en deux la partie avant de la carcasse pour séparer les pattes avant. Coupez enfin le râble en trois morceaux réguliers.

Sauté de porc à l'ail, épinards et pois chiches

Ceciata di suino della casa

Brillant et coloré, avec le vert de l'épinard, les teintes acajou du porc et la texture charnue des pois chiches, ce plat de viande original est une spécialité de la *Trattoria Cammillo,* un petit restaurant populaire qui existe à Florence depuis 1946. C'est là que Cammillo Masiero avait ouvert une trattoria minuscule où ses copains venaient jouer aux cartes et prenaient le plat du jour. Aujourd'hui, c'est son petit-fils Francesco Masiero qui a repris le flambeau. L'endroit est toujours aussi animé et les gens du quartier côtoient les touristes. La dernière fois que j'y ai fait halte, j'ai passé une partie de la soirée dans la cuisine qui communique avec la salle, pour me faire expliquer ce plat par le chef, lequel s'est exécuté avec gentillesse. Depuis, la recette fait partie de mes plats préférés. Vous pouvez aussi la cuisiner avec de l'agneau.

Pour 4 à 6 personnes :
250 g de pois chiches
6 cuillerées à soupe d'huile d'olive extra-vierge
Plusieurs brins de persil et de thym, une feuille de laurier et plusieurs feuilles de céleri, liés en bottillon avec du fil de cuisine
500 g d'épinards frais, lavés et équeutés
Sel de mer au goût
500 g de longe de porc coupée en morceaux de 3 cm de côté
8 à 12 belles gousses d'ail émincées
1/2 cuillerée à café de piment rouge sec
Poivre noir du moulin

1. Lavez les pois chiches et égouttez-les en éliminant les graviers éventuels. Mettez-les dans un grand saladier, couvrez d'eau bouillante et laissez reposer pendant 1 heure. Égouttez-les à nouveau et lavez-les, puis jetez l'eau.

2. Mettez les pois chiches dans une casserole moyenne. Ajoutez 2 cuillerées à soupe d'huile et le bouquet garni, couvrez d'eau froide et portez à la limite de l'ébullition sur feu modéré. Baissez le feu, couvrez et laissez mijoter doucement pendant 1 heure. Salez et poursuivez la cuisson pendant encore 1 heure jusqu'à ce que les pois soient bien tendres. (Vérifiez le niveau d'eau toutes les demi-heures et rajoutez-en si nécessaire.) Lorsqu'ils sont cuits, goûtez et rectifiez l'assaisonnement, puis égouttez-les. Retirez le bouquet garni et jetez-le. Réservez les pois chiches.

3. Mettez les épinards dans une grande sauteuse et salez. Couvrez et laissez fondre sur feu moyen pendant 5 minutes environ en remuant de temps en temps jusqu'à ce que les feuilles aient perdu leur volume. Égouttez-les et pressez-les pour évacuer le maximum d'eau. Avec un couteau en inox, hachez-les finement. Réservez.

4. Mettez les morceaux de porc dans une grande sauteuse, ajoutez le reste d'huile, l'ail émincé et le piment. Mélangez bien et faites sauter les morceaux de porc sur feu modéré en réglant la chaleur pour éviter de faire brûler l'ail. Les morceaux de porc, compte tenu de leur taille doivent être cuits en 5 à 7 minutes. Salez et poivrez.

Ajoutez les pois chiches et les épinards. Faites réchauffer le tout, goûtez pour rectifier l'assaisonnement.

Répartissez dans des assiettes chaudes et servez aussitôt.

Vin conseillé :
avec ce plat, proposez un vin assez charpenté, comme le Vino Nobile di Montepulciano.

Rôti de porc au romarin

Arista

« *Le rôti parfumé d'herbes aromatiques et pénétré d'huile d'olive nous embaume les narines et invite au festin.* »
Angelo Pellegrini, *The Unprejudiced Palate*.

Le secret de ce succulent rôti de porc est simple : commencer la cuisson à four très chaud, pour saisir et colorer l'extérieur et empêcher le jus de sortir, puis poursuivre à chaleur plus modérée afin de cuire la viande lentement sans la dessécher. Surtout ne désossez pas le carré, car les os ajoutent du goût à la viande. Mais demandez à votre boucher de casser les manches des côtes, ce qui permet ensuite de découper le carré en portions épaisses après la cuisson. Je sers toujours cette spécialité florentine avec des pommes de terre au four. On trouve une excellente version de ce plat au *Coco Lezzone*, à Florence, une petite trattoria où l'on s'assied au coude à coude autour d'une seule grande table. Le chef m'a confié que son secret était de cuire la viande avec les os, d'abord à four chaud, puis à chaleur réduite. La touche finale est de farcir le carré avec du romarin frais qui parfume toute la viande. Le lendemain, les restes du rôti sont excellents froids.

Pour 6 personnes :
1 carré de porc, os fendus, de 2,5 kg environ
2 brins de romarin frais
Sel de mer et poivre noir du moulin
38 cl de vin blanc sec
38 cl d'eau

1. Préchauffez le four à 200 °C (thermostat 6-7).
2. Avec une brochette ou un couteau pointu, percez la partie la plus charnue de la viande à chacun des bouts. Glissez un brin de romarin de chaque côté. Salez et poivrez largement le rôti. Mettez-le, face grasse en dessus, os en dessous, sur la grille de la tôle du four.
Enfournez à mi-hauteur et faites rôtir pendant 30 minutes environ, jusqu'à ce que la peau soit croustillante et bien dorée ; la viande doit commencer à lâcher du gras et du jus.
3. Baissez la chaleur à 160 °C (thermostat 3-4) et arrosez avec le jus de viande en ajoutant 12 cl d'eau et 12 cl de vin dans la plaque du four.
Continuez à ajouter peu à peu de l'eau et du vin pour maintenir toujours la même couche de liquide dans la plaque et arrosez toutes les 20 minutes.
Faites rôtir le carré en comptant 25 minutes par livre, jusqu'à ce qu'un thermomètre à lecture instantanée vous indique la température de 85 °C. (Si vous utilisez un thermomètre à viande qui se pique dedans, attention à ne pas toucher d'os.)
Sortez le rôti du four, salez et poivrez aussitôt et couvrez-le d'une feuille de papier aluminium sans le serrer.
Laissez reposer pendant 15 minutes (le thermomètre doit indiquer alors 90 °C.) Comme la viande continue à cuire – et même risque de se dessécher – pendant ce temps de repos, ne le prolongez pas au-delà de 15 minutes.
4. Pendant ce temps, dégraissez le jus et posez la

plaque de cuisson sur feu doux, en grattant les sucs collés au fond. Si nécessaire, versez dedans plusieurs cuillerées à soupe d'eau froide pour déglacer (ne prenez pas d'eau chaude) et portez à ébullition.

Faites cuire, toujours en remuant et en grattant, pendant 2 à 3 minutes jusqu'à ce que le jus soit presque caramélisé. Ne le laissez pas brûler.

Dégraissez-le. Baissez le feu et faites mijoter encore 2 à 3 minutes pour faire épaissir. Passez la sauce au chinois et versez-la dans une saucière.

5. Découpez le rôti en côtes épaisses et servez aussitôt sur des assiettes chaudes, avec la sauce à part.

Vin conseillé :
ce succulent rôti demande un vin rouge corsé, comme le Vino Nobile di Montepulciano.

Côtelettes d'agneau panées au parmesan

Costolettine d'abbacchio fritte

« Quand on me demande, et cela m'arrive quelquefois, quelle est la bouteille de vin qui m'a fait le plus plaisir, je réponds que c'est probablement une fiasque d'un vin italien anonyme que j'ai bu par une nuit étoilée au bord de la mer Tyrrhénienne sous une tonnelle couverte de pampres tandis qu'un violoniste napolitain jouait « Reviens à Sorrente » penché au-dessus de la côtelette de veau d'une jeune femme sur laquelle j'avais des vues. »

Cyril Ray, *Ray on Wine*.

Les Italiens sont des maîtres en matière de panure, qu'il s'agisse de volaille, de viande ou de légumes, car ils ont l'art de mélanger divers ingrédients qui font un enrobage à la fois léger et parfumé. Rien de compliqué dans cette recette de côtelettes panées et frites ; il suffit de faire attention et de suivre les indications à la lettre. J'aime les servir quand il fait froid, avec des pommes de terre rôties (page 65) ou des beignets de fleurs de courgettes et d'artichauts (page 66). Comme entrée, proposez des poivrons rouges sautés (page 19). Ces côtelettes d'agneau sont meilleures si vous les panez 2 heures à l'avance de sorte que l'enrobage a le temps de sécher un peu et qu'il adhère mieux à la viande. J'ai goûté ce plat pour la première fois un soir de décembre à Rome.

Pour 4 personnes :
8 côtelettes d'agneau parées et dégraissées (180 à 270 g chacune)
90 g de parmesan fraîchement râpé, versé dans un plat creux
2 gros œufs légèrement battus, dans un autre plat creux
Sel de mer fin
Poivre noir du moulin
1 tasse de fine chapelure, dans un troisième plat creux
50 cl d'huile d'arachide pour la friture
2 citrons coupés en quartiers pour la garniture

1. Avec un attendrisseur ou, à défaut, un pilon, aplatissez la noix de viande des côtelettes d'agneau pour leur donner une forme régulière, mais sans les écraser comme des galettes.

En tenant les côtelettes par le manche, passez-les une par une dans le fromage râpé, une face après l'autre, en les secouant légèrement pour laisser tomber l'excédent. Passez-les ensuite aussitôt dans les œufs battus, puis, pour terminer, dans la chapelure. Mettez les côtelettes panées au fur et à mesure dans une assiette pendant que vous préparez les autres. (Vous pouvez procéder à cette opération une heure à l'avance et les garder à température ambiante, ou 4 heures à l'avance et les mettre alors au réfrigérateur ; sortez-les cependant du réfrigérateur 1 heure avant de les faire cuire.)

2. Faites chauffer l'huile sur feu modéré dans une grande poêle à rebord. Quand elle est bien chaude mais avant qu'elle ne fume, rangez dans la poêle autant de côtelettes qu'elle peut en contenir sans qu'elles soient entassées.

Laissez-les cuire pendant 4 minutes jusqu'à ce qu'elles soient dorées. En prenant des pincettes, retournez-les délicatement en veillant à ne pas abîmer la panure, salez et poivrez-les. Laissez-les cuire de l'autre côté pendant encore 4 minutes jusqu'à ce qu'elles soient également dorées de ce côté. Assaisonnez-les à nouveau et égouttez-les rapidement sur du papier de cuisine. Servez aussitôt sur des assiettes chaudes avec des quartiers de citron.

Vin conseillé :
ce plat robuste mérite un bon vin rouge comme le Montepulciano d'Abruzzo.

Côtelettes d'agneau marinées et grillées

Costolette d'agnello a scottadito

Le secret de ces petites côtelettes légères et délicates consiste à les faire griller à sec sur feu vif pour obtenir un extérieur doré et croustillant, alors que l'intérieur est tendre et rosé. Pour ce type de cuisson, il faut avoir de la viande de première qualité, des côtelettes d'agneau ou des tranches de gigot par exemple. Pour que l'intérieur reste tendre et juteux pendant la cuisson (et pour empêcher les côtelettes de coller sur la grille ou dans la poêle non huilée), la viande a d'abord mariné dans un mélange classique d'huile d'olive et de jus de citron fraîchement pressé. Ne salez pas la viande, sinon elle va rendre tout son jus savoureux. Ces côtelettes d'agneau minces et goûteuses portent en italien le nom de *scottadito*, c'està-dire « à brûle-doigts », ce qui veut dire qu'on peut les déguster avec les mains. J'en ai mangé dans plusieurs petits restaurants à Rome. Ma garniture préférée consiste en pommes de terre rôties au romarin (page 65) et en épinards sautés à l'ail et au citron (page 71).

Pour 4 personnes :
8 côtelettes d'agneau parées et dégraissées (180 à 270 g chacune)
6 cl d'huile d'olive extra-vierge
Sel de mer fin
Poivre noir du moulin
3 cuillerées à soupe de jus de citron pressé
Quartiers de citron pour la garniture

1. Mélangez dans un grand plat creux l'huile et le jus de citron, mettez les côtelettes d'agneau dedans et laissez-les mariner à température ambiante pendant au moins 1 heure (jusqu'à 3 heures), en les retournant de temps en temps.
Égouttez-les, épongez-les et réservez-les.
2. Faites chauffer une lourde poêle ou une grande sauteuse en fonte pendant 5 minutes sur feu vif.
Vous pouvez aussi préparer un feu de charbon de bois : il est prêt lorsque les braises sont rouges et couvertes de cendres.
3. Si vous utilisez une poêle ou une sauteuse, baissez le feu, posez les côtelettes d'agneau dedans et faites-les cuire pendant 2 minutes de chaque côté jusqu'à ce qu'elles soient bien dorées (si vous les aimez saignantes). Salez et poivrez les côtelettes quand elles sont cuites.
Posez-les sur des assiettes chaudes et servez aussitôt avec des quartiers de citron.

Vin conseillé :
proposez en même temps un rouge bien charpenté, comme le Montepulciano d'Abruzzo, un bon accord avec ces côtelettes d'agneau délicieusement simples.

🐖 Le test de la bonne cuisson
Pour vérifier si les côtelettes d'agneau, ou toute autre viande, sont cuites comme vous le désirez, appuyez dessus avec le bout du doigt. Si la viande est bien ferme, elles sont « bien » cuites.

Agneau braisé au vin blanc, à l'ail et au piment

Abbàcchio alla cacciatora

« *Quand vous êtes à Rome, vivez comme les Romains, quand vous êtes ailleurs, vivez comme on vit ailleurs.* »

Conseil de saint Ambroise (évêque de Milan, 339-397) à saint Augustin.

Parfumé et audacieux dans sa composition, avec un étonnant mélange de saveurs, ce plat d'hiver est une création ancienne de la *Trattoria Checchino*, à Rome, le genre de plat que j'aime cuisiner lorsque je passe toute la journée chez moi à faire différentes choses dans la maison. La combinaison aromatique du vinaigre, du vin blanc, des anchois, du piment et de l'ail sort de l'ordinaire, mais l'harmonie qui en résulte est parfaitement réussie, car chaque ingrédient conserve sa personnalité. L'emploi de vin blanc est classique, mais vous pouvez aussi prendre du vin rouge : j'ai essayé les deux avec un égal succès. De même, pour la viande, choisissez le morceau en fonction de votre budget. J'ai fait l'essai avec du gigot et du collet et l'on peut aussi prendre de l'épaule.

Pour 4 à 6 personnes :
3 cuillerées à soupe d'huile d'olive extra-vierge
10 filets d'anchois plats à l'huile d'olive, égouttés et émincés
3/4 de cuillerée à café de piment rouge sec
1,250 kg de viande d'agneau désossée (gigot, collet ou épaule), taillée en morceaux de 8 cm de côté
Sel de mer fin
Poivre noir du moulin
6 cl de bon vinaigre de vin rouge
25 cl de vin blanc sec, de préférence un jeune Chardonnay
3 belles gousses d'ail émincées
1/2 cuillerée à café d'origan
1 cuillerée à café de farine fine

1. Dans une grande casserole à fond épais de 6 litres de contenance, équipée d'un couvercle, mélangez l'huile, 5 filets d'anchois et 1/2 cuillerée à café de piment rouge séché et écrasé. Faites chauffer sur feu moyen pendant 2 à 3 minutes jusqu'à ce que le piment commence à colorer l'huile.

Ajoutez les morceaux de viande et faites-les colorer en les retournant délicatement pendant 3 à 4 minutes par face.

N'en mettez pas trop à la fois : les morceaux ne doivent pas se toucher pendant qu'ils sont en train de dorer. Procédez éventuellement en plusieurs fois. Salez et poivrez la viande. Ajoutez le vin, le vinaigre et l'ail. Couvrez, baissez le feu et laissez mijoter doucement pendant 1 heure jusqu'à ce que la viande soit tendre.

2. Pour servir, retirez les morceaux de viande de la casserole et posez-les sur un plat chaud. Couvrez-le de papier d'aluminium pour les tenir au chaud.

De plus, tenez la sauce au chaud dans la casserole sur feu très doux.

3. Pour finir la sauce : mélangez dans un bol l'origan, la farine, le reste de piment et le reste des filets d'anchois, ajoutez 3 cuillerées à soupe environ de sauce pour délayer le tout en mélangeant bien. Versez le contenu de ce bol dans la casserole en fouettant et remuez ensuite sur feu très doux pendant 1 à 2 minutes pour cuire la farine et donner de la consistance à la sauce.

Goûtez et rectifiez l'assaisonnement si nécessaire. Servez la viande sur des assiettes chaudes, en nappant les morceaux de sauce.

Vin conseillé :
ce plat mérite un Chianti riserva de 8 ou 9 ans d'âge, comme le Chianti Ruffino Riserva.

Rouelles de jarret de veau braisées au persil et au citron

Osso buco

Quand il est réussi, un osso buco est un chef-d'œuvre. Ces tranches de veau charnues et moelleuses, pâles et tendres quand elles sont braisées à la perfection, garnies de zeste de citron, de persil et d'ail sont un des meilleurs plats qui soient. Avantage supplémentaire, l'intérieur des os est truffé d'une moelle délicieuse que l'on déguste à la petite cuillère. Mais la qualité de l'osso buco (littéralement « os trou ») tient à celle des ingrédients utilisés, ainsi qu'à un braisage attentif. La garniture de persil et de citron, la gremolata, est la touche qui métamorphose un plat banal en une recette inoubliable. Demandez à votre boucher de couper le jarret de veau en rouelles très épaisses, de 8 cm environ. Le jarret arrière donne des rouelles plus charnues et plus riches en moelle. La garniture traditionnelle de l'osso buco est le risotto au safran (page 160).

Pour 4 personnes :

60 g de beurre
3 cuillerées à soupe d'huile d'olive extra-vierge
3 kg de rouelles de jarret de veau de 8 cm d'épaisseur
Sel de mer fin
Poivre noir du moulin
1 oignon moyen émincé
1 branche de céleri émincée
1 carotte émincée
75 cl à 1 litre de bouillon de volaille, de préférence maison (page 259)
4 tomates moyennes pelées, épépinées et concassées
POUR LA GREMOLATA :
2 belles gousses d'ail émincées
1/2 tasse de persil plat finement ciselé
Le zeste râpé de 2 citrons

1. Faites chauffer le beurre et l'huile dans une très grande sauteuse. Lorsque le mélange est bien chaud, posez les rouelles de jarret de veau dedans, et faites-les dorer de chaque côté sur feu modéré pendant 10 minutes en tout.

Lorsqu'elles sont toutes dorées, mettez-les sur un plat, salez et poivrez, réservez.

2. Ajoutez dans la sauteuse l'oignon, le céleri et la carotte. Faites-les cuire en remuant pendant 5 minutes jusqu'à ce qu'ils soient attendris.

Déglacez avec 12 cl de bouillon en grattant les sucs de cuisson collés dans le fond avec une spatule. Faites cuire jusqu'à ce que le liquide soit presque entièrement évaporé. (Cette opération permet de concentrer les arômes dans ce qui donnera la sauce.)

3. Remettez les rouelles de jarret dans la sauteuse, ajoutez les tomates et suffisamment de bouillon, pour presque recouvrir la viande. Couvrez et faites mijoter doucement pendant 1 heure 1/2 jusqu'à ce que la chair se détache presque des os.

Veillez à réduire le feu au minimum et ajoutez éventuellement du bouillon pour que le fond de cuisson reste constant. La sauce finale doit être épaisse et consistante.

4. Pendant la cuisson de l'osso buco, hachez finement l'ail, le persil et le zeste ensemble pour préparer la gremolata.

Cinq minutes avant de servir, ajoutez un peu de ce mélange sur la viande pour permettre à son arôme de parfumer le veau.

5. Servez l'osso buco sur des assiettes bien chaudes, en nappant les morceaux de sauce et en ajoutant en garniture le reste de gremolata.

Vin conseillé :
pour ce plat d'hiver, c'est un vin rouge que je choisis, Gattinara ou Chianti riserva.

🐄 L'art du braisage

Le braisage est un art en tant que tel : lorsqu'il est bien mené, il est capable de transformer une viande fibreuse et dure en bouchées tendres et moelleuses, presque fondantes. Après avoir fait colorer la viande, celle-ci doit cuire dans un peu de liquide et c'est sa gélatine naturelle qui permet d'obtenir une sauce épaisse et onctueuse.

Le braisé n'est pas un ragoût : le mouillement est réduit, il doit juste suffire à entretenir un milieu de cuisson humide. Comme le récipient est couvert pendant la cuisson, la vapeur qui s'échappe du plat favorise la pénétration du mouillement à l'intérieur de la viande. On peut utiliser pour braiser une viande ou de l'eau, ou du vin, ou du bouillon, mais n'oubliez pas que le liquide quel qu'il soit donnera son caractère à la sauce finale.

Bœuf braisé au barolo

Brasato al barolo

« Un tonneau de vin peut faire plus de miracles qu'une église pleine de saints. »
Proverbe italien.

Si vous avez des amis à recevoir, ce délicieux braisé de bœuf, parfumé et odorant est un plat idéal. Vous pouvez tout préparer la veille et réchauffer au moment de servir. La pièce de bœuf entière est marinée, puis braisée doucement au vin rouge, ce qui fait naître une harmonie de saveurs où l'on retrouve le romarin et les champignons sauvages. Cette recette vient du restaurant de Turin, *Del Cambio*, où travaille le chef Angelo Maionchi. Bien que le Barolo soit traditionnel pour cuisiner ce braisé, vous pouvez vous contenter de Barbera, qui est un vin moins cher mais qui donne un résultat pratiquement équivalent. Classiquement, le bœuf braisé au Barolo est servi avec des tranches de polenta grillées (page 170). Vous pouvez aussi servir en garniture du riz ou des pâtes au beurre de romarin (page 136).

Pour 4 à 6 personnes :
1 kg de bœuf à braiser en un seul morceau
1 bouteille de vin rouge tannique, Barolo ou Barbera
6 cl de cognac
6 cl d'huile d'olive extra-vierge, plus 3 cuillerées à soupe

2 carottes finement émincées
2 feuilles de laurier fraîches de préférence
3 branches de céleri finement émincées
1 brin de romarin frais
1 cuillerée à café de grains de poivre concassés
1/2 bâton de cannelle
4 clous de girofle entiers
2 oignons moyens pelés et coupés en deux
Sel de mer et poivre noir du moulin

1. Dans une cocotte de 3 litres dotée d'un couvercle, mettez la viande, le vin, le cognac, 6 cl d'huile, les carottes, le laurier, le céleri, le romarin, le poivre concassé et la cannelle, ainsi que les oignons en ayant soin de piquer chaque moitié d'un clou de girofle.

Mettez au réfrigérateur pendant au moins 12 heures, éventuellement 24 heures, en retournant la viande dans la marinade de temps en temps.

2. Au moins 2 heures avant de faire cuire la viande, retirez la cocotte du réfrigérateur pour la ramener à la température ambiante.

3. Retirez la pièce de viande de la cocotte et épongez-la. Versez la marinade dans un autre récipient et réservez-la. Lavez et séchez la cocotte. Versez dedans le reste d'huile et faites chauffer sur feu modéré.

Lorsque l'huile est chaude, mais avant qu'elle ne fume, posez la viande dedans et faites-la colorer régulièrement sur toutes les faces pendant 3 à 4 minutes de chaque côté. Salez et poivrez largement. Versez à nouveau la marinade dans la cocotte, portez à la limite de l'ébullition, puis baissez sur feu très doux et couvrez. Laissez mijoter doucement pendant environ 3 heures jusqu'à ce que la viande soit très tendre. Retournez de temps en temps la viande dans sa cuisson et ne laissez pas le niveau du liquide baisser de trop. Il en faut environ 25 cl pour confectionner la sauce.

4. Pour servir : sortez la pièce de viande et posez-la sur une planche à découper. Découpez-la dans le sens inverse des fibres en tranches épaisses et posez celles-ci sur un plat de service bien chaud, en les faisant se chevaucher légèrement. Couvrez de papier d'aluminium et gardez au chaud. Passez la cuisson au chinois et jetez les éléments solides qu'elle contient. Versez le liquide dans une casserole, goûtez et rectifiez l'assaisonnement, puis, si nécessaire, faites bouillir pour réduire à un volume de 25 cl.

Nappez les tranches de bœuf braisé avec cette sauce et servez aussitôt. (Vous pouvez également découper la pièce de viande et garder les tranches au réfrigérateur pendant 24 heures, ainsi que la sauce.

Réchauffez alors le tout avant de servir.

Vin conseillé :
un Barolo ou un Barbera, tous deux du Piémont, sont des vins parfaits pour accompagner ce plat, outre qu'ils sont traditionnels. Leur acidité, combinée à un bouquet à la fois charpenté et corsé, permet de réaliser une harmonie de saveurs idéale avec la viande.

Regain de vie pour une sauce
S'il vous reste ne serait-ce que quelques cuillerées à soupe de cette délicieuse sauce de braisé au barolo, vous pouvez vous en servir pour agrémenter une simple vinaigrette destinée à assaisonner du bœuf froid ou une salade de haricots verts. Si vous n'utilisez pas le reste de sauce tout de suite, mettez-le dans un petit récipient en plastique au congélateur : un rayon de soleil pour un jour de pluie.

À propos d'assiettes chaudes
Rien n'est plus frustrant que d'être servi d'une succulente portion de viande sur une assiette froide. Comme la viande à tendance à refroidir pendant son temps de repos, elle est rarement brûlante au moment du service. Pour mieux apprécier une viande chaude, assurez-vous que les assiettes seront chauffées en temps voulu. Inutile de prévoir une installation spéciale dans votre cuisine, bien que ce soit un équipement fort utile. Voici quelques conseils pratiques pour chauffer facilement vos assiettes de service.

* Mettez les assiettes à four chaud.

* Si vous avez un four à micro-ondes, réglez-le sur la chaleur basse et mettez vos assiettes dedans.

* Vous pouvez aussi remplir d'eau bouillante du robinet l'un des bassins de votre évier et laissez tremper les assiettes dedans.

* Et si au moment de servir, vous vous apercevez que vous avez oublié de faire quoi que ce soit, passez rapidement les assiettes sous le robinet d'eau bouillante et essuyez-les.

Queue de bœuf braisée aux tomates, oignons et céleri

Coda alla vaccinara

Ce chaleureux plat d'hiver riche, sombre et charnu est typique de la cuisine que l'on sert pendant la saison froide chez *Checchino*, un restaurant créé en 1887 près des anciens abattoirs romains. C'est une spécialité qui a toujours figuré sur la carte, tout en ayant subi des transformations au fil des années. Au lieu de couennes et de saindoux, on utilise aujourd'hui de la pancetta et de l'huile d'olive. La saveur n'en souffre pas, croyez-moi, et le plat est bien plus diététique. Pour réduire la teneur en matière grasse, vous pouvez même préparer le plat un jour ou deux à l'avance, le mettre au réfrigérateur et retirer ensuite la graisse qui a figé en surface. Le plat doit être dégraissé mais contenir tout de même assez de sauce pour en imbiber votre pain. *Coda* est le terme italien pour la queue de bœuf, tandis que l'expression *alla vaccinara* fait allusion à l'ancien nom des bouchers dans le dialecte romain : ils travaillaient aux abattoirs et prenaient ce plat dans une trattoria voisine. Cette recette date de 1887, lorsque *Checchino* fut fondé. L'ajout de raisins secs, de pignons de pin et d'une touche de chocolat date de la recette originale, mais il est facultatif. C'est le type de plat qui ne demande pas de garniture de légumes. J'aime bien le faire précéder d'une salade de céleri à l'anchois (page 46).

Pour 4 à 6 personnes :
3 cuillerées à soupe d'huile d'olive extra-vierge
60 g de pancetta émincée (voir note)
2,5 kg de queue de bœuf, coupée en tronçons de 10 cm d'épaisseur (une quinzaine environ)
Sel de mer et poivre noir du moulin
2 clous de girofle entiers
3 petits oignons pelés et coupés en deux
3 belles gousses d'ail émincées
50 cl de vin blanc sec
800 g de tomates pelées au naturel ou en purée
8 branches de céleri coupées en tronçons de 15 cm
30 g de chocolat noir râpé (facultatif)
2 cuillerées à soupe de pignons de pin (facultatif)
2 cuillerées à soupe de raisins secs (facultatif)

1. Dans une cocotte de 6 litres de contenance, dotée d'un couvercle, faites chauffer l'huile et la pancetta sur feu modéré.

Faites cuire pendant 3 à 4 minutes jusqu'à ce que la pancetta soit dorée et croustillante. Égouttez-la alors avec une écumoire et réservez-la. À la place mettez les tronçons de queue de bœuf et faites-les dorer sur toutes les faces pendant 15 minutes.

Procédez éventuellement en plusieurs fois pour ne pas trop encombrer le récipient, car les morceaux ne doivent pas se toucher pendant cette opération. Lorsque la viande est colorée, salez et poivrez largement.

Piquez les clous de girofle dans les moitiés d'oignon et mettez-les dans la cocotte. Ajoutez les autres oignons, la pancetta et l'ail.

Faites cuire pendant 2 à 3 minutes, puis mouillez avec le vin et mélangez intimement.

Si vous prenez des tomates entières, posez un moulin à légumes sur la cocotte et réduisez les tomates en purée directement dans l'ustensile de cuisson.

Si vous prenez des tomates en purée, versez-la dans la cocotte. Couvrez et portez à la limite de l'ébullition sur feu modéré, puis baissez le feu au maximum et laissez mijoter tout doucement pendant 4 heures jusqu'à ce que les chairs se détachent pratiquement des os et qu'elles se coupent à la fourchette.

Retournez les morceaux deux ou trois fois pendant la cuisson. (Ce braisé peut être préparé 24 heures à l'avance jusqu'à cette étape. Retirez la cocotte du feu et laissez refroidir plusieurs heures avant de couvrir et de mettre au réfrigérateur. Au moment de servir, sortez la cocotte du réfrigérateur et, avec une cuillère, retirez le gras figé en surface et jetez-le. Portez à la limite de l'ébullition avant de continuer la recette.)

2. Ajoutez le céleri en glissant les tronçons sous les morceaux de queue de bœuf pour qu'ils puissent cuire dans la sauce. Laissez mijoter pendant encore 30 minutes.

Environ 10 minutes avant que le céleri ne soit cuit, incorporez le chocolat, ainsi que les pignons de pin et les raisons secs, si vous le désirez.

Goûtez et rectifiez l'assaisonnement si nécessaire.

Pour servir, répartissez les morceaux de queue de bœuf sur des assiettes chaudes, nappez abondamment de sauce et disposez les branches de céleri tout autour.

Vin conseillé :
avec ce plat, nous avons bu un Colle Picchioni de 4 ans d'âge, considéré comme l'un des meilleurs vins des Castelli Romani, région viticole proche de Rome. Son bouquet corsé se marie bien avec les saveurs robustes de ce plat.

Note :
il n'existe pas d'équivalent français de la pancetta, ce lard maigre italien non fumé, enroulé sur lui-même et conservé dans le sel avec des épices.
On apprécie la pancetta pour sa saveur délicate et subtile, et la plupart des magasins de spécialités italiennes en vendent. Si vous n'en trouvez pas, prenez éventuellement du bacon ou du lard maigre de bonne qualité, faites-le blanchir une minute à l'eau bouillante, puis égouttez-le à fond. Cette opération élimine le goût de fumé sans véritablement cuire le lard.

Un menu familial

Merci à vous maman, grand-père Felix, tante Ella et tante Flora pour les merveilleux souvenirs gourmands de mon enfance. Les saveurs de ces plats de trattorias me ramènent des années en arrière, lorsque nous étions tous en famille autour de la table, les tantes, les oncles et les cousins, pour partager un repas de fête. À l'époque,

nous ne buvions pas de vin, mais aujourd'hui je choisirais volontiers un Montepulciano d'Abruzzo rouge et gouleyant, en l'honneur de nos ancêtres des Abruzzes.
Salade d'olives de tante Flora
Poulet chasseur
Gratin de riz aux asperges, épinards et parmesan
Pain au levain
Gâteau à l'orange et au citron

Sauces et condiments

Sauce tomate

Salsa di pomodoro

Une sauce tomate se doit d'être riche, élégante, bien lisse et odorante, même si elle entre dans la composition d'un plat de campagne assez rustique. Voici ma recette préférée. Parfois je double les proportions et je congèle la moitié pour en avoir sous la main les jours où je n'ai pas le temps de faire la cuisine.

Pour 75 cl de sauce :
6 cl d'huile d'olive extra-vierge
1 petit oignon émincé
3 belles gousses d'ail émincées
780 g de tomates pelées au naturel ou en purée
Sel de mer
Plusieurs brins de persil, feuilles de laurier et de céleri, liés en bottillon avec du fil de cuisine

Mettez dans une grande casserole, hors du feu, l'huile, l'oignon et l'ail. Salez et mélangez pour bien enrober les ingrédients d'huile. Faites cuire sur feu modéré pendant 2 à 3 minutes jusqu'à ce que l'ail devienne doré, sans roussir. Si vous prenez des tomates entières, posez un moulin à légumes sur la casserole et réduisez les tomates en purée directement dans l'ustensile de cuisson. Si vous prenez des tomates en purée, versez-la simplement dans la casserole. Ajoutez le bouquet garni et mélangez, laissez mijoter à découvert sur feu doux pendant 15 minutes jusqu'à ce que la sauce commence à épaissir. Si vous voulez une sauce plus épaisse, notamment pour les garnitures de pizzas, poursuivez la cuisson pendant 5 minutes de plus. Goûtez et rectifiez l'assaisonnement. Retirez le bouquet garni et jetez-le. Vous pouvez utiliser cette sauce tout de suite, la conserver au réfrigérateur pendant 2 jours ou au congélateur pendant 2 mois. Si vous avez besoin de petites quantités de sauce pour garnir les pizzas, faites congeler la sauce dans des bacs à glaçons.

Sauce tomate aux champignons

Sugo di pomodoro e funghi

Cette sauce très simple à réaliser est l'accompagnement idéal des ramequins piémontais aux fines herbes (page 43). Vous pouvez aussi la servir avec toutes sortes de pâtes ou un gratin de pâtes aux légumes.

Pour 75 cl de sauce :
6 cl d'huile d'olive extra-vierge
1 petit oignon émincé
3 belles gousses d'ail émincées
1 petite carotte émincée
250 g de champignons de couche à chapeau brun, lavés, séchés et finement émincés
1 petite branche de céleri émincée
Sel de mer
780 g de tomates pelées au naturel ou en purée
Plusieurs brins de persil, feuilles de laurier et de céleri, liés en bottillon finement émincés avec du fil de cuisine

Mettez dans une grande casserole hors du feu l'huile, l'oignon, l'ail, la carotte et le céleri, salez et mélangez pour enrober d'huile les ingrédients. Faites cuire sur feu doux pendant 5 à 6 minutes jusqu'à ce que les légumes soient tendres, mais pas colorés. Ajoutez les champignons et faites cuire encore 3 à 4 minutes. Si vous prenez des tomates entières, posez un moulin à légumes sur la casserole et réduisez les tomates en purée. Si vous prenez des tomates en purée, versez-la directement dans la casserole. Ajoutez le bouquet garni et mélangez. Montez légèrement le feu et faites mijoter à découvert pendant 15 minutes environ jusqu'à ce que la sauce épaississe. Goûtez et rectifiez l'assaisonnement. Retirez le bouquet garni et jetez-le. Vous pouvez utiliser la sauce aussitôt, la garder au réfrigérateur pendant 1 à 2 jours, au congélateur pendant 1 mois.

Sauce fantastique à la tomate et aux artichauts

Salsa fantastica

Lors d'un séjour en Italie, je fus séduite par ce flacon de sauce dans un magasin, d'abord à cause du nom qu'elle porte et aussi par son attrayante couleur rouge orangé. Elle comporte en outre deux de mes ingrédients préférés, la tomate et l'artichaut. Le mélange peut à première vue sembler étrange, mais quand vous l'aurez goûté, vous conviendrez que c'est une parfaite réussite, avec la légère acidité de la tomate et le crémeux onctueux de la purée d'artichauts. Vous pouvez en tartiner des tranches de pain maison, la servir avec des crudités ou en agrémenter un plat de pâtes, les farfalle par exemple.

Pour 20 cl de sauce environ :
12 cl de sauce tomate (page 246)
4 petits cœurs d'artichauts à l'huile (page 31), égouttés et coupés en quatre
2 cuillerées à soupe d'huile d'olive extra-vierge
2 cuillerées à café de thym frais
Sel de mer

Mélangez tous les ingrédients dans le bol d'un robot ménager et réduisez-les en purée. Goûtez pour rectifier l'assaisonnement et versez le tout dans un bol. Vous pouvez conserver cette sauce au réfrigérateur pendant 3 jours. Faites-la revenir à la température ambiante avant de l'utiliser.

Sauce tomate à la crème

Sugo di pomodoro e panna

La sauce tomate nature, c'est déjà une merveille. Ajoutez-lui une touche de crème fraîche et vous entrez dans un autre monde, plus raffiné. L'ail et le piment sont à doser en fonction de votre goût personnel, mais j'aime bien qu'on sente l'un et l'autre à la fois.

Pour 1 litre de sauce :
6 cl d'huile d'olive extra-vierge
4 belles gousses d'ail émincées
1/2 cuillerée à café de piment rouge sec
Sel de mer
780 g de tomates pelées au naturel ou en purée
25 cl de crème fraîche épaisse

Mettez dans une grande casserole hors du feu l'huile, l'ail et le piment. Salez et mélangez pour bien enrober les ingrédients d'huile.
Faites cuire sur feu modéré pendant 2 à 3 minutes jusqu'à ce que l'ail commence à dorer.
Si vous prenez des tomates entières, réduisez-les en purée directement dans la casserole à l'aide d'un moulin à légumes.
Si vous prenez des tomates en purée, versez-la simplement dans la casserole. Mélangez intimement et faites mijoter à découvert pendant environ 15 minutes jusqu'à ce que la sauce épaississe.
Incorporez la crème fraîche et faites chauffer 1 minute. Goûtez pour rectifier l'assaisonnement. Servez cette sauce sur des pâtes ou avec des lasagne fraîches (page 130).

Sauce au persil

Salsa prezzemolo

Voici une sauce à usages multiples : sur des spaghetti brûlants, tartinée sur du pain, pour y tremper des branches de céleri crues ou des languettes de fenouil frais. Vert et bien relevé, ce condiment se trouve dans certaines épiceries fines en ltalie, mais vous pouvez le préparer en un tour de main.

Pour 25 cl de sauce :
3 à 5 belles gousses d'ail émincées
1/2 cuillerée à café de sel de mer fin
3 tasses de feuilles de persil plat
6 filets d'anchois plats à l'huile, égouttés et émincés
3 cuillerées à soupe de jus de citron fraîchement pressé
12 cl d'huile d'olive extra-vierge

Mettez l'ail, le sel et les anchois dans le bol mélangeur d'un robot. Ajoutez le persil et actionnez l'appareil deux ou trois fois, jusqu'à ce que le mélange prenne une consistance homogène. Grattez les parois du bol. Tandis que la machine fonctionne, ajoutez le jus de citron, puis l'huile d'olive, en filet mince et régulier. Goûtez et rectifiez l'assaisonnement. Versez la sauce dans un bol et servez aussitôt. La proportion suffit pour assaisonner 500 g de pâtes.

Ne préparez pas la sauce plus d'une heure à l'avance : tandis qu'elle repose, le goût des anchois s'impose rapidement à la saveur du persil frais. Il est donc préférable de la préparer au dernier moment.

Sauce à l'ail et au basilic

Pesto

Ce condiment bien connu maintenant sous son nom italien de *pesto* est si délicieux qu'une recette de plus dans votre répertoire ne peut pas vous faire de tort. En voici la version la plus traditionnelle, uniquement avec du basilic, de l'ail, de l'huile d'olive et du sel, ainsi que du parmesan râpé. D'autres variantes tout aussi classiques incorporent également des pignons de pin, mais j'ai choisi de ne pas en prendre. C'est un produit coûteux et leur ajout, à mon avis, n'apporte rien de décisif au mélange des saveurs.

Pour 20 cl de sauce environ :
4 belles gousses d'ail émincées
2 tasses de feuilles et de fleurs de basilic frais
Sel de mer fin
12 cl d'huile d'olive extra-vierge
60 g de parmesan fraîchement râpé

Méthode du mortier :

mettez dedans l'ail et le sel et réduisez en pâte avec le pilon. Ajoutez le basilic petit à petit en écrasant les feuilles toujours dans le même sens pour former une purée. Continuez jusqu'à consistance homogène et que toutes les feuilles soient utilisées. Incorporez l'huile petit à petit jusqu'à consistance de pâte fluide, puis le parmesan râpé. Goûtez pour rectifier l'assaisonnement. Versez dans un bol et remuez une dernière fois avant de servir.

Méthode du robot :

mettez l'ail, le sel et le basilic dans le bol mélangeur du robot et réduisez le tout en purée. Ajoutez l'huile et mixez à nouveau. Versez dans un bol et incorporez le parmesan. Goûtez et rectifiez l'assaisonnement. Remuez une dernière fois avant de servir. Servez aussitôt ou couvrez et mettez au réfrigérateur. Vous pouvez conserver le pesto au froid pendant 24 heures.

Sortez-le à l'avance pour qu'il se retrouve à température ambiante et remuez avant de servir.

Pesto à la tomate

Pesto alla Santa Margherita

Ce pesto à la tomate dans lequel les saveurs éclatent de fraîcheur est une combinaison bien relevée d'ail, de basilic et de tomate, avec, en plus, une bonne dose de parmesan râpé. Plus léger que le pesto classique sans tomate, cette variante est la bienvenue quand on veut changer un peu de goût. Je l'ai essayée dans un petit restaurant sur le port de Santa Margherita, au bord de la côte ligure, berceau du vrai pesto. Je préfère préparer cette sauce à la main, dans un mortier, car elle me paraît ainsi plus authentique. Mais pour répondre à tous les goûts, j'indique aussi la manière de procéder avec un robot.

Pour 20 cl de sauce environ :
4 belles gousses d'ail émincées
Sel de mer fin
2 tasses de feuilles et de fleurs de basilic frais
1 tomate mûre de taille moyenne, pelée, épépinée et concassée 12 cl d'huile d'olive extra-vierge
60 g de parmesan fraîchement râpé

Avec un mortier :
mettez de l'ail dans un mortier, salez et écrasez le tout en pâte fine avec le pilon. Ajoutez le basilic petit à petit, en écrasant le mélange régulièrement toujours dans le même sens. Lorsque toutes les feuilles ont été incorporées, le mélange doit être homogène. Ajoutez ensuite peu à peu, en alternant, la tomate et l'huile en plusieurs fois jusqu'à ce que la purée soit assez fluide. Incorporez enfin le parmesan râpé. Goûtez et rectifiez l'assaisonne-

ment. Versez la sauce dans un bol. Remuez encore une fois avant de servir.

Avec un robot :

mettez l'ail et le basilic dans le bol mélangeur d'un robot, salez et réduisez en purée. Ajoutez la tomate et l'huile et mixez à nouveau. Versez dans un bol et incorporez le fromage. Goûtez et rectifiez l'assaisonnement. Remuez-encore une fois avant de servir.

Servez aussitôt ou bien couvrez et mettez au réfrigérateur. Vous pouvez garder cette sauce au froid pendant 24 heures, mais sortez-la à l'avance du réfrigérateur pour la servir à température ambiante.

Pesto rouge

Pesto rosso

J'ai goûté cette sauce pour la première fois un jour d'été dans le village de Torri del Benaco, sur le lac de Garde, où les boutiques locales de vins et de spécialités proposent un bel assortiment de sauces, des confitures originales, des champignons séchés, des huiles, des vinaigres, et bien sûr d'excellents vins. Chaque jour, nous descendions au village faire nos courses pour le déjeuner, en goûtant chaque fois des produits différents. Ce pesto rouge est l'un de mes condiments préférés, car il symbolise assez bien ce qui fait la valeur de la cuisine italienne : un mélange de tomates séchées au soleil, d'olives noires et de fines herbes, avec une touche d'ail et de piment, pour donner une sauce à la fois simple et raffinée.

Lorsque vous en mélangez une ou deux cuillerées à soupe avec des spaghetti brûlants, ou que vous en tartinez un peu sur du pain fraîchement grillé, vous obtenez une symphonie de saveurs typiquement italienne, à nulle autre pareille. Je la prépare avec des tomates que je fais sécher moi-même. Mais on peut naturellement la confectionner avec des tomates séchées ou conservées à l'huile. La saveur varie selon l'ingrédient que l'on emploie, donc je vous laisse le soin de bien goûter au moment où vous la préparez. De toutes les façons, la sauce doit être relevée, originale et complexe, on y distingue les saveurs des fines herbes, de l'huile d'olive extra-vierge et des olives. Les tomates jouent le second rôle, mais il est essentiel. Je préfère la sauce avec les piments écrasés, mais vous pouvez aussi la passer au tamis.

Pour 12 cl de sauce :
10 tomates séchées au soleil (page 271)
1/2 cuillerée à café de piment rouge sec
1 belle gousse d'ail émincée
6 cuillerées à soupe d'huile d'olive extra-vierge
20 olives noires dénoyautées (page 266)
2 cuillerées à café de thym frais haché

Dans le bol mélangeur d'un robot ménager, versez tous les ingrédients et actionnez l'appareil jusqu'à ce que la sauce soit légèrement emulsionnée, mais encore assez grossière. Elle ne doit pas être lisse.

Vous pouvez la conserver dans un bocal au réfrigérateur pendant 1 mois : dans ce cas, versez à la surface du pesto une fine couche d'huile d'olive.

Sauce verte

Salsa verde

Avec son appétissante couleur verte et son goût relevé, cette sauce a des emplois multiples. Vous la servirez comme une mayonnaise avec des viandes bouillies, de la volaille pochée ou du poisson froid. Je l'ai découverte à Florence, chez *Sostanza,* une trattoria qui respecte la tradition à la lettre. Elle accompagnait du bouilli de bœuf, mais elle convient tout aussi bien pour de la poule au pot ou du poisson poché.

Il existe d'innombrables versions de la salsa verde : vous l'adapterez en fonction de votre goût, de votre humeur et des ingrédients que vous avez sous la main. Comme mon jardin est plein de roquette, de persil et d'oseille, se sont ces plantes que j'utilise. Si vous n'avez que du persil, c'est tout aussi bien. (Veillez à bien équeuter les brins pour que la sauce ne contienne que les feuilles.) Vous pouvez remplacer le jus de citron par du vinaigre de vin rouge, ajouter des câpres ou de l'ail. À vous de choisir. Les deux seuls impératifs concernent l'huile d'olive extra-vierge et les herbes vertes. Vous pouvez la préparer à l'avance et la conserver au réfrigérateur pendant 24 heures. Je préfère la confectionner avec un mortier, car la texture est plus attrayante, mais si vous voulez gagner du temps, la méthode du robot est plus rapide.

Pour 25 cl de sauce :
2 belles gousses d'ail
1/2 cuillerée à café de sel fin
4 filets d'anchois à l'huile, égouttés et émincés
1 tasse de feuilles d'oseille grossièrement ciselées
2 tasses de feuilles de persil plat
1 tasse de feuilles de roquette grossièrement hachées
2 cuillerées à soupe de jus de citron fraîchement pressé
12 cl d'huile d'olive extra-vierge

Avec un mortier :
mettez l'ail et le sel dans un mortier, écrasez le tout en pâte fine. Ajoutez les anchois et écrasez à nouveau avec le pilon. Ajoutez les herbes petit à petit, en écrasant pour réduire le tout en purée.
Continuez à travailler jusqu'à ce que la préparation soit homogène. Incorporez ensuite doucement le jus de citron et l'huile, en remuant jusqu'à ce que le mélange soit parfait.
Goûtez et rectifiez l'assaisonnement.

Avec un robot :
mettez en route l'appareil et réduisez les gousses d'ail en purée ; ajoutez le sel et les anchois, mixez deux ou trois fois. Ajoutez ensuite

les herbes et mixez deux ou trois fois, jusqu'à ce que la préparation soit homogène. Le moteur étant en marche, ajoutez en filet continu le jus de citron et l'huile d'olive.

Goûtez et rectifiez l'assaisonnement.

Versez la sauce dans un bol et servez aussitôt. Vous pouvez la conserver à couvert au réfrigérateur pendant 24 heures. Sortez-la assez tôt pour la servir à température ambiante et remuez une dernière fois avant emploi.

Sauce tomate à la viande

Ragù

Le plus souvent, le terme de *ragù* (ragoût) évoque une sauce à la viande lourde et grasse sur fond de coulis de tomates. Dans la plupart des trattorias en Italie, la sauce que l'on vous propose sous ce nom est exactement l'inverse : une sauce tomate légère et parfumée, agrémentée de petites miettes de viande. C'est une sauce de ce type qui met en valeur les pâtes, sans que la viande ou la sauce joue le premier rôle. Parfois, elle comporte une bonne dose de piment, parfois la proportion de viande est si modeste que la sauce pourrait passer pour végétarienne. Mais on trouve aussi des variantes où les miettes de viande sont nettement plus consistantes, sans toutefois jamais prédominer. Cette recette est d'ailleurs donnée à titre indicatif : vous pouvez mélanger plusieurs viandes, y compris de la chair à saucisse bien relevée, ou un mélange de porc, de bœuf et de veau fraîchement haché. Je sais bien que des consommateurs aujourd'hui essayent de diminuer l'apport en matières grasses de leur alimentation, mais cette sauce doit néanmoins en comporter une certaine proportion qui lui donne du moelleux. Ne choisissez donc pas une viande trop maigre.

Pour une variante strictement végétarienne, remplacez

la viande par 15 g de cèpes séchés, trempés à l'eau chaude et égouttés (page 147). En général, je prépare une grande quantité de sauce et j'en mets une partie au congélateur. Selon l'emploi que je lui destine, j'augmente ou je diminue la proportion de piment.

Pour 1,5 litre de sauce :
3 cuillerées à soupe d'huile d'olive extra-vierge
1 petit oignon émincé
1 branche de céleri émincée
1 carotte émincée
1/4 de tasse de persil plat ciselé
Sel de mer fin
250 g de chair à saucisse fine ou d'un mélange de bœuf, porc maigre et veau maigre hachés
780 g de tomates pelées au naturel ou en purée
1 cuillerée à café de piment rouge sec (facultatif)

Versez l'huile dans une grande sauteuse, ajoutez l'oignon, le céleri, la carotte, le persil et le sel. Mélangez intimement et faites cuire sur feu modéré pendant 3 à 4 minutes jusqu'à ce que les légumes soient ramollis et parfumés. Ajoutez la viande en l'émiettant finement avec une spatule et mélangez à fond. Baissez le feu et laissez mijoter pendant 5 minutes jusqu'à ce que la viande ait changé de couleur.
Si vous prenez des tomates entières, posez un moulin à légumes sur la sauteuse et réduisez les tomates en purée directement dans l'ustensile de cuisson. Si vous prenez des tomates en purée, versez-la dans la sauteuse. Mélangez intimement et ajoutez le piment, si vous en utilisez. Couvrez et laissez mijoter pendant 20 minutes jusqu'à ce que la sauce commence à épaissir. Goûtez et rectifiez l'assaisonnement. Vous pouvez conserver la sauce au réfrigérateur, à couvert, pendant 3 jours au maximum ou 1 mois au congélateur.

Sauce blanche

Salsa balsamella

La cuisine italienne possède une sauce blanche classique, à base de lait, de beurre et de farine. Elle est facile à préparer, parfumée et ne demande que quelques instants pour la confectionner. Si elle est réussie, elle donne un agréable liant au plat qu'elle agrémente, avec une délicate saveur d'herbes fraîches et une texture crémeuse. Cette recette est idéale pour le gratin de pâtes (page 153). Comme le lait absorbe facilement les parfums, j'aime bien faire infuser ma sauce blanche avec des feuilles de laurier fraîches.

Pour 50 cl de sauce :
50 cl de lait entier
2 feuilles de laurier, fraîches de préférence
1 cuillerée à soupe de romarin frais haché
60 g de beurre
3 cuillerées à soupe de farine ordinaire
1/4 de cuillerée à café de sel de mer fin

1. Versez le lait dans une casserole moyenne, faites chauffer sur feu doux en portant à la limite de l'ébullition. Ajoutez les feuilles de laurier et le romarin, couvrez et laissez infuser hors du feu pendant 10 minutes. Passez le lait au chinois dans un bol mesureur doté d'un bec verseur. Jetez les aromates.

2. Dans une casserole moyenne à fond épais, faites fondre le beurre sur feu modéré. Incorporez la farine en fouettant constamment 1 minute. Ne laissez pas la farine blondir. Retirez la casserole du feu et versez le lait chaud en fouettant, par petites quantités à la fois, en remuant constamment jusqu'à ce que tout le lait soit incorporé dans le mélange de farine et de beurre.

3. Remettez la casserole sur le feu, salez et, en fouettant constamment, faites cuire la sauce pendant 2 à 3 minutes jusqu'à ce qu'elle épaississe. Goûtez pour rectifier l'assaisonnement.

(Ne préparez pas la sauce blanche plus de quelques heures à l'avance. Dans le cas d'une préparation une ou deux heures à l'avance, frottez la surface avec une noix de beurre pour qu'il fonde et forme une pellicule de protection qui empêchera la sauce de se dessécher. Au moment de l'emploi, faites simplement réchauffer la sauce au bain-marie, en incorporant le beurre dedans.)

🐄 Quelques trucs pour réussir la sauce blanche

Ne laissez pas la farine roussir lorsque vous faites cuire le mélange de beurre et de farine (qui paradoxalement porte le nom de roux), sinon la sauce aura un goût brûlé.
Versez le lait bien chaud et très progressivement, pour obtenir une sauce très onctueuse, lisse et sans grumeaux.
Et surtout, fouettez, fouettez, fouettez sans arrêt.

Bouillon de volaille

Brodo di pollo

Voici un bouillon de volaille léger et parfumé, comme ceux que l'on trouve dans les cuisines italiennes. J'en ai toujours en réserve dans mon congélateur, ce qui me permet de raccourcir mes temps de cuisson et d'enrichir mon garde-manger, tout en donnant de l'ampleur à mon répertoire de recettes les jours où je n'ai pas le temps de faire la cuisine.

Pour 2 litres de bouillon léger :

2 kg d'abattis de volaille, lavés et épongés
1 cuillerée à soupe de sel de mer
1 gros oignon coupé en deux, chaque moitié piquée d'un clou de girofle
3 belles gousses d'ail
Plusieurs brins de persil, feuilles de céleri, de laurier et brins de thym, le tout enveloppé de vert de poireau et lié en bottillon avec du fil de cuisine

4 grosses carottes pelées
4 poireaux parés et lavés
4 grains de poivre noir

1. Mettez les abattis dans une grande marmite, salez et couvrez d'eau froide. Portez à ébullition sur feu vif en écumant les impuretés qui remontent à la surface. Avec une écumoire, sortez les abattis et mettez-les dans une passoire. Lavez-les, égouttez-les et mettez-les de côté. Jetez l'eau qui a servi à les blanchir.

2. Lavez la marmite et remettez les abattis de poulet dedans, ainsi que tous les autres ingrédients, légumes et aromates. Couvrez d'eau froide et portez à la limite de l'ébullition sur feu moyen. Écumez les impuretés qui montent à la surface. Baissez le feu et laissez mijoter aussi doucement que possible pendant 3 heures, en écumant si nécessaire.

3. Tapissez d'un torchon humide une grande passoire et posez-la sur un saladier. Versez le bouillon dedans, louche par louche – sans le verser directement de la marmite.

Mesurez le liquide obtenu. S'il y en a plus de 2 litres, versez-le à nouveau dans une casserole et faites réduire sur feu moyen. Laissez refroidir à température ambiante. Écumez et jetez le gras qui monte à la surface. Vous pouvez le conserver au réfrigérateur pendant 2 jours ou au congélateur pendant 2 mois.

Bouillon de légumes

Brodo di verdura

J'ai passé un jour un moment très instructif dans les cuisines du chef Walter Tripoli à *La Frateria di Padre Eligio* en Toscane, à l'occasion de la préparation du bouillon de légumes dont il se sert pour cuire le risotto. Il peut mijoter tranquillement, pour être prêt juste au moment de préparer le risotto. Comme le bouillon est léger, délicat et sans la matière grasse qu'il comportait s'il était préparé avec une poudre, il faut l'utiliser le jour même.

Pour 1,5 litre :
2 litres d'eau froide
3 oignons coupés en deux
3 carottes pelées
Plusieurs brins de persil, feuilles de céleri, de laurier, brins de thym frais, le tout enveloppé dans du vert de poireau et lié en bottillon avec du fil de cuisine
2 branches de céleri lavées
1/2 cuillerée à café de sel

Mettez tous les ingrédients dans une grande marmite et portez à la limite de l'ébullition sur feu modéré. Laissez mijoter à découvert pendant environ 1 heure.

Avec une écumoire, retirez les légumes et jetez-les, ainsi que le bouquet garni. Utilisez le bouillon aussitôt.

Mayonnaise à l'ail

Aïoli

Un soir, dans un restaurant du petit port de Santa Margherita, on me servit une garniture de pommes de terre en rondelles cuites à la vapeur, accompagnées de cette sauce à l'ail inspirée de la mayonnaise ou de l'aïoli. Depuis lors, ce mélange fait partie de mes recettes favorites. Mais attention : inutile de brancher votre robot électrique pour préparer cette sauce, elle se transformerait en colle et ne serait plus digne du nom qu'elle porte. Servez cette mayonnaise avec des légumes pochés ou cuits à la vapeur, du poisson grillé, de la viande ou de la volaille froide.

Pour 25 cl de sauce :
6 belles gousses d'ail
1/2 cuillerée à café de sel fin
2 gros jaunes d'œufs à température ambiante
25 cl d'huile d'olive extra-vierge

1. Versez de l'eau bouillante dans un grand mortier pour le chauffer. Jetez ensuite l'eau et séchez le mortier. Mettez-y les gousses d'ail et le sel et écrasez-les avec un pilon en une pâte aussi lisse que possible. (Plus l'ail est frais, plus il est facile à écraser.)

2. Ajoutez un jaune d'œuf. Mélangez en l'écrasant régulièrement et doucement avec le pilon, toujours dans le même sens, pour bien incorporer les deux ingrédients. Ajoutez ensuite le second jaune d'œuf et travaillez le mélange de la même façon. Incorporez ensuite l'huile en la versant goutte à goutte jusqu'à ce que le mélange épaississe, puis en filet mince, doucement, jusqu'à ce que la sauce prenne une consistance de mayonnaise. Vous pouvez garder cette mayonnaise à l'ail au réfrigérateur dans un récipient hermétique pendant 24 heures. Sortez-la à l'avance pour la servir à température ambiante.

Crème d'artichauts

Crema di carciofi

Pour quiconque aime comme moi les artichauts, cette onctueuse crème couleur d'or est vraiment sublime. Tartinez-en une tranche de pain grillée, prenez-en une cuillerée avec du céleri-branche bien croquant ou mélangez-la à des spaghetti pour un bon petit plat rapide. J'ai goûté cette sauce la première fois un été sur le lac de Garde ; nous y étions en vacances avec des amis, et chaque jour nous apportait une nouvelle découverte. Prenez le temps de préparer vous-même les artichauts marinés à l'huile, au lieu d'en acheter en bocal vous goûterez la différence.

Pour 25 cl de crème :
1 tasse de petits artichauts à l'huile (page 31) égouttés
6 cl environ de la marinade à l'huile
Sel fin de mer (facultatif)

Mettez dans le bol mélangeur d'un robot les artichauts et environ 2 cuillerées à soupe de la marinade. Réduisez le tout en purée, en rajoutant suffisamment d'huile pour obtenir une crème légère et mousseuse. Goûtez pour rectifier l'assaisonnement. Ce condiment se conserve facilement au réfrigérateur, bien couvert, pendant plusieurs jours. Sortez-le à l'avance pour le servir à température ambiante.

Purée d'olives noires

Olivada

Ce condiment fait partie de mes saveurs du Midi préférées. C'est un mélange ensoleillé d'olives noires de première qualité, de fines herbes et d'huile, avec un peu de câpres et d'anchois, le tout réduit en purée fine. Gardez-en en réserve pour les jours où vous n'avez pas le temps de faire la cuisine et que vous avez besoin d'un petit «plus» pour réussir un bon plat.

Pour 50 cl de purée :
2 belles gousses d'ail émincées
1 cuillerée à café de thym frais
2 cuillerées à soupe de câpres égouttées et rincées
4 filets d'anchois égouttés, rincés et grossièrement hachés
2 cuillerées à soupe d'huile d'olive extra-vierge
1 cuillerée à soupe de rhum
250 g de petites olives noires (page 266), dénoyautées

Mettez tous les ingrédients, sauf les olives, dans le bol mélangeur d'un robot ménager et actionnez l'appareil juste pour mélanger. Ajoutez les olives et actionnez une dizaine de fois de suite. Le mélange doit être assez grossier.

Utilisez ce condiment tartiné sur du pain ou pour assaisonner des pâtes. Vous pouvez le conserver dans un bocal au réfrigérateur pendant 1 mois : dans ce cas, couvrez le dessus d'une fine couche d'huile d'olive.

Purée d'olives vertes

Olivada verde

La purée d'olives noires est aussi répandue en France (tapenade) qu'en Italie (olivada), alors que la purée d'olives vertes est nettement moins connue, ce qui est dommage car elle est au moins aussi délicieuse et d'une jolie couleur. Elle est meilleure quand elle vient d'être faite, avec la saveur un peu piquante des olives vertes, des câpres et des anchois, le tout relevé de plusieurs tours de moulin à poivre. J'aime la servir tartinée sur des toasts avec un plat de bœuf cru (page 26) ou comme condiment avec des branches de céleri crues.

Pour 50 cl de purée :
2 cuillerées de câpres égouttées et rincées
4 filets d'anchois égouttés, rincés et grossièrement hachés
6 cl d'huile d'olive extra-vierge
Poivre noir du moulin
300 g d'olives vertes égouttées et dénoyautées

Mettez tous les ingrédients, sauf les olives, dans le bol mélangeur d'un robot et actionnez l'appareil pour les mélanger. Ajoutez les olives et mixez une dizaine de fois.

Le mélange doit être assez grossier mais parfaitement tartinable et doit avoir un bon goût de poivre fraîchement moulu. Utilisez cette purée comme condiment pour des pâtes ou tartinez-en des toasts.

Vous pouvez la conserver au réfrigérateur pendant une semaine, en versant sur le dessus une mince couche d'huile d'olive.

(Si vous la gardez plus d'une semaine, la purée perd sa belle couleur verte.)

Anchois au sel

Acciughe sotto sale

Les anchois salés, avec leur riche arôme marin, sont un ingrédient essentiel de l'épicerie de base italienne. Ils entrent dans la composition de sauces pour les pâtes et sont indispensables pour l'agneau braisé au vin blanc, à l'ail et au piment (page 233). Ils sont en outre délicieux tels quels sur des tranches de pain grillées. Lorsque vous trouvez sur le marché des anchois frais, ce qui est assez rare, faites-en mariner quelques-uns avec du jus de citron, de l'huile et des aromates (page 34), et préparez les autres au sel pour les conserver tout au long de l'année.

Pour un bocal de 1 litre :
1 kg d'anchois très frais
1 kg de gros sel
20 feuilles de laurier environ, de préférence fraîches
20 brins de thym frais

1. Faites passer rapidement les anchois sous l'eau (sans les laver ou les faire tremper).

Prenez-les ensuite un par un pour les étêter et les vider : tenez-les fermement juste sous la tête et tirez délicatement sur celle-ci en faisant venir les viscères. Jetez ces parures. Versez une épaisse couche de gros sel dans le fond d'un grand bocal à conserve stérilisé. Rangez une couche d'anchois côte à côte sur le sel, et saupoudrez à nouveau de sel.

Continuez à remplir le bocal en superposant les couches d'anchois et les couches de sel, en terminant par du sel. À intervalles réguliers, ajoutez également des feuilles de laurier et des brins de thym.

Couvrez hermétiquement et mettez le bocal dans un endroit frais et sombre, ou au réfrigérateur. Une saumure va se former au fur et à mesure que les anchois absorbent le sel. Ne la jetez pas. Les anchois sont prêts à consommer au bout de 2 semaines mais vous pouvez les conserver ainsi pendant un an, dans un endroit frais et sombre.

2. Des anchois bien marinés au sel prennent une teinte acajou, un peu comme du jambon. Pour les consommer, levez simplement les filets et utilisez-les tels quels selon la recette.

Olives noires au sel

Olive nere

Les Vénitiens disent qu'une branche d'olivier placée au-dessus de la cheminée protège la maison de la foudre et des éclairs, et, partout en Italie, une branche d'olivier au-dessus de la porte tient à distance les sorcières et les mauvais esprits.

Coutume locale.

De bonnes olives noires au sel font partie des meilleures gourmandises. Servez-les en amuse-gueule avec un verre de vin, ajoutez-en dans un plat de pâtes ou une salade, incorporez-les à une pâte à pain ou éparpillez-en sur une pizza : elles font partie intégrante de la cuisine italienne. Les olives changent de variété selon les régions, de même que les recettes qui servent à les conserver. En Ombrie, on les parfume avec du zeste d'orange, de l'ail et des feuilles de laurier. En Sicile, les salades d'olives concassées à l'huile sont parfumées à l'ail, au vinaigre et à l'origan, ou encore avec du fenouil au goût de réglisse et du zeste de citron. Certaines variétés sont destinées à certains usages en particulier. Toutefois, les olives d'un vert luisant bien lisses sont celles qui ont été cueillies avant maturité, celles qui offrent une teinte pourpre foncé, toujours lisses, sont juste mûres, alors que les olives noires un peu fripées ont dépassé le seuil de maturité, mais toutes les trois proviennent d'un seul et même arbre. Tout le monde n'a pas la chance d'avoir un olivier dans son jardin, mais dans le Midi, on peut trouver sur le marché des olives fraîches qui ne sont pas en conserve. C'est en décembre, à l'époque de la récolte, que l'on peut donc acheter ces olives noires bien mûres pour les conserver au sel.

Voici la méthode traditionnelle : les olives sont d'abord piquées sur toute la surface avec une fourchette, puis mélangées avec du gros sel de mer (en comptant environ 100 g de gros sel pour 1 kg d'olives). C'est à ce moment que l'on peut ajouter des feuilles de laurier, du thym, du romarin et des grains de poivre noir. Après avoir été remuées tous les jours, les olives sont prêtes à être consommées au bout de 10 ou 15 jours et conservent leur saveur bien fraîche pendant environ 6 mois. Ne faites pas l'erreur de croquer une olive noire qui n'a pas été traitée au sel : elle est horriblement amère et désagréable sur la langue.

Pour 1 kg d'olives :
1 kg d'olives noires fraîches non traitées
100 g de gros sel de mer
Parfum au choix :
Brins de thym frais

Romarin frais
Feuilles de laurier fraîches
Huile d'olive extra-vierge
Grains de poivre noir entiers
Ail émincé
Vinaigre de vin rouge
Zeste de citron râpé
Zeste d'orange râpé
Piment rouge sec

1. Ne lavez pas les olives. Si elles ont encore la queue ou des feuilles, retirez-les et jetez-les. Avec une petite fourchette, piquez chaque olive trois ou quatre fois sur tout le tour. (Cette opération permet aux olives d'absorber plus rapidement le sel.)

Mettez les olives dans une grande terrine et ajoutez le sel. Remuez-les avec vos mains pour bien les enrober. Ajoutez, selon votre goût, des brins de thym ou de romarin, des feuilles de laurier ou une cuillerée à café de grains de poivre.

2. Laissez les olives macérer à température ambiante sans couvrir la terrine pendant une dizaine de jours en les remuant une ou deux fois par jour. Au bout de ce laps de temps, goûtez-les. Si elles sont encore trop amères, laissez-les macérer quelques jours de plus. La majeure partie du sel aura alors été absorbée, mais il peut éventuellement en rester dans le fond de la terrine sous forme de saumure. Ne la jetez pas, car les olives peuvent sans doute encore en absorber.

3. Lorsque les olives sont bonnes à manger, mettez-les dans des bocaux de 50 cl avec le sel qui peut encore adhérer à la peau, en joignant également l'aromate qui les parfume. Ajoutez juste assez d'huile d'olive pour les humecter. (N'ajoutez pas de zeste de citron ou d'orange à ce moment, sinon les olives vont perdre leur parfum de fraîcheur.)

Bouchez les bocaux et conservez-les à température ambiante pendant 6 mois.

4. Au moment de l'emploi, goûtez les olives. Si elles sont trop salées (ce qui n'est pas forcément le cas), rincez-les sous le robinet d'eau froide.

Pour finir, ajoutez selon votre goût de l'ail émincé, une goutte ou deux de vinaigre, du zeste de citron ou d'orange, du poivre noir ou du piment rouge.

Olives noires en saumure

Olive nere

« Si je savais peindre et que j'avais du temps, je consacrerais plusieurs années de ma vie à ne faire que des tableaux représentant des oliviers. »
   Aldous Huxley.

Traitées en saumure, les olives noires deviennent pratiquement indestructibles, éternelles. C'est l'essence même de l'olive noire. Il suffit de les laisser macérer dans une saumure à 10 % jusqu'à ce qu'elles soient comestibles : c'est une opération qui dure plusieurs mois. À la différence du procédé précédent, qui fait pénétrer le sel plus rapidement dans la pulpe du fruit parce qu'on a percé la peau en plusieurs endroits, les olives en saumure absorbent le sel par simple osmose. Il faut compter entre trois et quatre mois, selon la taille des olives et la qualité de la saumure. Une fois traitées, ces olives se conservent indéfiniment, mais je n'ai jamais attendu plus d'un an pour consommer les miennes.

Pour 1 kg d'olives :
1 kg d'olives noires fraîches et non traitées
100 g de sel fin
1 litre d'eau
Parfum au choix :
Brins de thym frais
Brins de romarin frais
Feuilles de laurier fraîches
Huile d'olive extra-vierge

Grains de poivre noir entiers
Vinaigre de vin rouge
Ail émincé
Zeste de citron râpé
Zeste d'orange râpé
Piment rouge sec

1. Ne lavez pas les olives. Si elles ont encore la queue ou des feuilles, retirez-les et jetez-les. Versez l'eau dans une grande terrine, ajoutez le sel et remuez pour le dissoudre.

Ajoutez les olives, couvrez et laissez macérer dans un endroit frais pendant 1 mois, en remuant de temps en temps.

Posez une planchette à la surface des olives pour les maintenir bien immergées dans la saumure. Une écume se forme en surface, mais ne craignez rien et ne la jetez pas : c'est la preuve que la saumure est active.

N'ajoutez aucun condiment autre que du sel et de l'eau. Les parfums seront ajoutés au moment de l'emploi. Lorsque vous utilisez une saumure neuve, les olives doivent macérer 3 à 4 mois pour être à point. Une fois traitées, les olives se gardent indéfiniment. Ne jetez pas une saumure qui a servi pour des olives : elle devient d'un noir d'encre, mais vous pouvez la réutiliser indéfiniment elle aussi.

2. Pour les consommer, égouttez les olives avec une écumoire ou une cuillère spéciale à olives, en bois percé de trous.

Goûtez-les. Si elles sont trop salées, vous pouvez les passer sous l'eau froide ou les faire tremper pour éliminer l'excès de sel. Servez-les telles quelles ou ajoutez-leur le parfum de votre choix.

Tomates séchées

Pomodori secchi

Ces tomates sont comme un concentré d'été qui illuminera votre cuisine au cœur de l'hiver. En Italie, on les trouve couramment sur le marché, mais elles sont assez rares au menu des restaurants. En fait, c'est une spécialité de la cuisine traditionnelle. Il est très facile de les préparer soi-même, plus économique aussi. J'aime bien les ajouter dans une salade verte ou les incorporer au dernier moment dans un plat de pâtes, à moins encore de les servir avec du fromage.

Il est préférable, cela va sans dire, de faire sécher des tomates par temps sec. J'ai essayé de les faire sécher également dans un four, au gaz ou à l'électricité. Le temps de séchage varie selon la taille et la maturité des tomates, le type de four et la température qu'il fait dehors. Comme le four est réglé au minimum, il n'y a guère de risque de brûler les tomates. Mais surveillez-les cependant pour ne pas trop les dessécher : elles doivent être parfaitement sèches, sans humidité interne et la peau doit offrir des teintes vermillon plus ou moins foncé. En général il n'y a pas besoin de glisser une plaque sous la grille où reposent les tomates : elles sécheront mieux si la circulation d'air à l'intérieur du four est bonne. Choisissez de préférence des tomates petites de même taille, qui sécheront toutes en même temps assez rapidement. Pour être sûr que les tomates ne tombent pas à travers la grille en se rétractant, disposez-les sur une grille à gâteau et posez celle-ci sur la grille du four.

Pour 2 tasses de tomates séchées environ :
2,5 kg de tomates ovales
Sel de mer

1. Préchauffez le four à 100 °C (thermostat 1) ou à la température la plus basse. Retirez la grille.

2. Retirez la queue et le pédoncule des tomates. Coupez-les en deux dans la longueur et disposez-les, face coupée dessous, côte à côte et transversalement, sur une grille à pâtisserie. Posez celle-ci sur la grille du four. Veillez à ce que les tomates ne se touchent pas. Saupoudrez-les légèrement de sel.

3. Faites-les sécher dans le four jusqu'à bonne consistance, en comptant de 6 à 12 heures. Examinez-les à intervalles réguliers : elles ne doivent pas devenir cassantes, mais rester souples. Une fois qu'elles sont sèches, sortez-les du four et laissez-les refroidir complètement sur la grille. (Les tomates de petite taille sèchent plus rapidement que les grosses. Retirez-les au fur et à mesure qu'elles sont prêtes.)

4. Mettez-les dans des sachets en plastique à fermeture zippée. Elles se conservent indéfiniment.

En hommage au Piémont

Le Piémont est sans doute l'une des régions les plus séduisantes d'Italie : ses vins sont excellents, sa cuisine exquise et sa personnalité particulièrement marquante, solide et robuste. Ce menu est un hommage au Piémont, aux cuisiniers et aux restaurateurs qui m'ont si gentiment ouvert leurs portes et fait partager leur cuisine de trattoria. Avec ce repas, j'aimerais boire un jeune vin rouge Dolcetto d'Alba, mais avec le dessert, je m'offrirais une bonne bouteille de muscat parfumé Moscato d'Alba.

Bœuf cru à l'huile d'olive
Tajarin au beurre de romarin
Lapin aux poivrons rouges et à la polenta
Crème cuite vanille et amande

Desserts, glaces et sorbets

Sucre vanillé

Zucchero di vaniglia

La vanille est un parfum qui joue un rôle très appréciable dans de nombreux desserts italiens, qu'il s'agisse du fameux pan di spagna, sorte de biscuit de Savoie, ou des budini, entremets à base de lait et d'œufs. Une solution consiste à acheter des sachets de sucre vanillé tout prêts. Lorsque je fais de la pâtisserie, quelle qu'elle soit, bien souvent je préfère utiliser du sucre vanillé au lieu de sucre en poudre « normal ». Cette préparation ne prend que quelques secondes mais vous en tirerez le meilleur profit.

Pour 800 g de sucre vanillé :
4 belles gousses de vanille
800 g de sucre

Aplatissez les gousses de vanille et fendez-les en deux. Avec une petite cuillère, grattez les graines qui sont à l'intérieur et mettez-les dans un petit bol ; réservez-les pour un autre emploi. Mettez les gousses et le sucre dans un grand bocal. Fermez-le et gardez-le à température ambiante pendant plusieurs jours sans l'ouvrir pour que le sucre absorbe tout le parfum. Il se garde ensuite indéfiniment. Utilisez-le pour votre pâtisserie courante à la place de sucre normal. Lorsque la quantité de sucre est épuisée, remplissez à nouveau le bocal.
(Lorsque j'utilise par ailleurs de la vanille pour infuser dans du lait, je la garde et je la sèche bien, puis je l'ajoute dans le bocal pour renforcer encore le parfum.)

Salade de pêches aux framboises

Insalata di pesche e lampone

C'était en août et il faisait beau. Nous étions installés sur la terrasse ombragée de *La Stalla,* une tranquille ferme auberge du village de Gardone Riviera, sur le lac de Garde. Devant nous, de grands saladiers de verdure et de légumes, des tranches de fontina grillées garnies de champignons sauvages et pour clore le tout ce dessert délicieusement simple et rafaîchissant. Il consiste en une purée de pêches légèrement sucrée sur laquelle sont disposés des quartiers de pêches mûres, avec au milieu des framboises ou toute autre baie rouge de l'été. Servez ce dessert avec un blanc sec pétillant et une corbeille de biscotti (page 295).

Pour 4 à 6 personnes :
5 pêches mûres (1 kg environ)
50 g de sucre vanillé (page 274)
250 g de framboises fraîches

1. Pelez les pêches : emplissez d'eau une grande casserole et portez à ébullition. Plongez-y les pêches une par une et laissez-les pocher 1 à 2 minutes jusqu'à ce que la peau soit ramollie. Avec une écumoire, sortez les pêches de l'eau et plongez-les aussitôt dans un saladier plein d'eau froide. Quand elles sont refroidies, pelez-les avec un couteau pointu. Jetez les peaux.

2. Hachez grossièrement 3 pêches pelées et mettez-les dans le bol du robot. Ajoutez deux cuillerées à soupe de sucre vanillé et réduisez-les en purée. Versez la purée dans un plat rond en porcelaine de 27 cm de diamètre et, avec une spatule, étalez-la dans le fond du plat en couche régulière.

3. Détaillez les deux pêches restantes en tranches régulières. Mettez-les dans une terrine et mélangez-les avec 1 cuillerée à soupe de sucre. Rangez-les ensuite en rosace sur la purée de pêches en faisant se chevaucher légèrement les tranches. Couvrez et mettez au réfrigérateur pendant 4 heures.

4. Au moment de servir, mélangez les framboises avec le sucre restant. Disposez-les en monticule au centre de la rosace de pêches et servez aussitôt. Répartissez délicatement les tranches de pêches sur les assiettes à dessert, ajoutez une cuillerée de purée et une autre de framboises en garniture.

Vin conseillé :
j'aime servir ce dessert avec un Prosecco de Vénétie pétillant et fruité.

Macarons aux amandes

Amaretti

Je succombe toujours au charme de ces macarons richement parfumés. Les ingrédients nécessaires sont de ceux que l'on a pratiquement toujours sous la main. Cette recette fait désormais partie de mon répertoire et ces macarons font un dessert exquis, notamment quand on les associe avec des biscotti. Si vous prenez le soin de mesurer le volume de blancs d'œufs, vous vous apercevrez que le résultat est plus satisfaisant car les œufs ont des tailles variables. Tapissez la tôle de papier sulfurisé pour décoller plus facilement les macarons quand ils sont cuits.

Pour 3 douzaines de macarons :
100 g d'amandes blanchies, réduites en poudre fine
2 gros blancs d'œufs (8 cl), à température ambiante
50 g de sucre en poudre
1/2 cuillerée à café d'essence d'amande amère

1. Préchauffez le four à 175 °C (thermostat 4-5). Tapissez trois plaques à pâtisserie de papier sulfurisé. Réservez.
2. Réunissez dans une grande terrine les amandes en poudre et le sucre. Mélangez intimement.
3. Dans une autre terrine, fouettez ensemble les blancs d'œufs et l'essence d'amande. Ajoutez les blancs d'œufs à la préparation précédente et mélangez jusqu'à consistance molle et collante.
4. Avec une cuillerée à café, versez la pâte sur les tôles à raison de 1/2 cuillerée par macaron, en les espaçant légèrement. Comptez une douzaine de macarons par plaque.
5. Enfournez à mi-hauteur et faites cuire, pendant 15 minutes environ, jusqu'à ce que les macarons soient légèrement dorés sur le pourtour et assez fermes au toucher. Retirez les plaques du four et déposez les feuilles de papier sur des grilles pour laisser les macarons se raffermir, pendant 3 à 4 minutes. Avec un couteau à lame fine, décollez les macarons du papier et laissez-les refroidir complètement, toujours sur la grille. Conservez-les dans une boîte en fer-blanc dans un endroit frais et sec, une dizaine de jours environ.

☛ **Un bon conseil**

Pour beurrer un moule, mettez environ une cuillerée de beurre ramolli dans le moule, puis, pour ne pas vous graisser les doigts inutilement, glissez une main dans un petit sac en plastique et enduisez soigneusement le moule de beurre. Jetez ensuite le sac en plastique. De même, tenez prêt à portée de main un petit shaker en plastique plein de farine ordinaire pour fariner le moule sans vous salir.

Gratin de pêches farcies

Pesche ripiene alla piemontese

« *Pour un ami, pelez une figue, pour un ennemi pelez une pêche.* »
Adage italien.

Ce dessert aux pêches aussi délicieux que simple passe pour une spécialité piémontaise, mais j'ai eu l'occasion de le déguster partout en Italie. C'est une sorte de gratin de pêches farcies de macarons écrasés. Si vous aimez la crème fraîche en garniture, bien que ce ne soit pas traditionnel, surtout ne vous en privez pas.

Pour 6 personnes :
Beurre pour graisser le plat
6 pêches mûres
10 grands macarons italiens
50 g de sucre vanillé (page 274)
1 gros jaune d'œuf
30 g de beurre

1. Préchauffez le four à 175 °C (thermostat 4-5).

2. Beurrez légèrement un plat à four assez grand pour contenir les pêches sur une seule couche. Lavez les pêches, coupez-les en deux et retirez le noyau, en entaillant les fruits le long de la ligne naturelle de séparation des oreillons. Avec une petite cuillère, retirez environ une cuillerée de pulpe au centre de chaque oreillon pour élargir la cavité lorsque le noyau a été retiré. Réservez cette pulpe. Rangez les demi-pêches, face évidée dessus, côte à côte dans le plat à four beurré.

3. Dans le bol mélangeur d'un robot ménager, réduisez les macarons en miettes. (N'en faites pas une purée.) Versez-les dans une petite terrine, ajoutez la pulpe de pêches réservée, le sucre et le jaune d'œuf. Mélangez intimement.

4. Répartissez cette farce dans le creux de chaque demi-pêche aussi régulièrement que possible. Ajoutez une noix de beurre sur le dessus.

5. Mettez le plat dans le four à mi-hauteur et laissez cuire une dizaine de minutes jusqu'à ce que les pêches soient bien tendres et la farce raffermie, sur le point de former une croûte. Servez chaud ou à température ambiante, en disposant les pêches farcies sur un joli plat ou des assiettes de service individuelles.

Note :
si vous prenez des petits amaretti, il n'en faut qu'une vingtaine (30 g environ).

Tiramisu

Tiramisù

Cet entremets italien, d'une richesse exquise, superpose les parfums et les ingrédients avec un art consommé, ce qui explique son succès international, tous les gourmands qui aiment les contrastes de textures, le doux et le crémeux, ayant été séduits. Le nom même de ce dessert à base de biscuits à la cuillère imbibés de café, nappé de crème au cognac et au chocolat veut dire « emmène-moi » : en effet on ne résiste pas à cette invite. Il est en outre très facile à confectionner, surtout si vous avez ramené d'un voyage en Italie ces biscuits légers voisins des biscuits à la cuillère ou des savoiardi, sorte de gâteaux de Savoie individuels. Certaines recettes proposent de saupoudrer le dessus du tiramisu de cacao en poudre, mais je ne suis pas d'accord avec cette solution et je préfère de loin le chocolat noir râpé. Le meilleur tiramisu que j'ai jamais goûté est sans doute celui que j'ai savouré à Venise dans le minuscule restaurant de l'*Antica Besseta*.

Pour 4 à 8 personnes :
3 cuillerées à soupe de café noir très fort
1 cuillerée à soupe de cognac
3 gros jaunes d'œufs, blancs et jaunes séparés, à température ambiante

100 g de sucre vanillé
250 g de mascarpone, à température ambiante
24 biscuits à la cuillère ou savoiardi
30 g de chocolat noir amer

1. Mélangez dans un bol le cognac et le café. Réservez.
2. Dans le bol mélangeur d'un mixer équipé d'un fouet, montez les blancs en neige ferme. Réservez.
3. Lavez le bol et le fouet. Fouettez ensuite les jaunes d'œufs avec le sucre vanillé pendant 2 minutes jusqu'à consistance mousseuse et jaune pâle. Ajoutez le mascarpone et mélangez encore une fois en fouettant. Avec une spatule, incorporez les blancs d'œufs en neige dans ce mélange.
4. Rangez une couche de 12 biscuits (deux rangées parallèles de 6) dans le fond d'un plat carré de 25 cm de côté. Imbibez les biscuits du mélange café-cognac en vous servant d'un pinceau à pâtisserie. Étalez la moitié de la crème au mascarpone sur les biscuits et ajoutez dessus la moitié du chocolat râpé. Remettez une seconde couche de biscuits, imbibez-les à nouveau et étalez le reste de crème au mascarpone. Réservez le reste de chocolat râpé pour l'ajouter au moment de servir. Couvrez le tiramisu et mettez-le au réfrigérateur pendant au moins 3 heures pour permettre à la crème de se raffermir légèrement et aux biscuits d'absorber le parfum dont ils sont imbibés. (Vous pouvez d'ailleurs préparer le tiramisu la veille du jour où vous le servez.) Pour servir, découpez le tiramisu en portions rectangulaires et posez-les sur des assiettes à dessert très froides. Saupoudrez du reste de chocolat râpé et servez aussitôt.

Vin conseillé :
on peut prétendre que le tiramisu est trop sucré pour n'importe quel vin, mais j'aime bien l'accompagner pourtant d'un Vin Santo velouté couleur d'ambre.

Pour amateur de glaces :
en général, en cuisine, la précipitation est mère de toutes les catastrophes. Mais un jour, alors que je préparais un tiramisu à la dernière minute, sans avoir le temps de le mettre au réfrigérateur assez longtemps, je décidai de le glisser dans le congélateur pendant 30 minutes

pour le raffermir tout de même. Je fus heureusement surprise du résultat : un entremets glacé d'une agréable consistance, que je préfère même au tiramisu traditionnel. En fait, la prise au froid, d'une certaine manière, amoindrit la richesse du mascarpone et rend le tiramisu – du moins sur la langue – plus léger qu'il ne l'est en réalité.

Ramequins de crème amande et vanille

Panna cotta

À mon avis, cette crème cuite parfumée à l'amande et à la vanille, une spécialité du Piémont, fait partie des meilleurs desserts italiens. Elle est si riche et onctueuse que les autres crèmes du même type, par comparaison, ont l'air de desserts pour régime ! En outre, elle est ultra-facile à préparer, la veille même, une solution idéale pour avoir l'esprit libre au dernier moment. Bien qu'il s'agisse d'une crème dite cuite, en réalité elle est juste portée à ébullition, le temps de faire fondre le sucre et d'exalter les parfums d'amande et de vanille. Choisissez la meilleure crème fraîche que vous puissiez trouver. Un jour, Angelo Maionchi, chef du restaurant *Del Cambio* à Turin, m'invita gentiment à travailler avec lui et sa brigade dans ses cuisines et me donna la recette. Vous pouvez préparer la crème soit dans un grand moule à cake caramélisé, soit dans des ramequins individuels. Je préfère la seconde solution et j'aime bien servir ce dessert avec des petits fruits rouges, framboises, fraises, cerises ou mûres, pour apprécier le contraste de couleur avec la crème blanc ivoire.

Pour 8 personnes :
Beurre pour graisser les ramequins
4 cuillerées à café de gélatine
50 cl de lait entier
120 g de sucre glace
50 cl de crème fraîche épaisse

1 cuillerée à café d'extrait de vanille
1/2 cuillerée à café d'extrait d'amande amère
Fruits assortis pour la garniture

1. Beurrez légèrement huit ramequins de 12 cl de contenance. Rangez-les sur un plateau.

2. Versez 6 cl de lait dans un bol, ajoutez la gélatine et mélangez.
Laissez reposer pendant 2 à 3 minutes le temps que la gélatine se dissolve dans le lait.

3. Versez le reste du lait dans une grande casserole, ajoutez le sucre glace et la crème fraîche. Portez à la limite de l'ébullition sur feu modéré en fouettant pour faire fondre le sucre. Retirez du feu, ajoutez la gélatine dissoute dans le lait, les extraits de vanille et d'amande. Fouettez pour finir de faire dissoudre la gélatine. Passez le mélange au chinois dans un grand récipient doté d'un bec verseur. Répartissez ensuite la crème dans les ramequins. Couvrez chaque ramequin d'un film plastique et mettez au réfrigérateur pendant au moins 4 heures pour que la crème se raffermisse. (Vous pouvez préparer la crème cuite la veille et la laisser au réfrigérateur jusqu'au moment de servir.)

4. Pour servir, passez la lame d'un couteau le long de chaque ramequin pour permettre à la crème de se détacher. Plongez le fond des ramequins, un par un, dans une bassine d'eau bouillante, puis renversez-les sur des assiettes à dessert bien froides. Entourez la crème de fruits rouges : lamelles de fraises, framboises ou cerises entières.

Vin conseillé :
avec cette crème sublime, servez un vin doux du Piémont comme le Moscato d'Asti.

Variante :
l'amande est le parfum traditionnel de la crème cuite, mais on trouve aussi en Italie des amateurs de crème à la vanille uniquement. Pour obtenir un parfum de vanille plus prononcé, préparez la crème cuite avec 2 cuillerées à café d'extrait de vanille, sans mettre d'extrait d'amande.

Pots de crème au chocolat

Budini di cioccolato

Riche et crémeux sans être trop sucré, cet entremets au chocolat est une recette du Cibrèo, un restaurant de cuisine toscane situé près du marché en plein air de Florence. J'aime le servir avec des biscuits aux noisettes et à l'orange (page 295), car le mariage du chocolat, du café et de l'orange est un des plus réussis qui soient.

Pour 6 personnes :
Beurre pour graisser les ramequins
250 g de chocolat noir amer, finement haché
16 cl de lait entier
50 cl de crème fraîche
6 cl de café noir très fort (ne prenez pas de l'instantané)
1 cuillerée à soupe de sucre vanillé (page 274)
2 gros œufs entiers, à température ambiante, légèrement battus

1. Préchauffez le four à 165 °C (thermostat 4).

2. Faites trois fentes dans une feuille de papier sulfurisé et mettez-la dans le fond d'un grand moule rectangulaire. Réservez. (Le papier empêchera l'eau, versée dans le moule faisant office de bain-marie, de bouillir et d'envoyer des éclaboussures dans les crèmes en train de cuire.)

3. Faites chauffer de l'eau dans une bouilloire pour le bain-marie.

4. Versez le lait dans une grande casserole et ajoutez le chocolat. Faites-le fondre sur feu doux en remuant de temps en temps. Retirez la casserole du feu et laissez refroidir pendant 5 minutes, puis ajoutez les autres ingrédients et fouettez pour obtenir un mélange homogène.

5. Répartissez équitablement la crème dans les ramequins. Versez de l'eau bouillante dans le moule où vous aurez rangé les ramequins, pour qu'elle arrive environ à mi-hauteur des ramequins.

Enfournez à mi-hauteur et faites cuire pendant 45 à 50 minutes jusqu'à ce que la crème soit prise au bord mais encore tremblotante au milieu.

6. Sortez délicatement le bain-marie du four, puis les ramequins de l'eau. Servez les crèmes chaudes ou à température ambiante, mais jamais froides ou glacées.

Gâteau à la ricotta

Torta di ricotta

D'une délicatesse moelleuse et tendre, ce gâteau au fromage blanc, sans croûte, est enrichi de pignons de pin et de raisins secs tout en offrant aussi un mélange d'arômes d'agrumes et d'épices. Rien à voir avec le cheese-cake à la mode américaine, nettement plus lourd. J'en recommande la recette à tous les amateurs de gâteaux au fromage blanc. Je l'ai découvert pour ma part un samedi du mois de décembre à Rome dans l'excellente trattoria *Checchino,* fondée en 1887.

Pour 16 à 20 personnes :
Beurre et farine pour le moule
200 g de sucre vanillé
45 g de farine ordinaire tamisée
60 g de pignons de pin
70 g de raisins secs
1/4 de cuillerée à café de sel de mer fin
1 kg de ricotta au lait entier
6 gros œufs entiers, à température ambiante, légèrement battus
1 cuillerée à café de cannelle en poudre
1 cuillerée à café de noix muscade fraîchement râpée
2 cuillerées à café d'extrait de vanille
Le zeste râpé d'un citron
Le zeste râpé d'une orange
Sucre glace pour le décor

1. Préchauffez le four à 150 °C (thermostat 3-4).
2. Beurrez largement et farinez un moule à manqué amovible de 23 cm de diamètre, en le tapotant pour faire tomber l'excédent de farine. Réservez.
3. Mélangez dans un bol le sucre vanillé, la farine, les pignons de pin, les raisins secs et le sel. Réservez.
4. Versez la ricotta dans le bol mélangeur d'un robot équipé d'une spatule et travaillez-la à vitesse réduite jusqu'à consistance lisse. Ajoutez les œufs battus petit à petit, puis le mélange au sucre vanillé et mélangez intimement. Ajoutez ensuite les épices et les zestes. Mélangez à nouveau bien à fond.
5. Versez la pâte dans le moule beurré et fariné. Mettez-le dans le four à mi-hauteur et faites cuire le gâteau pendant 1 h 30 jusqu'à ce qu'il soit bien doré et assez ferme au centre : une aiguille enfoncée au milieu doit ressortir propre. Mettez-le sur une grille pour le laisser refroidir. Lorsqu'il est froid, enveloppez-le dans du plastique et mettez-le au réfrigérateur. (Vous pouvez le préparer la veille du jour où vous le servez.)
6. Pour servir, retirez le moule amovible et laissez le gâteau sur le fond en tôle. Saupoudrez largement de sucre glace et servez en parts minces.

Gâteau aux noisettes

Torta di nocciole

La délicieuse odeur de noisette qui s'échappe du four pendant la cuisson de ce gâteau exquis est une raison suffisante pour le préparer. Mais la dégustation proprement dite ne vous décevra pas, tellement il est moelleux et parfumé. Je l'ai découvert dans le petit village de Barolo, célèbre pour son vin rouge, chez un boulanger à l'enseigne du *Panettiere Cravero,* où plusieurs gâteaux étaient empilés sur le comptoir. Cette recette est une variante originale de la formule de base, car elle comporte aussi du cacao en poudre, qui ajoute une touche de gourmandise supplémentaire à un gâteau déjà fort riche. Prenez le temps de faire griller les noisettes, car ainsi elles dégageront mieux leur arôme, si pénétrant. Résistez enfin à la tentation de parfaire ce gâteau en lui ajoutant un glaçage ou un voile de sucre glace. C'est nature qu'il est vraiment parfait.

Pour 12 personnes :
Beurre et farine pour le moule
150 g de beurre à température ambiante
250 g de sucre vanillé (page 274)
3 gros œufs, blancs et jaunes séparés, à température ambiante
1 cuillerée à café d'extrait de vanille
125 g de noisettes grillées et finement hachées
270 g de farine ordinaire
1 cuillerée à soupe de bicarbonate de soude
1 cuillerée à soupe de cacao en poudre
1/4 de cuillerée à café de sel de mer fin

1. Préchauffez le four à 175 °C (thermostat 4-5).

2. Beurrez largement et farinez un moule à manqué de 23 cm de diamètre, de préférence antiadhésif, en le tapotant pour faire tomber l'excédent de farine. Réservez.

3. Dans le bol mélangeur d'un robot équipé d'une spatule, mettez le beurre et 200 g de sucre ; travaillez le tout en crème pendant 3 à 4 minutes jusqu'à consistance légère et mousseuse. Ajoutez les jaunes d'œufs un par un, en mélangeant intimement à chaque ajout. Incorporez enfin la vanille et les noisettes.

4. Tamisez ensemble la farine, le bicarbonate, le cacao et le sel dans une terrine. Puis incorporez ce mélange dans la préparation précédente et travaillez jusqu'à consistance homogène. La pâte doit être assez ferme, comme une pâte à biscuit.

5. Par ailleurs, fouettez les blancs d'œufs en neige très ferme, puis ajoutez-leur le reste de sucre, peu à peu, et continuez à fouetter jusqu'à ce que la neige soit

bien ferme et brillante, mais pas trop sèche.
6. Avec une grande spatule, incorporez délicatement les blancs en neige à la pâte jusqu'à ce qu'elle soit homogène.
7. Versez la pâte dans le moule, lissez le dessus avec une spatule. Mettez le moule dans le four à mi-hauteur et faites cuire pendant 40 à 50 minutes jusqu'à ce que le gâteau soit bien doré ; une aiguille enfoncée au milieu doit ressortir propre. Posez le moule sur une grille et laissez le gâteau refroidir et se raffermir pendant 10 minutes. Retournez ensuite le moule et démoulez le gâteau sur un plat rond. Servez en parts régulières, au petit déjeuner, pour le thé ou en dessert.

Vin conseillé :
ce gâteau aux noisettes est délicieux avec un muscat légèrement sucré, comme le Moscato d'Asti du Piémont.

☛ Encore meilleures grillées

En faisant griller les fruits secs, notamment les noisettes, on diminue leur teneur en humidité et l'on renforce l'arôme qu'elles peuvent dégager. Pour bien les faire griller : étalez les noisettes sur une tôle à four et mettez-les dans le four préchauffé à 175 °C (thermostat 4-5) pendant une dizaine de minutes, jusqu'à ce qu'elles soient légèrement dorées. Vérifiez à intervalles réguliers pour éviter qu'elles ne brûlent. Certaines recettes plus raffinées demandent des noisettes dépouillées de leur peau (il suffit de les frotter dans un torchon épais), mais je trouve que cette opération n'est pas nécessaire pour cette recette plutôt rustique. Vous pouvez facilement réduire les noisettes en poudre grossière dans votre robot : mais attention à ne pas trop les mixer, sinon elles se réduisent en pâte. Les noisettes sont une denrée très périssable : gardez-les au réfrigérateur ou même au congélateur, en les laissant décongeler à température ambiante avant emploi.

Gâteau à l'orange et au citron

Torta di arancio e limone

L'un des restaurants les plus romantiques de toute la Toscane porte le nom de *Locanda dell'Amorosa* (Auberge de l'amoureuse) à Sinalunga. Plus qu'une simple auberge, c'est une sorte de petit hameau en forme de fer à cheval, situé en haut d'une colline au bout d'une longue allée de cyprès. Nous étions là un soir de la fin mai, écoutant les chants de milliers d'oiseaux qui envahissaient le ciel entier. Le menu du petit déjeuner fut splendide : des tasses de café bien noir, du pain toscan non salé, des confitures et des miels maison, un assortiment de fromages et de charcuteries, des céréales, des fruits, du yaourt et ce magnifique gâteau tout doré, imprégné du parfum pénétrant de l'orange et du citron. Cette version est basée sur la recette que le chef Walter Ridaelli me donna le jour-même. C'est un vrai délice dénué de toute sophistication, et plébiscité par toute la famille. Vous pouvez néanmoins, pour une occasion particulière, le glacer légèrement en surface ou le servir avec des fruits macérés dans du vin doux ou du rhum.

Pour 10 à 14 personnes :
Beurre et farine pour le moule
400 g de farine ordinaire
1 cuillerée à café et demie de levure chimique
1/2 cuillerée à café de sel fin de mer
Le zeste râpé et le jus d'une orange
Le zeste râpé et le jus d'un citron
18 cl de lait entier
225 g de beurre ramolli
300 g de sucre vanillé (page 274)
5 gros œufs
Sucre glace pour le décor (facultatif)

1. Préchauffez le four à 175 °C (thermostat 4-5).

2. Beurrez régulièrement l'intérieur d'un moule à savarin de 2,5 litres de contenance, puis farinez-le en le tapotant pour faire tomber l'excédent de farine. Réservez.

3. Tamisez la farine avec la levure, le bicarbonate et le sel dans une grande terrine. Incorporez les zestes d'orange et de citron.

4. Versez le jus d'orange et le jus de citron dans le lait et laissez reposer pour acidifier le lait.

5. Dans une grande terrine, travaillez le beurre et le sucre vanillé au fouet électrique à grande vitesse pendant 2 minutes, jusqu'à consistance légère et mousseuse.

Incorporez les œufs un par un en mélangeant bien à chaque ajout. La pâte n'a pas l'air homogène, mais ne vous en souciez pas. Incorporez ensuite en alternant la farine et le lait en travaillant bien à chaque ajout et en grattant les parois de la terrine avec une spatule en caoutchouc.

6. Versez la pâte dans le moule beurré et fariné et mettez celui-ci dans le four à mi-hauteur. Faites cuire pendant 45 à 55 minutes jusqu'à ce que le gâteau offre une couleur dorée uniforme : une aiguille enfoncée à cœur doit ressortir propre. (Les craquelures sur le dessus du gâteau peuvent ne pas paraître sèches, mais peu importe : le test concerne la cuisson du gâteau à cœur.)

Laissez le gâteau dans son moule sur une grille pour le faire refroidir pendant 10 minutes, puis retournez-le sur un plat.

Si vous le désirez, saupoudrez-le de sucre glace. Coupez-le en parts et servez-le en dessert ou au petit déjeuner.

Boisson conseillée :
au petit déjeuner, ce gâteau est délicieux avec une tasse de verveine au citron, mais en dessert, proposez en même temps un petit verre de Vin Santo de Toscane.

Des citrons plus juteux

Posez un citron à température ambiante sur une surface plane et, en appuyant dessus fermement avec la paume de la main, faites-le rouler d'avant en arrière. Cette opération permet au fruit de rendre le maximum de jus quand on le presse.

Gâteau aux pommes

Torta di mele

Des cercles concentriques de tranches de pommes bien dorées et moelleuses cuites sur une pâte à quatre-quarts parfumée à la vanille : voici l'un de mes gâteaux italiens préférés. Un été sur les bords du lac de Garde, j'ai eu l'impression d'en voir une version différente chaque jour, dans les restaurants, sur les marchés ou dans les pâtisseries du petit village où nous passions nos vacances. La recette que je donne ici est en fait un concentré de tous les gâteaux aux pommes que j'ai eu l'occasion de déguster, ou simplement de manger des yeux. Ce délicieux gâteau à l'ancienne est parfait au petit déjeuner, au thé ou comme dessert.

Pour 8 à 12 personnes :
Beurre et farine pour le moule
125 g de beurre à température ambiante
200 g de sucre vanillé (page 274)
1 cuillerée à café d'extrait de vanille
3 cuillerées à soupe de lait entier
Le zeste râpé d'un citron
3 gros œufs à température ambiante
200 g de farine ordinaire
3/4 de cuillerée à café de levure chimique
1/4 de cuillerée à café de sel de mer fin
1/2 cuillerée à café de cannelle en poudre
750 g de pommes Golden

1. Préchauffez le four à 175 °C (thermostat 4-5).

2. Beurrez largement un moule à manqué démontable de 23 cm de diamètre, puis farinez-le en le tapotant pour faire tomber l'excédent de farine. Réservez.

3. Dans le bol mélangeur d'un robot équipé d'une spatule, travaillez en crème le beurre, 150 g de sucre vanillé, la vanille, le lait et le zeste de citron pendant 1 à 2 minutes jusqu'à consistance légère et mousseuse. Ajoutez les œufs un par un en travaillant bien la pâte après chaque ajout.

4. Tamisez la farine, la levure et le sel dans une terrine. Ajoutez-la peu à peu à la pâte et mélangez intimement.

Raclez les parois du bol mélangeur avec une spatule et mixez encore une fois. Laissez reposer pendant 10 minutes pour permettre à la farine d'absorber le liquide.

5. Mélangez à part dans une terrine 2 cuillerées à soupe de sucre vanillé et 1/4 de cuillerée à café de cannelle.

Pelez les pommes, retirez le cœur et les pépins et coupez-les chacune en 16 tranches égales. Mettez les tranches de pommes dans la terrine et mélangez-les avec le sucre et la cannelle. Réservez.

6. Versez la pâte dans le moule préparé et lissez le dessus avec une spatule. En commençant le long du bord, rangez sur la pâte les tranches de pommes, en les faisant se chevaucher légèrement, sur 2 ou 3 cercles concentriques depuis l'extérieur vers le centre – mettez la partie la plus épaisse des tranches vers l'extérieur. Remplissez le centre avec le reste des tranches.

Mélangez le reste de sucre et de cannelle et parsemez-en les pommes.

7. Mettez le gâteau dans le four à mi-hauteur. Laissez-le cuire pendant environ 1 heure jusqu'à ce que les pommes soient bien dorées et la pâte assez ferme quand on la presse du bout du doigt. Sortez-le du four et laissez-le retroidir sur une grille.

Après 10 minutes, passez la lame d'un couteau le long des parois du moule, retirez la partie démontable et laissez le gâteau sur son fond. Servez à température ambiante, en le découpant en tranches fines.

Gâteau de riz au citron

Torta di riso

Tout doré, luisant et appétissant, ce délicieux gâteau de riz est l'un de mes desserts préférés. Je l'ai découvert un beau jour de printemps dans un café de Florence et, depuis, je le prépare souvent, car les ingrédients de base sont peu coûteux, simples et, de plus, on peut le confectionner sans problème un jour à l'avance. Ce dessert populaire prouve en outre que les Italiens savent tirer le meilleur parti de leur merveilleux riz arborio qui, comme en témoignent les nombreuses recettes de gâteaux de riz, ne sert pas seulement à cuisiner le risotto. Vous pouvez très bien réaliser ce dessert avec le même succès en remplaçant le citron par l'orange.

Pour 8 à 12 personnes :
180 g de riz italien arborio
1 litre de lait entier
Une pincée de sel fin de mer
50 g de sucre vanillé (page 274)
Beurre pour le moule
1 cuillerée à soupe de semoule fine
3 gros œufs à température ambiante
Le zeste râpé d'un citron
3 cuillerées à soupe de jus de citron fraîchement pressé
Sucre glace pour le décor

1. Dans une casserole de 6 litres de contenance, versez le riz et le lait, ajoutez le sel et 100 g de sucre. Mélangez à fond et portez à la limite de l'ébullition sur feu modéré en remuant régulièrement pour empêcher le riz de coller dans le fond de la casserole. (Surveillez de près pour que le lait ne déborde pas.)

Baissez le feu et laissez mijoter doucement pendant 15 à 20 minutes jusqu'à ce que le riz soit tendre et que le lait soit en grande partie absorbé. Pendant cette cuisson, continuez à remuer régulièrement, toujours pour empêcher le riz de coller, puis versez le contenu de la casserole dans une terrine pour le laisser refroidir pendant 1 heure.

2. Préchauffez le four à 165 °C (thermostat 4).

3. Beurrez grassement le fond et les parois d'un moule démontable de 25 cm de diamètre. Saupoudrez-le ensuite de semoule en tapotant les bords pour la répartir régulièrement. Videz l'excédent et mettez le moule de côté.

4. Dans le bol mélangeur d'un robot équipé d'un fouet, mélangez les œufs et le reste de sucre pendant 2 minutes jusqu'à ce que le mélange soit épais et jaune pâle.

Ajoutez le zeste et le jus de citron, mélangez bien. Incorporez ensuite le riz et mélangez encore une fois. Versez la pâte dans le moule et lissez le dessus avec le dos d'une cuillère.

5. Mettez le moule dans le four à mi-hauteur et faites cuire pendant 25 à 30 minutes jusqu'à ce que le gâteau soit bien doré et ferme au toucher. Sortez-le du four et faites-le refroidir sur une grille.

Une fois qu'il est froid, enveloppez-le (avec le moule) dans une feuille de plastique jusqu'au moment de servir. (Vous pouvez le préparer la veille.)

6. Pour servir, passez la lame d'un couteau le long des bords du moule, retirez la partie amovible de celui-ci et laissez le gâteau sur son fond. Saupoudrez largement le dessus de sucre glace et servez en tranches minces.

Petits puddings de riz au citron

Budini di riso

La première fois que j'ai goûté l'un de ces petits puddings de riz parfumés au citron et au rhum – achetés dans une pâtisserie à Florence –, ce fut une véritable révélation. Moelleux et dorés sans être trop sucrés, ces gâteaux individuels en forme de petits cakes sont naturellement entrés dans mon répertoire personnel, parfaits pour accompagner une tasse de thé ou de café, en fin de matinée ou dans l'après-midi. Ils sont très faciles à préparer en utilisant des petits moules à cakes ou à babas. Pour être sûr que la pâte ne va pas coller, n'oubliez pas de les tapisser de papier (mais pensez à le retirer avant de les servir). Ces petits gâteaux sont meilleurs servis à température ambiante, saupoudrés d'un peu de sucre glace. Disposés en rosace sur un présentoir à pied tapissé de papier dentelle, ils font très belle impression.

Pour 15 gâteaux :
75 cl de lait entier
90 g de riz italien arborio
Une pincée de sel de mer fin
100 g de sucre vanillé (page 274)
60 g de beurre
Le zeste râpé de 2 citrons
2 gros œufs, blancs et jaunes séparés, à température ambiante
1 cuillerée à soupe de jus de citron fraîchement pressé
2 cuillerées à soupe de rhum brun
Sucre glace pour le décor

1. Tapissez de godets en papier 15 moules à babas de 6 cl de contenance. Réservez.

2. Passez sous l'eau froide une casserole de 3 litres de contenance, videz l'eau mais n'essuyez pas la casserole (ce qui évite au lait d'attacher dans le fond). Versez le lait et faites chauffer sur feu vif.
Lorsqu'il commence à bouillir, baissez le feu et ajoutez le riz, salez et portez à la limite de l'ébullition. Faites mijoter pendant 10 minutes en remuant régulièrement. Ajoutez le sucre et le beurre, puis continuez la cuisson doucement pendant encore 7 minutes en remuant sans arrêt jusqu'à ce que le riz soit cuit.
La préparation doit alors avoir la consistance d'une crème épaisse.
Versez le tout dans une terrine et laissez refroidir pendant au moins 1 heure. Pendant ce temps, le riz va absorber la plus grande partie du liquide.

3. Préchauffez le four à 190 °C (thermostat 5).

4. Lorsque le riz est froid, incorporez le zeste de citron, puis les jaunes d'œufs, le jus de citron et le rhum en mélangeant intimement.

5. Fouettez ensuite les blancs d'œufs en neige ferme, puis incorporez-les délicatement à la préparation précédente. Répartissez la pâte obtenue dans les moules en les remplissant à ras bord.

6. Mettez les moules dans le four à mi-hauteur et faites-les cuire pendant 25 à 30 minutes jusqu'à ce que les gâteaux soient bien dorés et fermes au toucher : une aiguille enfoncée au centre doit ressortir propre.

Mettez les moules sur une grille pour les faire refroidir pendant 10 minutes (mais pas plus, sinon les gâteaux risquent ensuite de coller au papier).

Démoulez les gâteaux des godets en papier et posez-les à l'envers sur la grille pour finir de les laisser refroidir. Ils vont se rétracter légèrement pendant ce temps de repos. Au moment de servir, saupoudrez-les largement de sucre glace.

Biscuits aux noisettes et à l'orange

Biscotti

Biscuit veut dire littéralement « deux fois cuit », et c'est exactement ce qu'il convient de faire pour obtenir ces délicieuses friandises croquantes, farcies de noisettes entières et parfumées au citron, à l'orange, avec une touche de vanille et d'amande amère. Ces biscuits ne comportent pas de matière grasse – les œufs et les noisettes en apportent suffisamment – et sont donc très secs, ce qui leur donne une durée de vie très longue. Goûtez-les avec une tasse de café noir (en n'hésitant pas à les tremper dedans, ce qui permet un subtil mariage de saveurs), mais présentez-les également en dessert avec un verre de porto, de xérès ou, à la manière italienne, avec le traditionnel Vin Santo.

Pour 50 biscuits environ :
270 g de farine ordinaire
1/4 de cuillerée à café de levure chimique
1/4 de cuillerée à café de bicarbonate de soude
1/4 de cuillerée à café de sel de mer fin
3 gros œufs
1 cuillerée à café d'extrait de vanille
130 g de sucre vanillé (page 274)
3/4 de cuillerée à café d'extrait d'amande amère
Le zeste râpé d'un citron
Le zeste râpé d'une orange
125 g de noisettes grillées et refroidies
1 œuf mélangé avec 1/4 de cuillerée à café de sel, pour la dorure

1. Préchauffez le four à 175 °C (thermostat 4-5). Étalez une feuille de papier sulfurisé sur la tôle du four. Réservez.

2. Tamisez ensemble, sur le plan de travail, la farine, la levure, le bicarbonate et le sel.

3. Mélangez dans un bol les œufs, le sucre, les extraits de vanille et d'amande, les zestes de citron et d'orange. Faites une fontaine au milieu du tas de farine tamisée et versez lentement le mélange aux œufs au milieu de la fontaine, puis incorporez la farine petit à petit en mélangeant les ingrédients avec vos doigts.

Si nécessaire, rajoutez un peu de farine pour obtenir une pâte assez ferme. Ajoutez ensuite les noisettes et travaillez la pâte jusqu'à consistance homogène.

4. Partagez la pâte en deux moitiés.

Farinez vos mains pour empêcher la pâte de coller et, avec vos paumes, abaissez délicatement chaque portion de pâte en un rectangle arrondi de 5 cm de large et 31 cm de long. Déposez délicatement chaque abaisse de pâte sur la tôle tapissée de papier, côte à côte, et badigeonnez le dessus avec le mélange œuf sel.

5. Mettez la plaque du four à mi-hauteur et faites cuire pendant 25 à 30 minutes jusqu'à ce que la pâte soit bien dorée et légèrement levée. Sortez la plaque du four et déposez les deux abaisses de pâte sur une grille pour les faire refroidir 10 minutes.

6. Déposez-les ensuite sur une planche à découper et détaillez les biscuits en diagonale à 1 cm d'intervalle.

Posez-les ensuite sur la tranche, rangés sur la tôle, à 1 cm d'intervalle.

Remettez la tôle dans le four à mi-hauteur et faites cuire encore 15 minutes jusqu'à ce que les biscuits soient bien colorés.

Retirez-les du four et faites-les refroidir sur la grille. Les biscuits doivent être secs et croquants. (Une fois qu'ils sont secs, vous pouvez les conserver dans une boîte hermétique pendant 1 mois.)

Variante :
vous pouvez remplacer les noisettes par des amandes blanchies et supprimer le zeste d'orange, ce qui vous donne des biscuits aux amandes et à la vanille.

Vin conseillé :
le Vin Santo est l'accompagnement traditionnel des biscotti, mais vous pouvez remplacer celui-ci par du porto ou du xérès.

Glace à l'orange

Gelato d'arancia

Légère et bien parfumée, cette glace à l'orange est un réel délice. Elle présente tout le moelleux d'une glace, mais sans être aussi lourde qu'une crème glacée, et tout le fruité d'un sorbet, avec l'onctuosité de la glace. J'ai l'impression de retrouver dans ce gelato d'arancia le parfum de la glace que je préférais lorsque j'étais enfant, mais j'aime mieux aujourd'hui la déguster dans une coupe plutôt que la lécher au bout d'un bâtonnet. Accompagnez-la de biscotti (page 295) et d'un petit verre de Vin Santo.

Pour 1 litre de glace :
50 cl d'eau
Le zeste râpé de 2 oranges
900 g de sucre vanillé (page 274)
25 cl de jus d'orange fraîchement pressé
25 cl de crème fraîche

1. Mélangez dans une casserole l'eau, le zeste d'orange, le sucre et le jus d'orange.

Portez à ébullition sur feu modéré et faites bouillir à gros bouillon pendant 2 minutes.

Placez une passoire métallique sur une terrine et passez le sirop obtenu. Jetez les particules solides restées dans la passoire et laissez le sirop refroidir à température ambiante.

(Pour accélérer le refroidissement, placez la terrine dans une autre plus grande et remplie d'eau froide avec des glaçons. Remuez de temps en temps jusqu'à ce que le mélange soit froid au toucher.)

2. Lorsque le sirop est complètement froid, incorporez la crème fraîche.

Versez la préparation dans une sorbetière et faites prendre au froid en suivant le mode d'emploi de l'appareil.

Glace au citron

Gelato di limone

Le citron fait partie de mes parfums préférés et lorsque j'entre chez un glacier en Italie, je ne me pose jamais très longtemps la question pour faire mon choix. Le garçon qui me sert est toujours très déçu lorsque je demande un seul parfum, mais je n'aime pas les mélanges. Voici une recette simple, légère et sans risque pour faire plaisir à tous ceux qui aiment le citron.

Pour 1 litre de glace :
55 cl d'eau
Le zeste râpé de 6 citrons
300 g de sucre vanillé (page 274)
25 cl de jus de citron fraîchement pressé (8 à 10 citrons)
25 cl de crème fraîche

1. Mélangez dans la casserole l'eau, le zeste de citron, le sucre et le jus de citron. Portez à ébullition sur feu modéré, puis faites bouillir à gros bouillons pendant 2 minutes.

Placez une passoire métallique sur une terrine et passez le sirop dedans. Jetez les particules solides restées dans la passoire. Laissez le sirop refroidir à température ambiante. (Pour accélérer le refroidissement, placez la terrine dans une autre plus grande remplie d'eau froide avec des glaçons. Remuez de temps en temps jusqu'à ce que la crème soit froide.)

2. Lorsque la crème est complètement refroidie, incorporez la crème fraîche. Versez la préparation dans une sorbetière et faites prendre au froid en suivant le mode d'emploi de l'appareil.

Granité au citron

Granita di limone

J'adore le citron. Dans la chaleur de l'été, je ne connais rien de plus rafraîchissant que ce mélange de jus de citron et de glace pilée, avec juste ce qu'il faut de sucre pour éviter l'excès d'acidité. Les Italiens sont les maîtres du granité, moitié sorbet et moitié boisson glacée, fait de très fins cristaux de sirop de fruits glacés. Les bonnes trattorias servent le granité dans un grand verre avec une paille et une petite cuillère à long manche, ce qui permet à la fois de le manger à petites bouchées et de le siroter à petites gorgées. On peut proposer le granité en dessert léger ou l'après-midi en rafraîchissement.

Pour 4 à 6 personnes :
13 cl de jus de citron fraîchement pressé
50 g de sucre
38 cl d'eau

1. Mélangez dans une casserole le sucre, le jus de citron et l'eau. Portez à ébullition en remuant jusqu'à dissolution complète du sucre. Retirez la casserole du feu et laissez le sirop refroidir complètement.

2. Versez le mélange dans un plat creux en métal (ou deux bacs à glaçons vides). Mettez-les dans le congélateur.

Après 15 minutes de prise au froid, sortez les bacs (sans renverser le liquide) et, avec une fourchette, remuez le contenu pour écraser les paillettes de glace qui se sont formées, en veillant à aller dans les coins et jusque dans le fond. Remettez les bacs dans le congélateur et laissez le granité prendre pendant encore 15 minutes. Remuez-le à nouveau.

Poursuivez cette même opération tous les quarts d'heure pendant environ 3 heures. Répartissez le granité dans des verres et servez aussitôt. Attention : le granité fond très vite.

Sorbet à l'ananas

Sorbetto di ananas

L'ananas fait partie des parfums les plus rafraîchissants que je connaisse et ce délicieux sorbet est l'un des meilleurs que vous puissiez obtenir. Relevé d'une touche de vanille pour rehausser l'arôme de l'ananas, c'est un dessert dont je ne me lasse pas. J'en ai goûté un absolument parfait par un beau dimanche ensoleillé dans la petite ville de Sirmione, sur le bord du lac de Garde. Si vous préférez, vous pouvez le déguster très froid, non glacé : c'est ce que les Italiens appellent *un frulatto*.

Pour 1 litre de sorbet :
4 tasses pleines de petits cubes d'ananas frais (1 ananas de taille moyenne environ)
65 g de sucre vanillé (page 274)
1 cuillerée à café d'extrait de vanille

1. Dans le bol mélangeur d'un robot, réunissez la pulpe d'ananas, le sucre et l'extrait de vanille. Réduisez le tout en purée jusqu'à consistance légère et mousseuse.

2. Versez le mélange dans une sorbetière et faites prendre au froid en suivant le mode d'emploi de l'appareil.

Glace à la ricotta

Gelato di ricotta

« *Ce qu'on ressent toujours en Italie c'est un extraordinaire mélange de fraîcheur et de détente comme si la vie n'était que couchers et levers de soleil, hiver et printemps.* »
  Charles Morgan, *Reflets dans un miroir*. 1944.

Le mélange de ricotta à la saveur légèrement acide et de crème anglaise donne une crème glacée d'une superbe élégance. J'aime beaucoup la pureté des arômes qu'elle présente. Si cette glace vous paraît très riche, ne vous y trompez pas cette impression vient de la ricotta et non d'une proportion trop grande de crème.

Pour 1 litre de glace :
2 tasses de ricotta au lait entier
1 cuillerée à soupe de rhum brun
6 cl de crème fraîche
POUR LA CRÈME ANGLAISE :
1 gousse de vanille entière
50 cl de lait
6 jaunes d'œufs à température ambiante
150 g de sucre vanillé (page 274)

1. Préparez la crème anglaise : aplatissez la gousse de vanille et fendez-la en deux dans la longueur. Avec une petite cuillère, grattez les graines et mettez-les dans le bol d'un mixer électrique. Réservez. Versez le lait dans une casserole, ajoutez la gousse fendue et faites chauffer sur feu modéré, jusqu'à ce que de petites bulles apparaissent le long des bords. Retirez la casserole du feu, couvrez et laissez infuser pendant 15 minutes, puis retirez la gousse de vanille.
2. Ajoutez aux graines de vanille dans le bol du mixer les jaunes d'œufs et le sucre. Fouettez pendant 2 à 3 minutes jusqu'à consistance épaisse et mousseuse, jaune pâle. Lorsque vous soulevez le fouet, la pâte doit former un long ruban continu. Réservez.
3. Remettez la casserole de lait sur le feu et portez-le à la limite de l'ébullition, puis retirez-la du feu et versez-en un tiers sur le mélange aux jaunes d'œufs, sans cesser de fouetter.
Versez alors le mélange lait-jaunes d'œufs dans la casserole, réglez sur feu très doux et remuez sans arrêt avec une cuillère en bois jusqu'à ce que la crème soit épaisse et onctueuse. Pour vérifier, passez votre doigt sur le dos de la cuillère : la trace doit rester visible si la crème est cuite.
Toute l'opération doit prendre à peine 5 minutes. (Vous pouvez aussi utiliser un thermomètre à cuisson du sucre : il doit monter à 85 °C.)
4. Retirez la casserole du feu et passez la crème au chinois dans une terrine. Posez la terrine dans une autre terrine plus grande, remplie d'eau froide avec des glaçons et remuez de

temps en temps jusqu'à ce que la crème soit complètement refroidie. Cette opération prend environ 20 minutes.

5. Dans le bol mélangeur d'un robot ménager équipé d'une spatule, mélangez la ricotta, le rhum et la crème fraîche jusqu'à consistance bien lisse. Incorporez la crème anglaise froide et versez le tout dans une sorbetière. Faites prendre en glace en suivant le mode d'emploi de l'appareil.

Gâteau de riz glacé

Gelato di riso

Imaginez un gâteau de riz bien onctueux mais pris en glace : c'est exactement ce qu'est ce mémorable gelato di riso. Et si vous le trouvez à votre goût, surtout n'oubliez pas d'en goûter à nouveau à Florence, si vous avez la chance d'y aller, car c'est là qu'il est le meilleur. Servez cet entremets glacé avec des petits macarons aux amandes (page 276). La proportion de riz semble très minime, mais il gonfle beaucoup à la cuisson, ce qui vous donne en fait une crème glacée à la vanille, truffée de grains de riz sucrés.

Pour 1 litre de glace :
POUR LE RIZ :
45 g de riz arborio
38 cl de lait entier
100 g de sucre vanillé (page 274)
1/4 de cuillerée à café de sel de mer fin
POUR LA CRÈME ANGLAISE :
2 belles gousses de vanille
50 cl de lait entier
6 gros jaunes d'œufs à température ambiante
150 g de sucre vanillé
25 cl de crème fraîche

1. Préparez le riz : versez-le dans une grande casserole, ajoutez le lait, le sucre et le sel. Portez à la limite de l'ébullition sur feu modéré en remuant souvent pour empêcher le riz de coller au fond. Baissez le feu et laissez mijoter pendant 20 minutes jusqu'à ce que le riz soit cuit, toujours en remuant pour empêcher le riz de coller au fond.

Versez le contenu de la casserole dans une terrine et laissez refroidir à température ambiante.

(Pour accélérer le refroidissement, mettez la terrine dans une autre plus grande remplie d'eau froide avec des glaçons. Remuez de temps en temps jusqu'à refroidissement complet.) Posez une passoire métallique sur une terrine et passez le riz refroidi dedans. Jetez le liquide et réservez le riz.

2. Préparez la crème anglaise : aplatissez les gousses de vanille et fendez-les en deux. Avec une petite cuillère, grattez les graines et mettez-les dans le bol d'un mixer électrique. Réservez.

Versez le lait dans une casserole, ajoutez les gousses et faites chauffer sur feu modéré. Lorsque les petites bulles apparaissent sur les bords, retirez la casserole du feu.

Couvrez la casserole et laissez infuser pendant 15 minutes. Retirez les gousses de vanille.

3. Ajoutez aux graines dans le bol du mixer les jaunes d'œufs et le sucre.

Fouettez pendant 2 à 3 minutes jusqu'à consistance épaisse, mousseuse et jaune pâle. Quand vous levez le fouet, la crème doit former un ruban à la surface. Réservez.

4. Remettez la casserole de lait sur le feu et portez à ébullition. Retirez du feu et versez un tiers de lait bouillant sur le mélange aux jaunes d'œufs en fouettant sans arrêt. Versez cette crème dans la casserole, baissez le feu au minimum et faites cuire en remuant sans arrêt avec une cuillère en bois jusqu'à l'obtention d'une crème épaisse et onctueuse.

Pour vérifier, passez votre doigt sur le dos de la cuillère : la trace doit rester visible. Toute l'opération prend à peine 5 minutes. (Vous pouvez aussi vous servir d'un thermomètre à

cuisson du sucre : il doit monter à 85 °C.)
5. Retirez la casserole du feu et incorporez aussitôt la crème fraîche pour stopper la cuisson. Passez le tout au chinois et laissez refroidir complètement. (Pour accélérer le refroidissement, placez le récipient dans une terrine pleine d'eau froide avec des glaçons. Remuez de temps en temps jusqu'à refroidissement complet.)
6. Incorporez enfin le riz cuit. Mélangez intimement et versez la préparation dans une sorbetière ; faites prendre en glace en suivant le mode d'emploi de l'appareil.

Index

A

À propos d'assiettes chaudes, 239

Agneau braisé au vin blanc, à l'ail et au piment, 233

- Ail
  Agneau braisé au vin blanc, à l'ail et au piment, 233
  Artichauts braisés au persil et à l', 74
  Épinards sautés au citron et à l', 71
  Fusilli aux noix et à l'ail, 115
  Germe de l', 18
  Mayonnaise à l'ail, 261
  Pâte de fromage à, 17
  Sauce à l'ail et au basilic, 251
  Sauté de porc à l'ail, épinards et pois chiches, 225
  Scampi à l'ail et au piment, 199
  Spaghetti à l'ail, à l'huile et au piment, 102
  Tagliatelle à la roquette en sauce à l', 146
- Anchois
  Anchois au citron, 34
  Anchois au sel, 265
  Salade de céleri sauce anchois, 46

Antipasti, 16 à 59

- Artichauts
  À propos d', 74
  Artichauts braisés à l'ail et au persil, 74
  Bar aux artichauts, 203
  Crème d'artichauts, 262
  Omelette aux, 35
  Petits artichauts à l'huile, 31
  Petits artichauts sautés, 72
  Sauce fantastique à la tomate et aux artichauts, 248
  Spaghetti aux petits artichauts marinés et au parmesan, 123
  Tagliatelle au jambon et aux artichauts, 142

Asperges au beurre et au parmesan, 62

- Aubergines
  Évitez de peler et de saler les aubergines, 71
  Gratin d'aubergines au parmesan, 69
  Parmesane d'aubergines, 28

B

Bar aux artichauts, 203
Bar en papillote aux pommes de terre et aux tomates, 202
- Beignets
  Beignets de calmars, 197
  Beignets de courgettes et de fleurs de courgettes, 66
  Conseils pour réussir les beignets, 68
Biscuits aux noisettes et à l'orange, 295
Blancs de poulet à la sauge, 210
Bœuf braisé au barolo, 237
Bouillon de légumes, 260
Bouillon de volaille, 259
Bucatini à la pancetta et au pecorino, 109

C

Caponata, 23
- Céleri
  Queue de bœuf braisée aux tomates, oignons et céleri, 240
  Rigatoni en sauce à la viande au céleri, 116
  Salade de céleri sauce anchois, 46
  Salade d'olives vertes, thon, céleri et poivron rouge, 49
- Champignons
  Risotto à l'orange, à la sauge et aux champignons, 162
  Riz pilaf en sauce tomate, aux cèpes et au parmesan, 172
  Sauce tomate aux champignons, 247
  Tagliatelle aux cèpes, 147
Cheveux d'ange en sauce piquante au persil, 126
- Citron
  À propos du zeste, 134
  Anchois au citron, 34
  Des citrons plus juteux, 289
  Épinards sautés à l'ail et au citron, 71
  Gâteau à l'orange et au citron, 288
  Gâteau de riz au citron, 292
  Glace au citron, 298
  Granité au citron, 299
  Gratin de tagliatelle au citron, 153
  Mousse de thon au, 21
  Petits puddings de riz au citron, 293
  Poulet à la diable, au citron et au poivre noir, 217
  Risotto au citron, 156
  Rouelles de jarret de veau braisées au persil et au citron, 235
  Tagliarini en sauce au, 133
  Un parfum d'agrumes dans les gratins de pâtes ou de riz, 154
- Coquillages, crustacés et fruits de mer
  À la recherche du bon crabe, 146
  Pour nettoyer les, 123
  Scampi à l'ail et au piment, 199
  Spaghetti aux fruits de mer, 120
  Tagliatelle au crabe, 144
Côtelettes d'agneau marinées et grillées, 231

Côtelettes d'agneau panées au parmesan, 229
- Courgettes
Beignets de courgettes et de fleurs de courgettes, 66
Grillées au thym frais, 30
Penne aux courgettes à la pizzaiola, 104
Tagliatelle aux courgettes et au persil, 143

Crème d'artichauts, 262
Crudités à l'huile d'olive, 38

D

- Desserts
Biscuits aux noisettes et à l'orange, 295
Gâteau à l'orange et au citron, 288
Gâteau à la ricotta, 284
Gâteau aux noisettes, 285
Gâteau aux pommes, 290
Gâteau de riz au citron, 292
Gâteau de riz glacé, 303
Glace à l'orange, 297
Glace à la ricotta, 301
Glace au citron, 298
Granité au citron, 299
Gratin de pêches farcies, 277
Macarons aux amandes, 276
Petits puddings de riz au citron, 293
Pots de crème au chocolat, 283
Pour beurrer un moule, 277
Ramequins de crème amande et vanille, 281
Salade de pêches aux framboises, 275

Sorbet à l'ananas, 300
Tiramisu, 279

E

- Épinards
Épinards sautés au citron et à l'ail, 71
Omelette froide à l'épinard et au parmesan, 39
Risotto aux asperges, aux épinards et au parmesan, 164
Sauté de porc à l'ail, épinards et pois chiches, 225

Espadon aux tomates et aux olives vertes, 200

F

Farfalle au safran, 113
Fettucine au beurre et au parmesan, 151
Friture de poissons, 205
- Fromage
Asperges au beurre et au parmesan, 62
Bucatini à la pancetta et au pecorino, 109
Côtelettes d'agneau panées au parmesan, 229
Fettucine au beurre et au parmesan, 151
Gâteau à la ricotta, 284
Glace à la ricotta, 301
Gratin d'aubergines au parmesan, 69
Lasagne au gratin à la mozarella, 149
Omelette froide aux

épinards et au parmesan, 39
Parmesane d'aubergines, 28
Pâte de fromage à l'ail, 17
Petits soufflés au gorgonzola, 41
Rigatoni au pecorino, 111
Risotto au laurier et au parmesan, 168
Risotto aux asperges, aux épinards et au parmesan, 164
Risotto aux tomates et au parmesan, 158
Risotto en sauce tomate au pecorino, 166
Riz pilaf en sauce tomate, aux cèpes et au parmesan, 172
Salade de fèves fraîches au pecorino, 50
Salade de noix au pecorino, 58
Salade de roquette aux pignons et au parmesan, 57
Spaghetti au pecorino et au poivre, 108
Spaghetti aux petits artichauts marinés et au parmesan, 123
Tonnarelli à la roquette, aux tomates et au parmesan, 131
- Fruits
  Gâteau à l'orange et au citron, 288
  Gâteau aux pommes, 290
  Gratin de pêches farcies, 277
  Salade de pêches aux framboises, 275
  Sorbet à l'ananas, 300
Fusilli aux noix et à l'ail, 115

G

Galette sarde, 180
Gâteau à l'orange et au citron, 288
Gâteau à la ricotta, 284
Gâteau aux noisettes, 285
Gâteau aux pommes, 290
Gâteau de riz au citron, 292
Gâteau de riz glacé, 303
Gemelli à la sicilienne, 106
- Glaces et sorbets
  Gâteau de riz glacé, 303
  Glace à l'orange, 297
  Glace à la ricotta, 301
  Glace au citron, 298
  Granité au citron, 299
  Sorbet à l'ananas, 300
Gratin d'aubergines au parmesan, 69
Gratin de pêches farcies, 277
Gratin de tagliatelle au citron, 153

L

Lapin aux poivrons rouges et à la polenta, 223
Lasagne au gratin à la mozarella, 149
Lasagne au pesto, 135
Lasagne minute, 124
- Laurier
  Faites pousser votre laurier, 173
  Ramequins aux herbes, 43
  Risotto au laurier et au parmesan, 168
- Légumes
  À propos de fèves, 51
  Artichauts, à propos d', 74
  Artichauts braisés à l'ail et au persil, 74

Artichauts : bar aux, 203
Artichauts : petits à l'huile, 31
Artichauts : petits sautés, 72
Asperges : risotto aux asperges, épinards et parmesan, 164
Asperges au beurre et au parmesan, 62
Aubergines (parmesane d'), 28
Beignets de courgettes et de fleurs de courgettes, 66
Bouillon de légumes, 260
Céleri : rigatoni en sauce à la viande et au, 116
Courgettes grillées au thym frais, 30
Crudités à l'huile d'olive, 38
Épinards sautés au citron et à l'ail, 71
Gratin d'aubergines au parmesan, 69
Mélange de légumes ou caponata, 23
Poivrons au four, 20
Poivrons jaunes : soupe de, 92
Poivrons rouges sautés au vinaigre, 19
Pommes de terre : bar en papillote aux, 202
Pommes de terre rôties au romarin, 65
Pommes de terre sautées aux olives noires, 63
Pour bien faire griller les légumes, 31
Pour des pommes de terre croustillantes, 64
Salade de céleri sauce anchois, 46
Salade de fèves fraîches au pecorino, 50
Salade de haricots blancs à la sauge et au thym, 53
Salade de haricots rouges à l'oignon, 51
Salade de roquette aux pignons et au parmesan, 57
Salade de tomates au pain, 55
Soupe aux cinq légumes, 78
Soupe de légumes à la milanaise, 88
Soupe toscane aux cinq légumes, 78
Tomates au four, 27
Tourte aux bettes, 45
- Légumes secs
À propos de haricots secs, 53, 82
Sauté de porc à l'ail, épinards et pois chiches, 225
Soupe de haricots aux pâtes, 83
Soupe de pâtes aux pois chiches, 90
Soupe toscane aux légumes secs, 86

M

Macarons aux amandes, 276
Mayonnaise à l'ail, 261
Mélange de légumes ou caponata, 23
- Moules
Soupe de, 80
Mousse de thon au citron et à l'origan, 21

N

- Noix, noisettes
  Biscuits aux noisettes et à l'orange, 295
  Encore meilleures grillées, 287
  Fusilli aux noix et à l'ail, 115
  Gâteau aux noisettes, 285
  Salade de noix au pecorino, 58

O

- Œufs
  Omelette aux artichauts, 35
  Omelette froide à l'épinard et au parmesan, 39
  Pâtes aux œufs frais, 130
  Ramequins aux herbes, 43
  Séparer les jaunes des blancs, 42
- Oignon
  Pizza à l'oignon rouge, au romarin et au piment, 190
  Queue de bœuf braisée aux tomates, oignons et céleri, 240
  Salade de haricots rouges à l', 51
- Olives
  Espadon aux tomates et aux olives vertes, 200
  Olives noires au sel, 266
  Olives noires en saumure, 269
  Petits pains aux olives, 189
  Pommes de terre sautées aux olives noires, 63
  Purée d'olives noires, 263
  Purée d'olives vertes, 264
  Salade d'olives de tante Flora, 48
  Salade d'olives vertes, thon, céleri et poivron rouge, 49
  Spaghetti aux câpres, olives, tomates et piment, 101
- Omelette
  aux artichauts, 35
  froide à l'épinard et au parmesan, 39
  Pour une omelette légère et mousseuse, 37
- Orange
  Biscuits aux noisettes et à l'orange, 295
  Gâteau à l'orange et au citron, 288
  Glace à l'orange, 297
  Risotto à l'orange, à la sauge et aux champignons, 162
- Origan
  Frais ou séché, 29
  Mousse de thon au citron et à l', 21

Osso buco, 235

P

- Pain
  Galette sarde, 180
  Pain au levain, 183
  Pain complet, 178
  Pain italien, 186
  Pâte à pain et à pizza, 176
  Petits pains aux olives, 189
  Pour obtenir un bon pain croustillant, 177
  Salade de tomates au pain, 55

- Pancetta
  Bucatini à la pancetta et au pecorino, 109
  Et si vous ne trouvez pas de pancetta, 111
- Parmesan
  Asperges au beurre et au, 62
  Côtelettes d'agneau panées au parmesan, 229
  Fettucine au beurre et au parmesan, 151
  Gratin d'aubergines au parmesan, 69
  Omelette froide à l'épinard et au, 39
  Parmesane d'aubergines, 28
  Risotto au laurier et au parmesan, 168
  Risotto aux asperges, épinards et parmesan, 164
  Risotto aux tomates et au parmesan, 158
  Riz pilaf en sauce tomate, aux cèpes et au parmesan, 172
  Salade de roquette aux pignons et au, 57
  Spaghetti aux petits artichauts marinés et au parmesan, 123
  Tonnarelli à la roquette, aux tomates et au parmesan, 131

Parmesane d'aubergines, 28
Pâte à pain et à pizza, 176
Pâte de fromage à l'ail, 17

- Pâtes
  Bucatini à la pancetta et au pecorino, 109
  Cheveux d'ange en sauce piquante au persil, 126
  Farfalle au safran, 113
  Fettucine au beurre et au parmesan, 151
  Fusilli aux noix et à l'ail, 115
  Gemelli à la sicilienne, 106
  Gratin de tagliatelle au citron, 153
  Lasagne au gratin à la mozarella, 149
  Lasagne au pesto, 135
  Lasagne minute, 124
  Pâtes aux œufs frais, 130
  Penne aux courgettes à la pizzaiola, 104
  Penne en sauce tomate piquante, 96
  Penne en sauce tomate à la vodka, 99
  Pour réussir les pâtes, 109
  Remuer, remuer, remuer encore, 113
  Rigatoni au pecorino, 111
  Rigatoni en sauce à la viande et au céleri, 116
  Savoir vivre des pâtes (le), 116
  Soupe de haricots aux pâtes, 83
  Soupe de pâtes aux pois chiches, 90
  Spaghetti à l'ail, à l'huile et au piment, 102
  Spaghetti au pecorino et au poivre, 108
  Spaghetti au pesto rouge, 98
  Spaghetti aux câpres, olives, tomates et piment, 101
  Spaghetti aux fruits de mer, 120
  Spaghetti aux petits artichauts marinés et au parmesan, 123

Spaghetti en sauce à la viande, 118
Tagliarini en sauce au citron, 133
Tagliatelle à la roquette en sauce à l'ail, 146
Tagliatelle au crabe, 144
Tagliatelle au jambon et aux artichauts, 142
Tagliatelle aux cèpes, 147
Tagliatelle aux courgettes et au persil, 143
Tagliatelle aux poivrons et au basilic, 138
Tagliatelle en sauce tomate au beurre, 140
Tajarin au beurre de romarin, 136
Tonnarelli à la roquette, aux tomates et au parmesan, 131
Pâtes aux œufs frais, 130
Penne aux courgettes à la pizzaiola, 104
Penne en sauce tomate à la vodka, 99
Penne en sauce tomate piquante, 96

- Persil
Artichauts braisés à l'ail et au, 74
Cheveux d'ange en sauce piquante au, 126
Pour bien tirer parti du, 97
Rouelles de jarret de veau braisées au persil et au citron, 235
Sauce au persil, 250
Sauce verte, 254
Tagliatelle aux courgettes et au, 143
Pesto, 251
Pesto à la tomate, 252
Pesto rouge, 253

Petits artichauts à l'huile, 31
Petits artichauts sautés, 72
Petits pains aux olives, 189
Petits puddings de riz au citron, 293
Petits soufflés au gorgonzola, 41

- Pignons
Salade de roquette aux pignons et au parmesan, 57

- Piment
Agneau braisé au vin blanc, à l'ail et au piment, 233
Attention aux peperoncini, 222
Pizza à l'oignon rouge, au romarin et au piment, 190
Scampi à l'ail et au piment, 199
Spaghetti à l'ail, à l'huile et au piment, 102
Spaghetti aux câpres, olives, tomates et piment, 101

- Pizzas
Pâte à pain et à pizza, 176
Pizza à l'oignon rouge, au romarin et au piment, 190
Pizza blanche, 192
Pizza des quatre saisons, 192
Pizza Margherita (tomates et mozzarella), 192
Pizza pour tous les goûts, 192
Pizza végétarienne, 192
Pour réussir vos pizzas à la perfection, 193

- Poissons
Anchois au citron, 34
Anchois au sel, 265
Bar aux artichauts, 203
Bar en papillote aux

pommes de terre et aux tomates, 202
Beignets de calmars, 197
Conseils de cuisson pour les petites fritures, 207
Espadon aux tomates et aux olives vertes, 200
Friture de poissons, 205
Mousse de thon au citron et à l'origan, 21
Salade d'olives vertes, thon, céleri et poivrons rouges, 49
Salade de calmars, 196
Poivre concassé, 220
- Poivrons
  Lapin aux poivrons rouges et à la polenta, 223
  Poivrons rouges sautés au vinaigre, 19
  Poivrons au four, 20
  Poulet en poivronade, 214
  Salade d'olives vertes, thon, céleri et poivron rouge, 49
  Savoir bien faire griller les poivrons, 93
  Soupe de poivrons jaunes, 92
  Tagliatelle aux poivrons et au basilic, 138
- Polenta, 170
  Lapin aux poivrons rouges et à la polenta, 223
  Pour servir la polenta, 171
Pommes de terre rôties au romarin, 65
Pommes de terre sautées aux olives noires, 63
Pots de crème au chocolat, 283
Poulet : blancs à la sauge, 210
Poulet à la brique, 211
Poulet à la diable, au citron et au poivre noir, 217
Poulet chasseur, 220
Poulet en poivronade, 214
Poulet poché en sauce aux fines herbes, 219
Purée d'olives noires, 263
Purée d'olives vertes, 264

Q

Queue de bœuf braisée aux tomates, oignons et céleri, 240

R

Ramequins aux herbes, 43
Ramequins de crème amande et vanille, 281
Rigatoni au pecorino, 111
Rigatoni en sauce à la viande et au céleri, 116
- Riz
  Cuisine des restes (la), 161
  Dégustation du risotto (la), 159
  Gâteau de riz au citron, 292
  Gâteau de riz glacé, 303
  Petits puddings de riz au citron, 293
  Pour un risotto parfait, 167
  Risotto à l'orange, à la sauge et aux champignons, 162
  Risotto au citron, 156
  Risotto au laurier et au parmesan, 168
  Risotto au safran, 160
  Risotto aux asperges, aux

épinards et au parmesan, 164
Risotto aux tomates et au parmesan, 158
Risotto en sauce tomate au pecorino, 166
Riz pilaf en sauce tomate, aux cèpes et au parmesan, 172
Secrets de l'arborio (les), 166
- Romarin
Pizza à l'oignon rouge, au romarin et au piment, 190
Pommes de terre rôties au romarin, 65
Ramequins aux herbes, 43
Rôti de porc au romarin, 227
Tajarin au beurre de romarin, 136
- Roquette
Salade de roquette aux pignons et au parmesan, 57
Tagliatelle à la roquette en sauce à l'ail, 146
Tonnarelli à la roquette, aux tomates et au parmesan, 131
Rôti de porc au romarin, 227
Rouelles de jarret de veau braisées au persil et au citron, 235

S

- Safran
À propos du, 114
Farfalle au safran, 113
Risotto au safran, 160
Salade d'olives de tante Flora, 48
Salade d'olives vertes, céleri et poivron rouge, 49
Salade de calmars, 196
Salade de céleri sauce anchois, 46
Salade de fèves fraîches au pecorino, 50
Salade de haricots blancs à la sauge et au thym, 53
Salade de haricots rouges à l'oignon, 51
Salade de noix au pecorino, 58
Salade de pêches aux framboises, 275
Salade de roquette aux pignons et au parmesan, 57
Salade de tomates au pain, 55
Salade d'olives vertes, thon, céleri et poivrons rouges, 49
- Sauces
Crème d'artichauts, 262
Mayonnaise à l'ail, 261
Quelques trucs pour réussir la sauce blanche, 259
Pesto, 251
Pesto à la tomate, 252
Pesto rouge, 253
Pizzaiola, 104
Regain de vie pour une sauce, 239
Sauce à l'ail et au basilic, 251
Sauce au citron (tagliarini en), 133
Sauce au persil, 250
Sauce blanche, 258
Sauce fantastique à la tomate et aux artichauts, 248
Sauce tomate, 246
Sauce tomate à la crème, 249
Sauce tomate à la viande, 256

Sauce tomate à la vodka, 99
Sauce tomate au beurre, 140
Sauce tomate au pecorino, 166
Sauce tomate aux cèpes et au parmesan, 172
Sauce tomate aux champignons, 247
Sauce verte, 254
- Sauge

Blancs de poulet à la sauge, 210
Risotto à l'orange, à la sauge et aux champignons, 162
Salade de haricots blancs à la sauge et au thym, 53
Sauté de porc à l'ail, épinards et pois chiches, 225
Scampi à l'ail et au piment, 199
Sel : Ne négligez pas le sel, 97
Sorbet à l'ananas, 300
Soupe de haricots aux pâtes, 83
Soupe de légumes à la milanaise, 88
Soupe de moules, 80
Soupe de pâtes aux pois chiches, 90
Soupe de poivrons jaunes, 92
Soupe toscane aux cinq légumes, 78
Soupe toscane aux haricots et à l'épeautre, 86
Spaghetti à l'ail, à l'huile et au piment, 102
Spaghetti au pecorino et au poivre, 108
Spaghetti au pesto rouge, 98
Spaghetti aux câpres, olives, tomates et piment, 101
Spaghetti aux fruits de mer, 120
Spaghetti aux petits artichauts marinés et au parmesan, 123
Spaghetti en sauce à la viande, 118
Sucre vanillé, 274

T

Tagliarini en sauce au citron, 133
Tagliatelle au jambon et aux artichauts, 142
Tagliatelle à la roquette en sauce à l'ail, 146
Tagliatelle au crabe, 144
Tagliatelle aux cèpes, 147
Tagliatelle aux courgettes et au persil, 143
Tagliatelle aux poivrons et au basilic, 136
Tagliatelle en sauce tomate au beurre, 140
Tajarin au beurre de romarin, 136
Tartare à l'italienne, 26
- Thon

  Mousse de thon au citron, 21
  Salade d'olives vertes, thon, céleri et poivrons rouges, 49
- Thym

  Courgettes grillées au, 30
  Salade de haricots blancs à la sauge et au, 53

Tiramisu, 279
- Tomates

  au four, 27
  Bar en papillote aux

pommes de terre et aux tomates, 202
Espadon aux tomates et aux olives vertes, 200
Penne en sauce tomate piquante, 96
Pesto à la tomate, 252
Queue de bœuf braisée aux tomates, oignons et céleri, 240
Risotto aux tomates et au parmesan, 158
Salade de tomates au pain, 55
Sauce fantastique à la tomate et aux artichauts, 248
Sauce tomate, 246
Sauce tomate à la crème, 249
Sauce tomate à la viande, 256
Sauce tomate à la vodka, 99
Sauce tomate aux champignons, 247
Spaghetti aux câpres, olives, tomates et piment, 101
Tagliatelle en sauce tomate au beurre, 140
Tomates : fraîches ou en conserve, entières ou en purée (les), 214
Tomates séchées, 271
Tourte aux bettes, 45

V

- Viande
Agneau braisé au vin blanc, à l'ail et au piment, 233
Art du braisage (l'), 236
Bœuf braisé au barolo, 237
Côtelettes d'agneau marinées et grillées, 231
Côtelettes d'agneau panées au parmesan, 229
Osso buco, 235
Queue de bœuf braisée aux tomates, oignons et céleri, 240
Rigatoni en sauce à la viande et au céleri, 116
Rôti de porc au romarin, 227
Rouelles de jarret de veau braisées au persil et au citron (osso buco), 235
Sauce tomate à la viande, 256
Sauté de porc à l'ail, épinards et pois chiches, 225
Spaghetti en sauce à la viande, 118
Tartare à l'italienne, 26
Test de la bonne cuisson, 232
- Volaille et lapin
Blancs de poulet à la sauge, 210
Bouillon de volaille, 259
Découpage du lapin (le), 225
Lapin aux poivrons rouges et à la polenta, 223
Poulet à la brique, 211
Poulet à la diable, au citron et au poivre noir, 217
Poulet chasseur, 220
Poulet en poivronade, 214
Poulet poché en sauce aux fines herbes, 219

Table

À la découverte de la vraie trattoria — 10

1. Antipasti, amuse-gueule et salades — 15
2. Légumes — 61
3. Soupes — 77
4. Pâtes — 95
5. Pâtes fraîches — 129
6. Riz et polenta — 155
7. Pains et pizzas — 175
8. Poissons et crustacés — 195
9. Viandes et volailles — 209
10. Sauces et condiments — 245
11. Desserts, glaces et sorbets — 273

Index — 307

Composition réalisée par A2L - PARIS

IMPRIMÉ EN FRANCE PAR BRODARD ET TAUPIN
La Flèche (Sarthe).
N° d'imprimeur : 762 – Dépôt légal Édit. 1058-02/2000
LIBRAIRIE GÉNÉRALE FRANÇAISE - 43, quai de Grenelle - 75015 Paris.

ISBN : 2 - 253 - 16501 - 8 ♦ 31/6501/6